GEORGES BATAILLE

O culpado

SEGUIDO DE
A aleluia

Suma ateológica – vol. II

OUTROS LIVROS DA **FILÔ**

FILÔ

A alma e as formas
Ensaios
Georg Lukács

A aventura da filosofia francesa no século XX
Alain Badiou

Ciência, um Monstro
Lições trentinas
Paul K. Feyerabend

Em busca do real perdido
Alain Badiou

A ideologia e a utopia
Paul Ricœur

O primado da percepção e suas consequências filosóficas
Maurice Merleau-Ponty

A teoria dos incorporais no estoicismo antigo
Émile Bréhier

A sabedoria trágica
Sobre o bom uso de Nietzsche
Michel Onfray

Se Parmênides
O tratado anônimo De Melisso Xenophane Gorgia
Bárbara Cassin

A união da alma e do corpo em Malebranche, Biran e Bergson
Maurice Merleau-Ponty

FILÔAGAMBEN

Bartleby, ou da contingência
Giorgio Agamben
seguido de *Bartleby, o escrevente*
Herman Melville

A comunidade que vem
Giorgio Agamben

O homem sem conteúdo
Giorgio Agamben

Ideia da prosa
Giorgio Agamben

Introdução a Giorgio Agamben
Uma arqueologia da potência
Edgardo Castro

Meios sem fim
Notas sobre a política
Giorgio Agamben

Nudez
Giorgio Agamben

A potência do pensamento
Ensaios e conferências
Giorgio Agamben

O tempo que resta
Um comentário à *Carta aos Romanos*
Giorgio Agamben

FILÔBATAILLE

O erotismo
Georges Bataille

A experiência interior
Seguida de *Método de meditação e Postscriptum 1953*
Georges Bataille

A literatura e o mal
Georges Bataille

A parte maldita
Precedida de *A noção de dispêndio*
Georges Bataille

Teoria da religião
Seguida de *Esquema de uma história das religiões*
Georges Bataille

FILÔBENJAMIN

O anjo da história
Walter Benjamin

Baudelaire e a modernidade
Walter Benjamin

Imagens de pensamento Sobre o haxixe e outras drogas
Walter Benjamin

Origem do drama trágico alemão
Walter Benjamin

Rua de mão única Infância berlinense: 1900
Walter Benjamin

Walter Benjamin
Uma biografia
Bernd Witte

FILÔESPINOSA

Breve tratado de Deus, do homem e do seu bem-estar
Espinosa

Espinosa subversivo e outros escritos
Antonio Negri

Princípios da filosofia cartesiana e Pensamentos metafísicos
Espinosa

A unidade do corpo e da mente
Afetos, ações e paixões em Espinosa
Chantal Jaquet

FILÔESTÉTICA

O belo autônomo
Textos clássicos de estética
Rodrigo Duarte (Org.)

O descredenciamento filosófico da arte
Arthur C. Danto

Do sublime ao trágico
Friedrich Schiller

Íon
Platão

Pensar a imagem
Emmanuel Alloa (Org.)

FILÔMARGENS

O amor impiedoso
(ou: Sobre a crença)
Slavoj Žižek

Estilo e verdade em Jacques Lacan
Gilson Iannini

Introdução a Foucault
Edgardo Castro

Kafka
Por uma literatura menor
Gilles Deleuze
Félix Guattari

Lacan, o escrito, a imagem
Jacques Aubert, François Cheng, Jean-Claude Milner, François Regnault, Gérard Wajcman

O sofrimento de Deus
Inversões do Apocalipse
Boris Gunjevic
Slavoj Žižek

Psicanálise sem Édipo?
Uma antropologia clínica da histeria em Freud e Lacan
Philippe Van Haute
Tomas Geyskens

ANTIFILÔ

A Razão
Pascal Quignard

FILŌBATAILLE   **autêntica**

GEORGES
BATAILLE

O culpado

SEGUIDO DE
A aleluia

Suma ateológica – vol. II

TRADUÇÃO, APRESENTAÇÃO E ORGANIZAÇÃO Fernando Scheibe

Copyright © Éditions Gallimard 1961 e 1998
Copyright © 2017 Autêntica Editora

Título original: *Le Coupable suivi de L'Alleluiah*

Todos os direitos reservados pela Autêntica Editora. Nenhuma parte desta publicação poderá ser reproduzida, seja por meios mecânicos, eletrônicos, seja via cópia xerográfica, sem a autorização prévia da Editora.

Cet ouvrage, publié dans le cadre du Programme d'Aide à la Publication 2016 Carlos Drummond de Andrade de l'Institut Français du Brésil, bénéficie du soutien du ministère des affaires étrangères et du développement international.

Este livro, publicado no âmbito do Programa de Apoio à Publicação 2016 Carlos Drummond de Andrade do Instituto Francês do Brasil, contou com o apoio do Ministério francês das relações exteriores e do desenvolvimento internacional.

COORDENADOR DA COLEÇÃO FILÔ
Gilson Iannini

CONSELHO EDITORIAL
Gilson Iannini (UFOP); *Barbara Cassin* (Paris); *Cláudio Oliveira* (UFF); *Danilo Marcondes* (PUC-Rio); *Ernani Chaves* (UFPA); *Guilherme Castelo Branco* (UFRJ); *João Carlos Salles* (UFBA); *Monique David-Ménard* (Paris); *Olímpio Pimenta* (UFOP); *Pedro Süssekind* (UFF); *Rogério Lopes* (UFMG); *Rodrigo Duarte* (UFMG); *Romero Alves Freitas* (UFOP); *Slavoj Žižek* (Liubliana); *Vladimir Safatle* (USP)

EDITORA RESPONSÁVEL
Rejane Dias

EDITORA ASSISTENTE
Cecília Martins

REVISÃO
Aline Sobreira

CAPA
Alberto Bittencourt
(sobre Imagem de Vários Círculos, de Wassily Kandinsky, 1926)

DIAGRAMAÇÃO
Christiane Morais de Oliveira

Dados Internacionais de Catalogação na Publicação (CIP)
(Câmara Brasileira do Livro, SP, Brasil)

Bataille, Georges, 1897-1962.

O culpado : seguido de A aleluia : Suma ateológica, vol. II / Georges Bataille ; tradução, apresentação e organização Fernando Scheibe. -- 1. ed. -- Belo Horizonte : Autêntica Editora, 2017. (Filô Bataille)

Título original: Le Coupable suivi de L'Alleluiah.
ISBN 978-85-8217-851-5

1. Ensaios 2. Filosofia francesa I. Título.

16-00600   CDD-194

Índices para catálogo sistemático:
1. Ensaios : Filosofia francesa 194

Belo Horizonte
Rua Carlos Turner, 420
Silveira . 31140-520
Belo Horizonte . MG
Tel.: (55 31) 3465-4500

Rio de Janeiro
Rua Debret, 23, sala 401
Centro . 20030-080
Rio de Janeiro . RJ
Tel.: (55 21) 3179 1975

São Paulo
Av. Paulista, 2.073,
Conjunto Nacional, Horsa I
23º andar . Conj. 2301 .
Cerqueira César . 01311-940
São Paulo . SP
Tel.: (55 11) 3034 4468

www.grupoautentica.com.br

7. "Por trás do universo não há nada"

15. O cortável

19. Introdução

25. O CULPADO

29. A amizade

31   I. A noite
39   II. O "desejo satisfeito"
43   III. O anjo
50   IV. O ponto de êxtase
61   V. O cúmplice
66   VI. Inacabável

75. As desgraças do tempo presente

77   I. O êxodo
86   II. A solidão

91. A chance

93   I. O pecado
98   II. O atrativo do jogo

119. A divindade do riso

121   I. O calhar
123   II. A vontade de rir
136   III. Riso e tremor
145   IV. A vontade
153   V. O rei do bosque

157. Apêndice

183. A ALELUIA: CATECISMO DE DIANUS

207. NOTAS DA EDIÇÃO FRANCESA DAS OBRAS COMPLETAS DE GEORGES BATAILLE

"Por trás do universo não há nada"

Fernando Scheibe

Não, Bataille se defende muito bem sozinho.
Georges Didi-Huberman

A *Suma ateológica*[*] não existe. Bataille nunca concluiu seu projeto. Além dos livros que compõem estes três volumes, chegou a incluir em seus planos diversos outros, alguns já então escritos, como *Teoria da religião*, alguns apenas imaginados, como *História de uma sociedade secreta* e *Maurice Blanchot*. Mas também não estou querendo dizer que esta edição seja uma mistificação! Podemos afirmar, de fato, que *A experiência interior* seguida de *Método de meditação* e do *Postscriptum 1953*, *O culpado* seguido de *A aleluia* e *Sobre Nietzsche* seguido de *Memorandum* formavam o "núcleo duro" da *Suma*, e os dois primeiros chegaram a ser publicados, em 1954 e em 1961, como volume I e II desta.

O *a* privativo de *ateológica* deixa claro, a suma é um trabalho de luto, do luto de Deus. Mas não só. Há pelo menos dois outros grandes lutos sendo elaborados aí: o de Laure (Colette Peignot, a "santa do abismo", morta, em 7 de novembro de 1938, na casa onde morava

---

[*] Assim como o não-saber bataillano é a paródia e a transgressão – o *pas au-delà* – do saber absoluto hegeliano, é evidente que a *Suma ateológica* é a paródia da *Suma teológica* de São Tomás de Aquino, mas também sua transgressão, já que "A ausência de Deus não é mais o fechamento: é a abertura do infinito. A ausência de Deus é maior, é mais divina do que Deus" (BATAILLE, Georges. L'absence de mythe (1947). In: *Œuvres complètes*, t. XI. Paris: Gallimard, 1988, p. 236).

com Bataille); e o da "comunidade" *Acéphale*, cujo fim desencadeia a redação do estranho diário que se tornará *O culpado*:

> A data em que começo a escrever (5 de setembro de 1939) não é uma coincidência. Começo em razão dos acontecimentos, mas não é para falar deles.

Embora a data praticamente coincida com o início da Segunda Guerra, os acontecimentos a que Bataille alude são, também, outros: ele tinha acabado de romper "definitivamente" com seus companheiros de *Acéphale*; vale dizer, com o *projeto* (por mais acéfalo que fosse) de buscar o sagrado através de algum tipo de *ação*, no seio de uma comunidade de alguma maneira ainda *positiva*.

Como afirmará numa "Nota autobiográfica" escrita por volta de 1958:

> Da "sociedade secreta" propriamente dita é difícil falar, mas parece que ao menos alguns de seus membros guardaram uma impressão de "saída fora do mundo". Momentânea, decerto, evidentemente inviável: em setembro de 1939, todos os seus membros renunciaram. Sobreveio um desacordo entre Bataille e o conjunto dos membros, absorvidos mais do que ele pela preocupação imediata com a guerra. Bataille, de fato, dedicou-se desde 1938 a exercícios de *yoga*, na verdade sem seguir de perto os preceitos da disciplina tradicional, em grande desordem e num tumulto de espírito levado ao extremo. Uma morte o dilacerou em 1938. É num estado de solidão completa que começa a escrever, nos primeiros dias da guerra, *O culpado*, em que descreve, à medida que a descobre, ao mesmo tempo, uma experiência mística heterodoxa e algumas de suas reações diante dos acontecimentos. Encontra Maurice Blanchot no fim de 1940, a quem logo o ligam a admiração e o acordo. Antes de ter terminado *O culpado*, resolve, no fim de 1941, escrever *A experiência interior*, concluindo-a antes do final do ano seguinte.[*]

Até certo ponto, a *Suma* representa a entrada de Bataille na escrita, a passagem da ação à inoperância, da comunidade positiva à negativa, da comunhão à comunicação.[**] Mas isso tem de ser nuançado:

---

[*] BATAILLE, Georges. Notice autobiographique. In: *Œuvres complètes*, t. VII. Paris: Gallimard, 1976, p. 461-462.

[**] Tanto – e de maneira tão paradoxal – quanto a de *experiência interior*, a noção de *comunicação* ocupa uma posição crucial na *Suma*. Vale citar o que Jean-Luc Nancy

seja porque Bataille já era então um escritor (por mais que se refira a *A experiência interior* como seu "primeiro livro", ele já tinha escrito então *A história do olho*, publicado sob pseudônimo, e *O azul do céu*, só publicado posteriormente, em 1957, além de inúmeros artigos); seja porque a negatividade já atravessava, decerto, suas tentativas/tentações comunitárias, e a inoperância, suas ações; seja ainda porque a *hantise* (a obsessão, a assombração, a frequentação...) de uma realização da comunidade nunca o abandonará:

Orleans, 28 de outubro de [19]60

Querido Michel,

Estou ficando tão desajeitado, tão vago, tão cansado, que fui incapaz de telefonar para você a tempo quando de minha última passagem por Paris. Contudo, queria muito ver você. Queria de qualquer jeito, mesmo que não tivesse esta razão especial: a volta da China de um de meus amigos (talvez tenha ouvido falar de Jacques Pimpaneau) me leva a considerar ao menos as consequências longínquas da absurda tentativa ligada ao nome de *Acéphale*; ora, você é uma das pessoas que me sinto *intimado* a manter a par, pelo menos no que tange ao essencial. Não cogito de modo algum recomeçar, mas sou obrigado a me aperceber de que, no fundo, havia nessa empreitada delirante algo que não pôde morrer, apesar do afastamento

---

diz a esse respeito: "Uso o termo 'comunicação' tal como Bataille o emprega, ou seja, segundo o regime de uma violência feita à significação da palavra, tanto na medida em que ela indica a subjetividade ou a intersubjetividade como na medida em que denota a transmissão de uma mensagem ou de um sentido. No limite, essa palavra é insustentável. Conservo-a porque ressoa com a 'comunidade'; mas superponho-lhe (o que às vezes significa substituí-la) a palavra 'partilha'. A violência que Bataille infligia ao conceito de 'comunicação' era consciente de sua insuficiência: '*Ser isolado, comunicação* têm uma única realidade. Em nenhuma parte há 'seres isolados' que não comuniquem, nem há 'comunicação' independente dos pontos de isolamento. Tenha-se a precaução de separar dois conceitos mal feitos, resíduos de crenças pueris; a esse preço o problema mais intrincado será cortado' (VII, 553). Solicitava-se assim, em suma, a desconstrução desse conceito, tal como Derrida a empreendeu ('Signature événement contexte'. In: *Marges*. Paris: Minuit, 1972), e tal como, de outra maneira, ela se prolonga em Deleuze e Guattari ('Postulats de la linguistique'. In: *Mille Plateaux*. Paris: Minuit, 1980). Essas operações acarretam necessariamente uma reavaliação geral da comunicação na comunidade e *da* comunidade (da fala, da literatura, do intercâmbio, da imagem, etc.), em relação à qual o uso do termo 'comunicação' só pode ser preliminar e provisório" (*La communauté désœuvrée*. Paris: Christian Bourgois, 1983, p. 51, nota 11).

que eu mesmo senti. Esse longo afastamento permanece no sentimento de angústia e de horror diante da ideia de voltar ao que pude admitir de miserável, mas sem considerar nem por um instante a possibilidade de voltar ao passado, parece-me valer para outros além de mim e eu não poderia postulá-la sem falar disso com você.* Acho que minha angústia e meu horror significam isto: que nada poderia se apresentar – para ninguém – do que afastou você de mim outrora.

Não pense que estou desatinando, mas se estou tão longe de tomar uma verdadeira iniciação,** reconheça que também não posso me esquivar.

Aliás, trata-se apenas de falar. Por maior que seja a seriedade com que isso pode ser vislumbrado.

[...]

Sinto-me cansado, envelheço, mas o passado, se penso naquilo que nos une, o passado profundo não envelheceu em mim.

Georges***

★

Até onde sei, esta é a primeira edição "completa"**** da *Suma ateológica*. Salvo, é claro, a que consta dos tomos V e VI das *Œuvres complètes* de Georges Bataille, que serviram de base para esta tradução. Mas ali ela se dilui na massa dos 12 volumes gallimardescos...

---

* Período truncado no original: "*Ce long éloignement demeure dans le sentiment d'angoisse et d'horreur à l'idée de revenir à ce que j'ai pu admettre de misérable, mais sans envisager un instant d'en revenir au passé, me paraît valoir pour d'autres que moi et je ne pourrais la poser sans t'en parler.*"

** Assim como em português, seria de se esperar aqui a palavra *initiative* (iniciativa) e não *initiation* (iniciação). Mas, dado o assunto da carta, esse deslize, voluntário ou não, parece muito significativo.

*** Carta de Georges Bataille a Michel Leiris citada em *L'apprenti sorcier – textes, lettres et documents (1932-1939). Rassemblés, présentés et annotés par Marina Galletti.* Paris: Éditions de la Différence, 1999, p. 575-576.

****Silvio Mattoni está envolvido na mesma empreitada: o volume I da *Suma* em castelhano (excelentemente traduzido, como tive a *chance* de constatar, e também com as notas e tudo mais) saiu em 2016 na Argentina pela editora El Cuenco de Plata. O espanhol Fernando Savater já havia traduzido os três livros nos anos 1970, mas sem as notas e, exceto no caso de *La experiencia interior*, sem os textos complementares. No Brasil, apenas *A experiência interior* havia sido traduzido (por Celso Libânio Coutinho, Magali Montagné e Antonio Ceschin. São Paulo: Ática, 1992.)

Além dos livros propriamente ditos, o leitor encontrará aqui as notas das *O.C.*, compostas em substância pelo que Bataille escreveu para os referidos livros porém decidiu não publicar: como sói acontecer, algumas de suas mais belas páginas. Além de desenvolverem, de maneira por vezes ainda meio borrada, mas sempre vigorosa, aspectos conceptuais e sensíveis (Bataille insistia nisto: "[...] minha filosofia não poderia de modo algum se expressar sob uma forma que não fosse sensível: não sobraria absolutamente nada."*), essas "notas" permitem mapear os périplos do bibliotecário na França ocupada. Falam também, naturalmente, de questões mais pessoais e de pessoas, o que não deixa de colocar uma questão ética: com que direito os editores das obras completas (e nós na esteira deles) expuseram aquilo que o autor achou por bem não publicar? O próprio Bataille, referindo-se à edição póstuma de *Jean Santeuil*, de Marcel Proust, pulveriza esses escrúpulos:

> Há na morte um abandono total, para além do qual uma espécie de acaso faz com que aquilo que subsiste do domínio privado passe ao domínio comum. [...] Aquilo de privado que um escritor – homem público – não soube ele próprio furtar à curiosidade da multidão pertence à multidão. A *humanidade* inteira reencontra na morte um direito de olhar que ela abandona durante a vida, mas provisoriamente, e sem jamais esquecer que tudo o que é humano, mesmo privado, é de sua alçada.**

★

A extensão temporal da *Suma* – o texto mais antigo retomado em *A experiência interior* data de 1926, a "Introdução" de *O culpado* foi redigida por volta de 1960 – parece confirmar a afirmação de Roland Barthes: "na verdade, Bataille escreveu textos, ou mesmo, talvez, sempre um só e mesmo texto".*** E é fascinante ver surgirem nela

---

* Excerto da fala de Bataille no programa de rádio *La vie des Lettres* transmitido em 17 de julho de 1954.

** BATAILLE, Georges. *A literatura e o mal*. Belo Horizonte: Autêntica, 2015, p. 137-138.

*** BARTHES, Roland. De l'œuvre au texte. In: *Le bruissement de la langue*. Paris: Seuil, 1984, p. 69-77 (publicado originalmente em 1971 na *Revue d'Esthétique*).

temas como o do *dispêndio* (já reivindicado no artigo "A noção de dispêndio", de 1933, e que se tornará o mote desta outra suma que deveria ser *A parte maldita**) ou o do *continuum* (mote de *O Erotismo*).

★

Ao longo de todo o processo de tradução, contei com a cumplicidade sagaz, meticulosa e generosa de meu "irmão francês" Dominique Nédellec. Também debati alguns pontos com Michel Surya, profundo conhecedor da obra de Bataille. Além disso, devo muito a essa excelente revisora que é Aline Sobreira.

Duas escolhas (de minha inteira responsabilidade) merecem ser justificadas. A de traduzir *chance* por "chance" (e *malchance* por "máchance") e a de usar "Nada", com N maiúsculo, para a palavra *néant*. *Chance* normalmente se deixa traduzir por "sorte" (*Bonne chance!*/Boa sorte!). Mas, no texto de Bataille, *chance* é uma noção muito pregnante, ligada mais ao acaso (à "maneira como os dados caem") do que à sorte propriamente dita. A "vontade de chance", subtítulo de *Sobre Nietzsche*, precisamente na medida em que se contrapõe à "vontade de potência", é uma vontade de se colocar inteiramente em jogo, não de (ter sorte para) ganhá-lo. Quanto a "Nada": em francês, existem duas palavras para dizer "nada", *rien* e *néant*. *Grosso modo*, pode-se afirmar que a segunda, *néant*, tende a ter um uso mais "substantivo": *le néant*, o nada (pense-se em Sartre, por exemplo: *O ser e o nada/L'être et le néant*). Como Bataille faz um uso distintivo de ambas, decidi traduzir *rien* por "nada" e *néant* por "Nada". Nesta nota de *A soberania*, Bataille deixa mais explícita essa distinção:

> Inútil dizer que esse RIEN tem pouca coisa a ver com o *néant*. A metafísica lida com o *néant*. O RIEN de que falo é dado de experiência, não é visado senão na medida em que a experiência o implica. Decerto, o metafísico pode dizer que esse RIEN é o que ele visa quando fala do *néant*. Mas todo o movimento de meu pensamento se opõe a sua pretensão e a reduz a RIEN. Esse mesmo movimento exige que, no instante em que esse RIEN se torna

---

* Nos planos de Bataille, o livro publicado com esse nome seria apenas o primeiro tomo – "A consumação" – de uma trilogia que compreenderia também os inacabados *História do erotismo* e *A soberania*.

seu objeto, ele pare, cesse de ser, deixando lugar ao incognoscível do instante. Claro, confesso que esse RIEN, eu o valorizo, mas, valorizando-o, não faço RIEN dele. É verdade que lhe confiro, com uma inegável solenidade (mas tão profundamente cômica), a prerrogativa *soberana*. Mas *soberano* seria aquilo que a massa imagina? *Soberano?* você e eu o somos. Com uma condição: esquecer, tudo esquecer... Falar de RIEN não é no fundo senão negar a subordinação, reduzi-la ao que ela é (ela é útil); não é, em definitivo, mais que negar o valor não prático do pensamento, reduzi-lo, para além do útil, à insignificância, à honesta simplicidade do que falha, do que morre e desfalece.[*]

---

[*] BATAILLE, Georges. *La Souveraineté*. In: *Œuvres complètes*. Paris: Gallimard, 1976. t. VIII. p. 259 [nota]. As maiúsculas são do original.

O cortável

Fernando Scheibe

O culpado foi o recorte publicado, em 1944, do diário que começou com a guerra e com o fim de *Acéphale*. Na verdade, se lemos o último número da revista *Acéphale*, inteiramente redigido por Bataille e publicado em junho de 1939, percebemos claramente que essa passagem para a *Suma* já está se fazendo ali (Bataille, aliás, chega a citar ao longo do livro uma das "meditações" que constituem "A prática da alegria diante da morte", um dos textos da revista).

Tal como editado por Bataille, o livro perdeu um pouco esse caráter de diário. Caráter restituído na edição das *Œuvres complètes* (e nesta) pelas "notas", ou seja, as páginas que tinham sido cortadas. Mais uma vez, algumas das mais belas ("belas como uma vespa", diria o autor). Quando a "nota" da edição francesa trazia como informação apenas a data em que determinado trecho tinha sido escrito, transformei-a em nota de rodapé. As outras permaneceram no fim do livro por razões de legibilidade.

O fantasma de Laure e a aparição de Denise Rollin assombram boa parte dessas páginas.

★

Quando, em 10 de fevereiro de 1961, Madeleine Chapsal vai a Orleans entrevistar o bibliotecário, a reedição de *O culpado* tinha acabado de sair (já como segundo volume da *Suma* e acompanhado de *A aleluia*). Vale citar alguns trechos da entrevista:[*]

> Devo dizer que *O culpado* foi o primeiro livro que me deu uma espécie de satisfação, não destituída de angústia, que nenhum livro tinha me dado e que nenhum livro me deu desde então. É talvez o livro em que sou mais eu mesmo, que mais se parece comigo... porque o escrevi numa espécie de explosão bastante rápida e bastante contínua.
>
> Mas, enfim, todo mundo sabe muito bem o que Deus representa para o conjunto dos homens que acreditam nele, e que lugar ocupa nos pensamentos deles; e penso que, quando a gente suprime o personagem de Deus, nesse lugar resta ainda alguma coisa, um lugar vazio. É desse lugar vazio que eu quis falar. No fundo, é mais ou menos a mesma coisa que acontece na primeira vez em que a gente toma consciência do que significa, do que implica a morte. Tudo o que a gente é se revela frágil e perecível, aquilo sobre o que baseamos todos os cálculos de nossa existência está destinado a se dissolver numa espécie de bruma inconsistente... Será que... será que minha frase está completa, ou...? talvez, mesmo que não esteja, isso não expresse tão mal assim o que eu quis dizer.
>
> O que há de válido nas religiões é o que... é contrário ao bom senso. A vida de um místico cristão é contrária ao bom senso na medida em que não admite a imorta... / em que não admite... / contrária ao bom senso... espere, tenho medo de me atrapalhar. Sim, eu realmente me atrapalhei, porque esqueci alguma coisa... um ponto. Sou como as velhas senhoras que tricotam e que pulam um ponto. Isso me acontece com frequência, sabe, meu cérebro ainda funciona, mas ficam faltando pontos, e acho que isso se deve ao estado dele. Há de fato... por exemplo, quando tenho uma crise, é um grande ponto que fica faltando. Digo isso porque no fundo faço muita questão de falar como materialista. Faço questão de verdade. Sinto-me de acordo com tudo o que é materialista. Com uma condição: a de que a gente não se considere, por ser materialista, obrigado a suprimir aquilo que não deixa de ser uma riqueza – por exemplo, essas emoções que não são inteiramente diferentes

---

[*] Extraio o primeiro do site <http://goo.gl/GNTwGc>. Transcrevo os dois seguintes do filme *Bataille à perte de vue*, de André S. Labarthe (1996).

da loucura, que, pelo menos, nunca são inteiramente diferentes do que é o amor.

★

Le coupable: o culpado, mas também o *cortável*. Segundo o *Grand Robert*: "Raro ou usado por pilhéria (por causa da homonímia). Que pode ser cortado. Esse salame está duro demais, *il est à peine coupable* [quase não dá para cortar]".

Era no que insistia Georges Didi-Huberman em 1995:

> Ora, essa doença [o mal-estar, o *mal de ser*], que assume mil formas e nos esgota com suas mil armadilhas ou fissuras, pode no entanto ser dita numa só palavra, escolhida por Bataille como título de um dos seus textos mais bonitos, mais extremos, mais *inteiros*: e é a palavra *culpado*, justamente, palavra por excelência do inacabamento. *O culpado*, texto ao mesmo tempo autobiográfico e teórico, escrito durante a guerra, evoca naturalmente a figura de seu autor, aquele que em *Documents* já confessava que "o que realmente amamos, amamos sobretudo na vergonha". Mas *O culpado* deve também ser entendido num sentido físico e formal, teórico e processual – o "cortável" – como diríamos "o interminável" ou "o inacabável", por exemplo.[*]

Outros usos interessantes do adjetivo *coupable* elencados pelo *Littré*: "Na linguagem da galanteria, amante temerário ou impetuoso demais." "Termo de devoção. Tornar-se *coupable* do corpo e do sangue de Jesus Cristo: receber a comunhão quando indigno dela." "Por antífrase: Infelizes dos cidadãos *coupables* de virtude!"

★

O culpado é ainda a ruminação do curso de Alexandre Kojève sobre *A fenomenologia do espírito*, que Bataille frequentou de 1933 a 1939. Diz uma nota de *Sobre Nietzsche*: "[...] (explicação genial, à

---

[*] DIDI-HUBERMAN, Georges. *A semelhança informe ou o gaio saber visual segundo Georges Bataille*. Tradução de Caio Meira, Fernando Scheibe e Marcelo Jacques de Moraes. Rio de Janeiro: Contraponto, 2015, p. 365. Interessa, aqui, notar que a maior parte das citações que Didi-Huberman faz provém das "notas" das *O.C.*. E que seu interesse pelo culpado/cortável não se desmentiu, como demonstra o alto lugar ocupado por este em *A sobrevivência dos vaga-lumes*.

altura do livro: quantas vezes Queneau e eu saímos sufocados da sa-linha – sufocados, pregados). [...] Mas o curso de Kojève me rompeu, moeu, matou dez vezes". Atestam isso a carta a Kojève que figura em apêndice ao livro tanto quanto a joaninha – *bête à bon Dieu* – que perambula sobre palavras alemãs em "Inacabável".

★

A aleluia: catecismo de Dianus, escrito – para Diane Kotchoubey – em 1946 e publicado em 1947 com ilustrações de Jean Fautrier, é um "convite ardente ao erotismo do amante à amante".

Introdução[1]

Escrevi na folha de rosto da primeira edição de O culpado* *estas pa-lavras, cujo sentido correspondia (em seu conjunto) à impressão que tinha de viver – estávamos em 1942 – num mundo em que eu estava na situação de um estrangeiro. (Em certo sentido, essa situação não me surpreendia: os sonhos de Kafka, de diversas maneiras, são, com maior frequência do que pensamos, o fundo das coisas...):*

Um chamado Dianus** escreveu estas notas e morreu.

Ele próprio se designou (por antífrase?) sob o nome do culpado.

A compilação publicada com este título é um livro completo.

Uma carta e os fragmentos de uma obra começada compõem um apêndice.[2]

★

*Não tenho a intenção, nestas poucas linhas – que apresentam a reedição de meus dois primeiros livros*** –, de buscar o princípio do qual minha reflexão*

---

* Gallimard, 1944.

** Dianus é o pseudônimo – tirado da mitologia romana – de que me servi quando publiquei pela primeira vez estas primeiras páginas de *O culpado*, em abril de 1940, na revista *Mesures*, que estava sendo impressa, naquela época, numa gráfica de Abbeville.

*** *A experiência interior*, 2. ed. revista. Seguida de *Método de meditação*, 1954; *O culpado*, 2. ed. revista. Seguido de *A aleluia*. Esses dois livros formam os tomos I e II da *Suma ateológica* (Gallimard).

procedia..., e sim de dizer, mais modestamente, de que maneira, a meus olhos, meu pensamento se afasta daquele dos outros. Sobretudo do pensamento dos filósofos. Afasta-se deste, em primeiro lugar, por causa da minha inaptidão. Só muito tarde empreendi a tarefa de adquirir os conhecimentos exigidos: disseram-me que era bem-dotado, que devia..., mas as próprias críticas – não foram poucas as que incidiram sobre o primeiro livro desta obra – me deixaram indiferente. (Tenho outras preocupações, mais razoáveis talvez...)

Gostaria de propor hoje esta explicação principal de uma atitude que se afasta: tenho medo. *E nunca me senti encarregado de revelar a verdade, cada dia mais claramente, minhas atitudes são as de um doente, ou ao menos as de um homem sem fôlego, esgotado. É o medo que me conduz, o medo – ou o horror – daquilo que está em jogo na totalidade do pensamento.*

A busca da verdade não é meu forte (falo aqui, sobretudo, da fraseologia que a representa). E devo agora salientar isto: mais do que a verdade, é o medo que quero e busco: aquele que um escorregão vertiginoso abre, aquele que o ilimitado possível do pensamento atinge.

Pareceu-me que o pensamento humano tinha dois termos: Deus e o sentimento da ausência de Deus; mas Deus, não sendo mais que a confusão do SAGRADO (do religioso) com a RAZÃO (o utilitário), só tem lugar num mundo onde a confusão do utilitário com o sagrado se torna a base de uma atitude tranquilizadora. Deus aterroriza se deixa de ser a mesma coisa que a razão (Pascal, Kierkegaard). Mas se ele deixa de ser a mesma coisa que a razão, estou diante da ausência de Deus. E essa ausência, confundindo-se com o último aspecto do mundo – que não tem mais nada de utilitário – e nada tendo a ver, por outro lado, com retribuições ou castigos futuros: *no final, a questão ainda se coloca:*

– ...o medo... sim, o medo, que só o ilimitado *do pensamento* atinge... *o medo, sim, mas o medo de quê...?*

A resposta preenche o universo, preenche o universo em mim:

–...evidentemente, o medo de NADA...

★

Evidentemente, na medida em que aquilo que me dá medo neste mundo não é limitado pela razão, devo tremer. Devo tremer na medida em que a possibilidade do jogo não me atrai.

Mas, humanamente, o jogo, que, por definição, permanece aberto, está, a longo prazo, condenado a perder...

O jogo não coloca em causa apenas o resultado material que, eventualmente, o trabalho pode oferecer, mas também o próprio resultado oferecido sem trabalho pelo jogo. O jogo ou a fortuna. A fortuna das armas se confunde com a coragem, com a força, mas a coragem e a força são, em definitivo, formas da chance. Podem se combinar com o trabalho, porém, o trabalho não pode alcançar com elas sua forma pura. Nem por isso é menos verdade que o trabalho, trazendo sua contribuição, aumenta as chances daquele que joga: aumenta-as na mesma medida em que, de uma maneira apropriada, aquele que joga trabalha.

Mas a aliança do trabalho com o jogo acaba favorecendo o trabalho. O aporte do trabalho ao jogo faz com que, no final, todo o espaço seja cedido ao trabalho, o jogo passando a não ter mais que o espaço reduzido ao inevitável.

Assim, ainda que minha inclinação não tivesse me lançado na angústia, as vias que o jogo poderia ter aberto para mim não me deixavam saída real. No final, o jogo só leva à angústia. E nosso único possível é o trabalho.

A angústia não é verdadeiramente o possível do homem. Claro que não! a angústia é o impossível! ela o é no sentido em que o impossível me define. O homem é o único animal que, de sua morte, soube fazer exata, pesadamente, o impossível, pois ele é o único animal que morre nesse sentido fechado. A consciência é a condição da morte completa. Morro na medida em que tenho consciência de morrer. Mas, a morte furtando a consciência, não apenas tenho consciência de morrer: essa consciência, ao mesmo tempo, a morte a furta de mim...

O homem, que, talvez, é o ápice, não é mais que o ápice de um desastre.

Como o pôr delirante do sol, aquele que a morte sepulta afunda na magnificência que lhe escapa: ela lhe escapa na medida em que o engrandece. Nesse momento, as lágrimas riem, o riso chora, e o tempo...: o tempo atinge a simplicidade que o suprime.

★

Em verdade, minha linguagem só poderia se completar com minha morte. Sob a condição de não confundi-la com um aspecto violento e teatral, que o acaso lhe daria. A morte é uma desaparição, uma supressão tão perfeita que, no ápice, o pleno silêncio é sua verdade, tanto que é impossível falar dela. Aqui, o silêncio que evoco, evidentemente, só é aproximado de fora, de longe.

Acrescento: se morresse agora, é certo que intoleráveis sofrimentos figurariam no balanço de minha vida. Meus sofrimentos, que eventualmente tornariam minha morte mais penosa a alguns sobreviventes, não alterariam a supressão de que eu seria objeto.

Dessa maneira, chego ao fim da linguagem que é a morte. Em potência, trata-se ainda de uma linguagem, mas cujo sentido – já a ausência de sentido – é dado nas palavras que põem fim à linguagem. Essas palavras só têm sentido, ao menos, na medida em que precedem imediatamente o silêncio (o silêncio que põe fim): só teriam sentido pleno esquecidas, caindo decidida, subitamente, no esquecimento.

Mas permaneço, permanecemos – seja como for – no domínio onde apenas o limite do silêncio é acessível. O silêncio equívoco do êxtase é ele próprio, no limite, inacessível. Ou – como a morte – acessível por um instante.

Deixarei meu pensamento lentamente – sorrateiramente, e trapaceando o mínimo possível – se confundir com o silêncio?[*]

---

[*] Não. Ainda não! Seria preciso ainda aproximar meu pensamento do pensamento dos outros! De todos os outros? É possível: chego à saída *prévia*: não podemos, no fim, compor em seu conjunto as possibilidades do pensamento (como, aproximativamente, Hegel o fez, ele que, talvez, em certo sentido, morreu afogado...)?

O culpado

O culpado

...numa caneca de gim
uma noite de festa
as estrelas caem do céu

entorno o raio a grandes goles
vou rir às gargalhadas
o raio no coração...[3]

A amizade

I
A noite

A data em que começo a escrever (5 de setembro de 1939) não é uma coincidência. Começo em razão dos acontecimentos, mas não é para falar deles. Escrevo estas notas incapaz de fazer outra coisa. Tenho de me deixar levar, de agora em diante, por movimentos de liberdade, de capricho. De repente, é chegado o momento, para mim, de falar sem desvio.

Não consigo ler. Ao menos, a maioria dos livros. Não sinto vontade. Um excesso de trabalho me cansa. Fico com os nervos quebrados. Embriago-me com frequência. Sinto-me fiel à vida se bebo e como o que me apraz. A vida é sempre o encantamento, o festim, a festa: sonho opressivo, ininteligível, ornado, no entanto, de um charme com que jogo. O sentimento da chance exige que eu me coloque em face de uma sorte difícil. Não se trataria de chance se não fosse uma incontestável loucura.

Comecei a ler, de pé num trem lotado, o *Livro das visões*, de Ângela de Foligno.

*Recopio, sem saber como dizer a que ponto queimei: o véu aqui se rasga, saio da bruma em que se debate minha impotência. O

---

* 6 de setembro de 1939.

Espírito Santo diz à santa: "Vou falar contigo durante todo o caminho; minha fala será ininterrupta, e te desafio a escutar outra, pois te prendi e não te soltarei enquanto não tiveres voltado aqui uma segunda vez, e te soltarei então apenas em relação a essa alegria de hoje; mas, quanto ao resto, nunca, nunca, se me amas". O que se segue exprime um amor tão ardente que um suplício parece a madeira necessária a esse braseiro. Vivo como um porco aos olhos dos cristãos, sem me deter nessa ideia risível; de certa forma, tenho sede é de queimar: sofro por não queimar, por minha vez, a ponto de me aproximar tanto da morte que a respirasse como o hálito de um ser amado.

Tudo tem lugar numa penumbra ardente, sutilmente privada de sentido. O mal que atormenta a terra me parece inapreensível: algo de silencioso, de fugidio, que exaspera e exalta.[4]

Tempos insidiosos, ao ruído abafado das sirenes (no valezinho de F...,[5] com a floresta no horizonte, o céu brumoso: estranho lamento de fábrica em meio a grandes árvores e velhas casas). Um pesadelo é minha verdade, minha nudez. A trama lógica que introduzem aí me faz rir. Sepulto-me de bom grado nos lençóis de bruma de uma realidade indecisa, no seio deste novo mundo a que pertenço. Aquilo que um nevoeiro tão sujo tem de intolerável (de fazer gritar)... Permaneço só, afogado por uma maré que sobe: hilaridade tão doce, tão amiga de si mesma quanto o movimento do mar. Deito-me na imensa luz de minha noite, em minha embriaguez fria, em minha angústia; suporto sob a condição de saber tudo vão. Ninguém toma a guerra tão loucamente: sou o *único* a poder fazê-lo; outros não amam a vida com uma embriaguez supliciante o bastante, não podem se reconhecer nas trevas de um sonho ruim. Ignoram os caminhos de sonâmbulo que vão de um riso feliz à excitação sem saída.

Não falarei de guerra, mas de experiência mística. Não sou indiferente à guerra. Daria de bom grado meu sangue, minhas fadigas e, ainda mais, esses momentos de selvageria que atingimos na proximidade da morte... Mas como esqueceria por um instante minha ignorância e que estou perdido num corredor subterrâneo? Este mundo, um planeta e o céu estrelado não são para mim mais que um túmulo (onde não sei se sufoco, se choro ou se me transformo numa espécie de ininteligível sol). Uma guerra não pode iluminar uma noite tão perfeita.

O desejo de um corpo de mulher tenro e mais do que nu (perfumado, enfeitado com ornamentos perversos): num desejo tão doloroso é que menos mal compreendo o que sou. Uma espécie de obscuridade alucinante me faz lentamente perder a cabeça, comunica-me uma torção de todo o ser tensionado para o impossível. Rumo a não sei que explosão quente, florida, mortal... por onde escapo da ilusão de relações sólidas entre o mundo e eu. Um prostíbulo é minha verdadeira igreja, a única suficientemente intranquilizadora. Posso buscar com avidez o modo como os santos arderam, mas seu *requiescat* é o que minha leviandade maldiz. Conheci o repouso extático, iluminado, mas, ainda que fosse expulso do reino entrevisto, se ele me desse a estabilidade, só poderia amaldiçoá-lo.

*A experiência mística difere da erótica por ter um êxito pleno. O excesso erótico culmina na depressão, na aversão, na impossibilidade de perseverar, e o desejo insaciado completa o sofrimento. O erotismo excede as forças humanas. Aquilo que Jünger disse da guerra, o despertar debaixo da mesa em meio aos escombros, está dado de antemão no tormento, sem apaziguamento imaginável, posto em jogo em qualquer orgia.

A orgia a que assisti (de que participei) aquela noite era da natureza mais vulgar. No entanto, minha simplicidade logo me coloca no nível do pior. Permaneço silencioso, terno, não hostil, em meio aos gritos, berros e quedas de corpos. A meus olhos, o espetáculo se faz terrível (mas ainda mais terríveis as razões, os meios pelos quais outros se mantêm a salvo desse horror, a salvo de necessidades que só encontram saída nele).

Nenhuma reprovação, nenhuma vergonha. O erotismo, a exibição de mulheres de seios pesados, bocas aos gritos, que é seu

---

* 9 de setembro.

horizonte, são para mim tanto mais desejáveis por afastarem qualquer esperança. O mesmo não se dá com o misticismo, cujo horizonte é promessa de luz. Suporto-o mal e logo volto ao vômito erótico, à sua insolência, que não poupa nada nem ninguém. É doce para mim entrar na noite suja e nela me encerrar altivamente. A puta com que subi tinha uma simplicidade de criança, quase silenciosa. Aquela que caiu com tudo no chão, do alto de uma mesa, era de uma doçura apagada: doçura desesperadora diante de meus olhos bêbados de indiferente.[6]

Um deus não se ocupa da natureza das coisas como um homem da política, e, para um deus, a guerra ou a prostituição não são mais que a natureza das coisas, que não pode ser boa nem má, mas tão somente divina.

Os deuses riem das razões que os animam, de tanto que elas são profundas, inexprimíveis na língua dos outros.[7]

A divindade (no sentido de divino, não de Deus, servil criador e médico do homem), a força, o poder, a embriaguez e o arrebatamento fora de mim, a alegria de não ser mais, de "morrer de não morrer", toda minha vida, o movimento de mulher febril de meu coração: outro aspecto, secura, sede impossível de saciar, ao mesmo tempo frieza a toda prova.

*Esperei o dilaceramento do céu (o momento em que a ordenação inteligível dos objetos conhecidos – e, no entanto, estranhos – cede lugar a uma presença que só é inteligível para o coração). Esperei-o, mas o céu não se abriu. Há algo de insolúvel nessa espera de animal de rapina entocado e roído pela fome. O absurdo: "Seria Deus que eu gostaria de dilacerar?". Como se eu fosse um verdadeiro animal de rapina, mas sou mais doente ainda. Pois rio de minha própria fome, não quero comer nada, devia antes ser comido. O amor me rói, me deixa em carne viva: não há outra *saída* além de uma morte rápida. O que espero é uma resposta na escuridão onde estou. Talvez, por

---

* 11 de setembro.

não ser triturado, continuaria sendo o dejeto esquecido! Nenhuma resposta a essa agitação esgotante: tudo continua vazio. Ao passo que, se..., mas não tenho Deus a quem suplicar.

O mais simplesmente que posso, peço àquele que vê minha vida como uma doença para a qual Deus seria o único remédio que se cale por um só instante e que, se encontrar então um verdadeiro silêncio, não tema recuar. Pois ele não viu aquilo de que fala. Ao passo que eu, eu olhei esse *ininteligível** *bem* na cara: nesse momento, estava incendiado por um amor tão grande que não imagino nada maior. Vivo lento, *feliz*, não poderia parar de rir: não estou carregado do fardo, da servidão apaziguadora, que começam assim que se fala de um Deus. Este mundo dos vivos está situado diante da visão dilacerante do *ininteligível* (penetrada, transfigurada pela morte, mas gloriosa); ao mesmo tempo, a perspectiva ordenada da teologia se oferece a ele para seduzi-lo. Se percebe seu abandono, sua vaidade desarmada entre uma ausência de solução e a solução chã do enigma que ele próprio é, nada resta nele que não esteja ferido.

Pois, se existe em última instância alguma imutável satisfação, por que sou rechaçado? Mas *sei* que a satisfação não satisfaz, e que a glória do homem reside na consciência que ele tem de nada conhecer acima da glória e da insatisfação. Um dia, serei completamente trágico, morrerei: somente esse dia, porque de antemão me situei em sua luz, confere sua significação àquilo que sou. Não tenho outra esperança. A alegria, o amor, a liberdade descontraída ligam-se em mim ao ódio pela satisfação.[8]

Parece que tenho um caranguejo na cabeça, um caranguejo, um sapo, um horror que a todo custo deveria vomitar.

Beber, entregar-me à orgia ou lutar são as únicas saídas que me restam no momento dessa obscura impossibilidade. Tudo se contrai

---

* Por "esse *ininteligível*" entendo não Deus, mas aquilo que experimentamos quando, na esteira daqueles que se serviram da palavra e das crenças ligadas a ela, encontramo-nos na aflição que obriga uma criança pequena a recorrer à mãe. Na solidão *real*, só um *ilusório* responde ao crente, mas ao não crente o *ininteligível*. (Nota de 1960)

no fundo de mim mesmo: seria preciso suportar o horror, aguentá-lo sem sucumbir à vertigem.

*Estou perfeitamente ciente de minha ausência de boa vontade. Ninguém está menos decidido que eu a escapar da ausência de saída. Sempre tive o cuidado de me manter fechado a todo e qualquer possível. Correndo o risco de alcançar a luz do dia, o sono enfraquecia meu impulso. Esse limite atua se quero agir; atua se tento forçar os segredos do domínio interior. De tempos em tempos, uma paixão decisiva, uma irrupção acidental: o torpor se segue, uma imobilidade de esfinge, surda a tudo aquilo que se propõe a resolver, os olhos vazios, absorvida em seu próprio enigma. Não ignoro mais que essa alternância me paralisa, mas amo sua sabedoria animal, mais caprichosa e mais segura de si do que qualquer outra.

Presa dessa paralisia, ordeno lentamente meu ser através da terra e do céu. Sou "a árvore deitando suas raízes na terra": tanta solidez quanta lentidão. Há horas em que sofro a necessidade de sentir em mim esse obscuro crescimento, juntando, acumulando forças. A potência maior é compensada por um sentimento de fragilidade exacerbada.

Quis atacar a mim mesmo. Sentado na beira de uma cama, de frente para a janela e para a noite, exercitei-me, obstinei-me em me tornar eu mesmo *um combate*. O furor de sacrificar e o furor do sacrifício opunham-se em mim como os dentes de duas engrenagens que ficassem presos no momento em que o eixo de transmissão entra em movimento.

Aquilo a que chamam *substância* não é mais que um estado de equilíbrio provisório entre a irradiação (a perda) e a acumulação da força. A *estabilidade* nunca vai além desse equilíbrio relativo, pouco duradouro: parece-me que ela nunca é estática. A própria vida está ligada a esses estados de equilíbrio, mas o equilíbrio relativo significa apenas que ela é possível; a vida não deixa por isso de ser acumulação e perda de força, constante comprometimento do equilíbrio sem o

---

*   12 de setembro.

qual ela não existiria. Não pode, portanto, haver substância isolável, e só o universo poderia possuir aquilo que se chama substância, mas nós percebemos que a substância exige a unidade, que a unidade exige esse sistema de concentração-estilhaçamento, que exclui a duração. Aquilo que pertence ao universo deve assim ser de outra natureza que não a substância, esta sendo apenas a qualidade precária cuja aparência está ligada aos seres particulares. Nem por isso o universo é mais redutível a essa preguiçosa noção de substância do que a gargalhadas e beijos. Gargalhadas e beijos não engendram noção alguma, propiciam percepções mais verdadeiras "daquilo que é" do que as ideias necessárias a tornar os objetos manejáveis; nada mais risível: reduzir "aquilo que é" – preferindo, o universo – ao análogo de um objeto útil! Rir, amar, até mesmo chorar de raiva e de minha impotência de conhecer são meios de conhecimento que não devem ser colocados no plano da inteligência, que, no limite, podem se conciliar com a inteligência exatamente no ponto em que esta assimila o riso, o amor ou as lágrimas aos outros modos de ação e reação dos objetos entre si. Esses modos aparecem de início na inteligência como aspectos subordinados do real, mas as risadas ou as outras emoções improdutivas não deixam por isso de ter o poder de reduzir a inteligência à invalidez. A inteligência toma consciência de sua miséria, mas não podemos de modo algum confundir duas experiências do universo irredutíveis uma à outra. Só a confusão e a subordinação da inteligência permitem falar de Deus. Deus-escravo exige minha escravidão em segundo grau no estabelecimento de cadeias sem fim. Rir do universo liberava minha vida. Escapo da gravidade rindo. Recuso-me à tradução intelectual desse riso: a escravidão recomeçaria a partir daí.

É necessário ir além.

"No lugar onde estava, eu buscava o amor e não o encontrava mais. Perdi mesmo aquele que arrastara até então e fui feita o não-amor" (*Livro das visões*, XXVI, trad. Ernest Hello).

Ângela de Foligno, ao falar de Deus, fala como escrava. O que ela expressou, contudo, pode me atingir – até o tremor. Balbucio. Sinto o que a santa disse como outro balbucio. Não me detenho naquilo que pode ser o reflexo de estados de coisas de que o tempo dispôs, de encadeamentos hoje desencadeados (que voltaram a ser fechados de outro modo).

Ela prossegue:

"[...] Quando Deus aparece na treva, nem riso, nem ardor, nem devoção, nem amor, nada sobre a face, nada no coração, nem um tremor, nem um movimento. O corpo não vê nada, os olhos da alma estão abertos. O corpo repousa e dorme, a língua cortada e imóvel: todas as amizades que Deus me deu, numerosas e inenarráveis, e suas doçuras, e seus dons, e suas palavras e suas ações, tudo isso é pequeno ao lado Daquele que vejo na imensa treva [...]"

Nenhum limite a partir de uma risada violenta o bastante.

Estas notas me ligam como um fio de Ariadne a meus semelhantes, e o resto me parece vão. Não poderia, contudo, dá-las a ler a nenhum de meus amigos. Por isso, tenho a impressão de escrever dentro de um túmulo. Queria que as publicassem quando estivesse morto, mas pode ser que viva ainda bastante tempo, que a publicação ocorra enquanto estiver vivo. Sofro com essa ideia. Posso mudar, mas, enquanto isso, sinto angústia.*[9]

Não imagino nada mais risonho, nada mais ingênuo que minha conversa com duas "mulheres da vida": estavam nuas, como lobas, numa floresta de espelhos e de luzes coloridas. As morais me deixam ingenuamente "selvagem".

---

* De fato, acabei entregando fragmentos desse texto à revista *Mesures*, no início de 1940 (sob o pseudônimo de Dianus). Ao voltar do êxodo, soube que os exemplares da *Mesures* se encontravam na estação ferroviária de Abbeville durante a batalha do Norte e, como essa cidade fora muito bombardeada, pensava que qualquer chance de publicação estava afastada por um bom tempo. Mas o número da *Mesures* estava intacto. Em 1943, *A experiência interior* foi publicado. A primeira edição de *O culpado* sairia em fevereiro de 1944. (Nota de 1960)

II
O "desejo satisfeito"[10]

"*Numa esposa desejaria*
Aquilo que se encontra sempre nas mulheres da vida:
As marcas do desejo satisfeito."*

Escrevo feliz com a oportunidade que permitiu me saciar. De novo, imagino acesso e vida possíveis. Nenhum partido tomado.

**Numa serenidade aguda, diante do céu estrelado e negro, diante da colina e das árvores negras, voltei a encontrar aquilo que faz de meu coração uma brasa coberta de cinza, mas que arde interiormente: o sentimento de uma presença irredutível a qualquer noção que seja, aquela espécie de silêncio de raio que o êxtase introduz. Torno-me fuga imensa para fora de mim, como se minha vida fluísse em rios lentos através da tinta do céu. Já não sou então eu mesmo, mas aquilo que saiu de mim atinge e encerra em seu enlace uma presença ilimitada, ela própria semelhante à perda de mim mesmo: aquilo que não é mais nem eu nem o outro, mas um beijo profundo em que se perderiam os limites dos lábios, liga-se a esse êxtase, tão obscuro, tão pouco estranho ao universo quanto o curso da terra através do abismo do céu.

---

* William Blake.
** 21 de setembro.

Nesse momento pode começar o Sacrifício. Nesse momento recomeçam a Insatisfação, a Cólera e a Altivez. No silêncio, um pássaro negro de asas incômodas, carregado de ódio até por si mesmo, ávido por suprimir aquilo que se chama ainda Ternura, Amor: o êxtase deixou de ser tolerável, e subsiste apenas uma virilidade vazia[11] ....
.... Volto a me encontrar solitário: no fim, o jardim se estende à minha frente, construído em profundidade, como a arquitetura de um vasto monumento funerário, aberto sob meus pés; tão sombrio, tão profundo, que parece um abismo.

Minha descrição é incerta e talvez ininteligível. Imagino um homem no artigo da morte, querendo por meio de algum sinal, uma última vez, testemunhar sua vida. O sinal indica que algo tem lugar, mas o quê? No entanto, creio, poderiam me acompanhar, sentir minha fidelidade (mais inteira na primeira parte que na segunda).

*Num caos de matar bois. Minha cabeça sólida de camponês resiste. As cacetadas do álcool já não fazem mais que marcar em mim um "desejo satisfeito". É difícil perceber, na desordem destas páginas, a incoerência medíocre de uma vida. Se uma virtude subsiste em mim, esgoto-a tentando superar a vulgaridade das circunstâncias, tornar-me inapreensível, soltar-me sem dizer palavra daquilo que parecia me trancafiar.

Gosto de passar – se for preciso faço um desvio – na frente da Igreja da Madalena: entrevejo o Obelisco entre as colunatas dos palácios Gabriel, acima do Palácio-Bourbon, emparelhando sua agulha com o domo dourado dos Inválidos. O cenário traz aos meus olhos a tragédia que um povo representou ali: a realeza, chave dessa ordenação monumental, abatida no sangue – sob as vaias de uma multidão má –, depois renascendo, num silêncio de pedra, discreta, impenetrável à desatenção dos passantes. Não posso pensar sem alacridade na "alma do mundo" sepultada, glorificada na arquitetura dos Inválidos. Escapo sem dificuldade do feitiço que amarra espíritos mais fáceis, mas a

---

* 22 de setembro.

grandeza do edifício hegeliano, duplamente desmoronado, encontra em mim ecos longínquos. Glórias, desastres, silêncios compõem um inapreensível mistério, do fundo do qual o Obelisco surgiu. Passei duas vezes, desde que a guerra começou, aos pés do monólito, que nunca tinha visto nessa escuridão. Quem não se aproximou dele na noite atual ignora sua extrema majestade. Da base, percebia o bloco de granito perdido na profundidade do céu: ele recortava ali suas arestas junto ao cintilar das estrelas. Na noite, a pedra erguida tinha a majestade das montanhas: era como a morte e as areias silenciosa, bela como as trevas e fissurada como um rufo de tambor.[12]

Quero descrever uma experiência mística e só me afasto disso em aparência, mas quem discerniria um caminho no caos que introduzo?

Um corpo nu, exibido, pode ser visto com indiferença. Da mesma forma, é fácil olhar o céu acima de nós como um vazio. Um corpo exibido, contudo, possui a meus olhos o mesmo poder que no jogo sexual, e posso abrir na vastidão clara ou sombria do céu a ferida a que vou aderir como à nudez feminina. O êxtase cerebral sentido por um homem ao abraçar uma mulher tem por objeto o frescor da nudez; no espaço vazio, na profundidade aberta do universo, a estranheza de minha meditação atinge também um objeto que me libera.

Descrevi o que sentia essa noite, meditando diante de uma nuvem escura cuja deslocação me parecia "acrobática" – distorção de membros emaranhados.

Não confundo minhas orgias e minha vida mística. A descrição do tantrismo na obra de Eliade[13] deixou em mim um sentimento de aversão. Limito-me num e noutro campo a exaltações sem mistura. Tentativas de compromisso, afastadas, aliás, dos langores calculados do tantrismo, só fizeram me afastar das possibilidades desse gênero. Vou relatá-las – mais adiante – a fim de atestar o estado selvagem a que se liga minha experiência.

Amar a ponto de gritar, abismado na profundidade fissurada, fulgurante: não importa mais saber *o que existe* no fundo do abismo.

Escrevo ainda queimado, não irei mais longe. Não poderia acrescentar nada. Não posso descrever o incêndio do céu, o que está ali, bruscamente, de agudo, de suave, de simples, de intolerável, como a agonia de uma criança. Sinto medo ao escrever estas últimas palavras, medo do silêncio vazio *que sou*, diante... É preciso firmeza para suportar uma luz tão viva e não sentir nenhuma vaidade da inteligência, firmeza para não fraquejar quando uma única verdade se faz clara: que querer encerrar *o que está ali* numa categoria intelectual é reduzir-se à falta de hilaridade orgulhosa que a fé em Deus tem por efeito. Permanecer viril na luz exige a audácia de uma louca ignorância: deixar-se incendiar, gritando de alegria, esperar a morte – em razão de uma presença desconhecida, incognoscível; tornar-se a si mesmo amor e luz cega, atingir uma perfeita ininteligência de sol.

*Impossível alcançar essa ininteligência viril antes de ter penetrado o segredo do desejo da nudez. Devemos em primeiro lugar transgredir interditos cujo respeito fechado está ligado à transcendência divina, à humilhação infinita do homem.[14]

O vasto destroço humano nunca para de derivar ao longo de um rio surdo ao barulho de nossos discursos: de repente, ele entra num barulho de catarata...

**A dura e luminosa nudez das nádegas, inegável verdade de falésias no oco do mar e do céu. O entreguerras era o tempo em que a mentira não era menos necessária à vida que o álcool. A ausência de solução não é exprimível.

---

* 25 de setembro.
** 27 de setembro.

III
O anjo

*O erotismo é cruel, leva à miséria, exige ruinosos dispêndios. É oneroso demais para ainda estar ligado à ascese. Em contrapartida, os estados místicos, extáticos, que não acarretam ruína material ou moral, não prescindem de maus-tratos exercidos contra si mesmo. A experiência que tenho de ambos torna claras aos meus olhos as consequências contrárias desses dois tipos de excessos. Para renunciar a meus hábitos eróticos, teria de inventar um novo meio de me crucificar: ele não deveria ser menos embriagante que o álcool.

A imagem de um rosto ascético de olhos queimados e ossos salientes me oprime se penso em mim mesmo. Meu pai cego, órbitas ocas, um longo nariz de ave magricela, gritos de sofrimento, longas risadas silenciosas: gostaria de me parecer com ele! Não posso deixar de interrogar as sombras e tremo por ter tido sob meus olhos, durante toda a infância, esse asceta involuntário, angustiante![15]

Encontrando o destino de que não pode se esquivar, um homem tem de início um movimento de recuo: saindo da orgia e do êxtase, achei o caminho da austeridade. Hoje de manhã, o simples pensamento da ascese devolvia-me a vida: não imaginava nada de mais desejável.

---

* 28 de setembro.

Se penso agora na mesma imagem sinto asco. Recuso-me a me tornar hostil, de olhos cavos, emagrecido. Se for esse o meu destino, não posso fugir, porém tampouco posso suportá-lo.

Proponho-me uma primeira forma de ascese: uma simplicidade total. A extrema mobilidade, a alternância de exaltações e depressões esvaziam a existência de conteúdo: nada pior que um excesso de ardentes veleidades. Imagino no final a pobreza como uma cura.[16]

Anoto uma imagem que descreve (bastante mal) uma visão extática: "Um anjo aparece no céu: é apenas um ponto brilhante, tendo a espessura e a opacidade da noite. Tem a beleza de uma luz interior, mas, numa vacilação inapreensível, o anjo ergue uma espada de cristal que se quebra".

Esse anjo é o "movimento dos mundos", mas não posso amá-lo como um ser análogo aos outros. Ele é a ferida, ou a fissura, que, dissimulada, faz de um ser "um cristal que se quebra". Porém, embora não possa amá-lo como um anjo, nem como uma entidade distinta, aquilo que apreendi dele libera em mim o movimento que me dá o desejo de morrer e a necessidade de não ser mais.[17]

É aviltante reduzir a volúpia da mágoa, tanto mais voluptuosa quanto mais dolorosa a mágoa, à vulgaridade de um tema literário. Quando a volúpia tem os olhos da ascese, quando o tormento rói ingenuamente, o que está em causa se situa no céu, na noite, no frio, não na história das letras.[18]

"Deus", diz Ângela de Foligno (cap. 55), "deu a seu Filho amado tamanha pobreza que nunca houve nem haverá um pobre igual a ele. E, no entanto, ele tem o Ser por propriedade. Ele possui a substância, e ela é tão dele que esse pertencimento está acima da palavra humana. E, contudo, Deus o fez pobre, como se a substância não fosse dele."

Trata-se apenas das virtudes cristãs: a pobreza, a humildade. Que a substância imutável não seja, mesmo para Deus, a soberana satisfação, que o despojamento e a morte sejam o além necessário à glória Daquele *que é* a eterna beatitude – assim como àquela de quem quer que seja que possua à sua maneira o ilusório atributo da substância –, uma verdade tão ruinosa não podia estar acessível nua para a santa. E, no entanto: a partir de uma visão extática, ela não pode ser evitada.

A miséria do cristianismo é a vontade de fugir, na ascese, de um estado em que a fragilidade, a não-substância, é dolorosa. Ele precisa, contudo, *sacrificar* a substância – que tem tanta dificuldade em garantir.

Não há ser sem fissura, mas vamos da fissura sofrida, da degradação, à glória (à fissura amada).

O cristianismo atinge a glória fugindo daquilo que é (humanamente) glorioso. Ele deve se figurar de início a salvaguarda daquilo que, em face da fragilidade das coisas deste mundo, é substancial: o sacrifício de Deus se torna então possível e sua necessidade atua imediatamente. Assim entendido, o cristianismo é a expressão adequada da condição humana: o homem só alcança a glória do sacrifício liberado do mal-estar em que o deixava a instabilidade. Mas ele está no nível daqueles que enfraquecem rápido – que não conseguem suportar uma embriaguez sem amanhã (a do erotismo, da festa). O ponto onde abandonamos o cristianismo é a exuberância. Ângela de Foligno o atingiu e o descreveu, mas sem o saber.[19]

Há o universo, e, no meio de sua noite, o homem descobre partes desse universo, descobre a si mesmo. Porém, sempre se trata de uma descoberta inacabada. Quando morre, um homem deixa atrás de si sobreviventes condenados a arruinar aquilo em que ele acreditou, a profanar aquilo que ele venerou. Aprendo que o universo é de tal maneira, mas, na certa, aqueles que me seguirem verão meu erro. A ciência humana deveria se fundar em seu acabamento; sendo inacabada, ela não é *ciência*, é apenas o produto inevitável e vertiginoso da vontade de ciência.

Foi a grandeza de Hegel ter feito a ciência depender de seu acabamento (como se pudesse haver um conhecimento digno desse nome enquanto o elaboram!), mas, do edifício que ele queria deixar, subsiste apenas um gráfico da parte de construção anterior a seu tempo (gráfico que não fora estabelecido antes dele, que não foi estabelecido desde então). Necessariamente, o gráfico que a *Fenomenologia do espírito* é não passa, apesar de tudo, de um começo, é o fracasso definitivo: o único acabamento possível do conhecimento humano tem lugar se digo da existência humana que ela é um começo que nunca será acabado. Ainda que essa existência atingisse sua possibilidade extrema, ela não poderia encontrar a satisfação, pelo menos não aquela das exigências que vivem em nós. Ela poderia definir essas exigências como falsas diante do juízo de uma verdade que lhe pertencerá numa posição de semissono. Mas, segundo sua própria regra, essa verdade só pode ser assim sob uma condição: que eu morra, e, comigo, aquilo que o homem tem de inacabado. E, eliminado meu sofrimento, o inacabado das coisas cessando de arruinar nossa suficiência, a vida se afastaria do homem; com a vida, sua verdade longínqua e inevitável, de que inacabamento, morte e desejo insaciável são para o ser a ferida jamais fechada, sem a qual a inércia – a morte que absorve na morte e já não muda nada – o enclausuraria.

Na extremidade da reflexão, fica claro que os dados da ciência valem na medida em que tornam impossível uma imagem definitiva do universo. A ruína que a ciência fez, continua a fazer, das concepções estanques constitui sua grandeza e, mais precisamente que sua grandeza, sua verdade. Seu movimento depreende de uma obscuridade cheia de aparições ilusórias uma imagem despojada da existência: um ser obstinado em conhecer, e posto diante da possibilidade de conhecer que lhe escapa, permanece no final, em sua douta ignorância, como um resultado inesperado da operação. A questão colocada era a do ser e da substância, e o que fica vivamente claro para mim (que faz, no instante em que escrevo, com que o "fundo dos mundos" se abra diante de mim, com que não haja mais em mim diferença entre o conhecimento e a "perda de conhecimento" extática), o que fica claro para mim é que, lá onde o conhecimento buscou o ser, ele encontrou o inacabado. Há identidade entre o objeto e o sujeito (o objeto conhecido, o sujeito que conhece) se a ciência inacabada, inacabável, admite que o objeto, ele próprio inacabado, é inacabável. A partir daí se dissipa o mal-estar resultante da necessidade sentida pelo inacabado (o homem) de encontrar o acabado (Deus); a ignorância do porvir (a *Unwissenheit um die*

Zukunft,* que Nietzsche amava) é o estado extremo do conhecimento, o incidente que o homem figura é a imagem adequada (e por isso mesmo inadequada) do inacabamento dos mundos.

Na representação do inacabamento, encontrei a coincidência da plenitude intelectual e de um êxtase, o que não tinha conseguido atingir até ali. Pouco me preocupo em chegar, por minha vez, à posição hegeliana: supressão da diferença entre o objeto – que é conhecido – e o sujeito – que conhece (ainda que essa posição responda à dificuldade fundamental). Da escarpa vertiginosa que subo, vejo agora a verdade fundada no inacabamento (como Hegel a fundava, ele, no acabamento), mas, de um fundamento, já não há mais ali que a aparência! Renunciei àquilo de que o homem tem sede. Encontro-me – glorioso – levado por um movimento indescritível, tão forte que nada o detém, e que nada poderia detê-lo. Está aí *aquilo que tem lugar*, que não pode ser justificado nem recusado, a partir de princípios: não é uma posição, mas um movimento que mantém cada operação possível em seus limites. Minha concepção é um antropomorfismo dilacerado. Não quero reduzir, assimilar o conjunto do que é à existência paralisada por servidões, mas à selvagem *impossibilidade* que sou, que não pode evitar seus limites, e tampouco pode se manter neles. A *Unwissenheit*, a ignorância amada, extática, devém nesse momento a expressão de uma sabedoria sem esperança. Na extremidade de seu desenvolvimento, o pensamento aspira à sua "execução capital", precipitado, por um salto, na esfera do sacrifício, e, assim como uma emoção cresce até o instante dilacerado do soluço, sua plenitude o leva ao ponto onde sibila um vento que o abate, onde a contradição definitiva impera.

Em toda realidade acessível, em cada ser, é preciso buscar o lugar sacrificial, a ferida. Um ser só é tocado no ponto onde sucumbe, uma mulher, debaixo do vestido, um deus, no pescoço do animal do sacrifício.

Aquele que, odiando a egoísta solidão, tentou se perder no êxtase pegou a vastidão do céu "pelo pescoço": pois ela deve sangrar e

---

* A ignorância tocante ao porvir.

gritar. Uma mulher desnudada abre um campo de delícias (ela não perturbava decentemente vestida): assim a vastidão vazia se dilacera e, dilacerada, abre-se àquele que se perde nela do mesmo modo que o corpo na nudez que se dá a ele.

A história é inacabada: quando este livro for lido, o aluno mais novo de qualquer escola saberá qual foi o fim da guerra atual; no momento em que escrevo, nada pode me dar a ciência desse aluno. Um tempo de guerra revela o inacabamento da história a tal ponto que seria chocante morrer poucos dias antes do fim (seria o mesmo que, lendo um livro de aventuras, largá-lo a dez páginas do desenlace). O acordo com o inacabamento da história – implicado na morte – só raramente é acessível aos vivos. Só Nietzsche escreveu: *"Ich liebe die Unwissenheit um die Zukunft".* Mas o resistente cego morre seguro do resultado que deseja.

A ciência é, como a história, inacabada: morrerei sem resposta a problemas essenciais, ignorante para sempre de resultados que mudarão as perspectivas humanas (que mudariam as minhas como mudarão as dos sobreviventes).

Os seres são inacabados uns em relação aos outros, o animal em relação ao homem, este em relação a Deus, que só é acabado por ser imaginário.

Um homem se sabe inacabado, imagina logo o ser acabado, imagina-o verdadeiro. Dispõe, a partir de então, não apenas do acabado, mas, por tabela, também do inacabado. O inacabado se devia até então à sua impotência, mas, dispondo do acabado, o excesso de sua potência libera nele o desejo do inacabado. Ele pode muito bem se tornar humilde, pobre, gozar em Deus de sua humildade, de sua pobreza; imagina o próprio Deus sucumbindo ao desejo do inacabamento, ao desejo de ser um homem e pobre, e de morrer num suplício.

A teologia mantém o princípio de um mundo acabado desde sempre, em todos os lugares, até na noite do Gólgota. Basta que Deus

---

* Amo a ignorância tocante ao porvir.

exista. É preciso matar Deus para perceber o mundo na fragilidade do inacabamento. Impõe-se então ao pensamento que, a qualquer preço, seria preciso *acabar* este mundo, mas o impossível está ali, inacabado: todo real se quebra, está fissurado, a ilusão de um rio imóvel se dissipa, a água parada escorre, ouço o barulho da catarata próxima.

A ilusão do acabamento é dada – humanamente – na pessoa de uma mulher vestida; basta ela se desnudar em parte: sua animalidade se torna visível, e sua visão libera em mim meu próprio inacabamento... Na medida em que os seres parecem perfeitos, eles permanecem isolados, trancados em si mesmos. Mas a ferida do inacabamento os abre. Por meio do que se pode chamar inacabamento, nudez animal, ferida, os diversos seres separados *comunicam*, ganham vida perdendo-se na *comunicação* de um ao outro.

Faz um bom tempo, encontrando-me, em estado de embriaguez, na plataforma do metrô Strasbourg-Saint-Denis, usei para escrever o verso de uma fotografia de mulher nua. Escrevi, entre diversos disparates: "Não comunicar significa exatamente a necessidade sangrenta de comunicar". Fora de mim, não tinha perdido a consciência e sofria em silêncio de uma intolerável vontade de gritar, de ficar nu. Em todos os planos o mesmo sofrimento: a necessidade de se perder torna a vida inteira dolorida, mas o ser escapa do acabamento nessa necessidade. A insatisfação inscrita na agitação da história, o movimento da ciência arruinando qualquer possibilidade de repouso, a imagem de Deus sem outra saída que não o suplício, a garota doente e, não aguentando mais, levantando seu vestido são alguns dos meios dessa "comunicação sentida como a nudez", sem a qual tudo é vazio.

IV
O ponto de êxtase

*Há mais de um mês, comecei este livro graças a um transtorno que vinha colocar tudo em causa e me liberava dos empreendimentos em que estava atolado. A guerra tendo estourado, tornava-me incapaz de esperar; exatamente: de esperar uma liberação que este livro é para mim.

A desordem é a condição deste livro, ela é ilimitada em todos os sentidos. *Adoro* que meus humores, meus excessos não tenham meta. No entanto, uma vontade prossegue, zombando de minha impaciência, longínqua, indiferente aos perigos que a atraem. Para além da agitação, exterior à ambição mensurável, está o desejo que tenho de ir até o extremo de um destino evidente: nem menos evidente nem menos indefinível que um ser amado. Adoraria morrer desse destino.

Quis e encontrei o êxtase. Chamo meu destino de o *deserto*, e não temo impor esse mistério árido. Esse deserto que alcancei, desejo-o acessível a outros, outros a quem, decerto, ele *faz falta*.

O mais simplesmente que puder, falarei das vias pelas quais encontrei o êxtase, no desejo de que outros o encontrem do mesmo modo.[20]

---

* 8 de outubro.

A vida é um efeito da instabilidade, do desequilíbrio. Mas é a fixidez das formas que a torna possível. Indo de um extremo ao outro, de um desejo ao outro, da prostração à tensão exaltada, basta que o movimento se precipite: restam apenas ruína e vazio. Devemos limitar percursos bastante estáveis. Não é menos pusilânime temer a estabilidade fundamental que hesitar em rompê-la. A instabilidade contínua é mais enfadonha que uma regra rigorosa: só podemos desequilibrar (sacrificar) aquilo que é. Desequilíbrio, *sacrifício*, são tanto maiores quanto mais seu objeto estava em equilíbrio, *acabado*. Esses princípios se opõem à moral, necessariamente niveladora, inimiga da alternância. Arruínam a moral romântica da desordem tanto quanto a moral contrária.

O desejo do êxtase não pode recusar o método. Não posso levar em conta as objeções habituais.

Método significa violência cometida contra os hábitos de frouxidão.

Um método não pode se comunicar por escrito. O escrito fornece o rastro dos caminhos seguidos: outros caminhos permanecem possíveis: a única verdade geral é a escalada e a tensão inevitáveis.

Nem o rigor nem o artifício são humilhantes. O método é um nado na contracorrente. A corrente humilha: os meios de ir contra ela ainda me pareceriam agradáveis mesmo se fossem piores.

*Os fluxos e os refluxos da meditação assemelham-se aos movimentos que animam a planta no momento em que a flor se forma. O êxtase não explica nada, não justifica nada, não ilumina nada. Nada mais é que a flor, nem menos inacabado nem menos perecível. A única saída: pegar uma flor e olhar para ela até o acordo, de modo que ela explique, ilumine e justifique, *sendo* inacabada, *sendo* perecível.[21]

O caminho atravessa uma região deserta: região, contudo, de aparições (de delícias ou de pavores). Para além: o movimento perdido de um cego, de braços erguidos e olhos arregalados, olhando

---

* 11 de outubro.

fixamente para o sol e ele próprio, interiormente, tornando-se luz. Que se imagine uma mudança tão intensa, uma conflagração tão repentina que a ideia de substância pareça vazia: lugar, exterioridade, imagem, tantas palavras tornadas vazias; as palavras menos deslocadas – *fusão, luz* – são de natureza inapreensível. Difícil falar de *amor*, palavra queimada, sem força, em razão mesmo dos *sujeitos* e *objetos* que a atolam comumente em sua impotência.

Falar de alma e de Deus? do amor que une esses dois termos? Uma espécie fulgurante de amor se exprimiria por meio dos dois termos em aparência menos atolados? Dá-se então, em verdade, o atolamento mais profundo.

Um trem elétrico entra na estação Saint-Lazare; dentro dele, estou sentado, encostado no vidro. Afasto-me da fraqueza que não vê aí mais que uma insignificância na imensidão do universo. Se atribuímos ao universo um valor de totalidade acabada, é possível, mas se há apenas universo inacabado, cada parte não tem menos sentido que o conjunto. Teria vergonha de buscar no êxtase uma verdade que, elevando-me ao plano do universo acabado, retiraria o sentido da "entrada de um trem na estação".

O êxtase é *comunicação* entre termos (esses termos não são necessariamente definíveis), e a comunicação possui um valor que os termos não tinham: aniquila-os – da mesma forma, a luz de uma estrela aniquila (lentamente) a própria estrela.

O inacabamento, a ferida, a dor necessária à comunicação. O acabamento é o contrário disso.[22]

A comunicação exige um defeito, uma "falha"; ela entra, como a morte, por uma brecha na couraça. Exige uma coincidência entre dois rasgões, em mim mesmo, no outro.

O que parece sem "falha" e estável: um conjunto em aparência acabado (uma casa, uma pessoa, uma rua, uma paisagem, um céu). Mas a "falha", o defeito, pode sobrevir.

Um conjunto precisa do espírito que o considera: só é uno no espírito. E, da mesma forma, o defeito de conjunto só aparece no espírito. O "conjunto" e o "defeito de conjunto" são ambos dados a partir de elementos subjetivos, mas o "defeito de conjunto" é real *profundamente*. O conjunto sendo construção arbitrária, a percepção do defeito equivale a ver a construção arbitrária; o "defeito de conjunto" só é real *profundamente,* já que é percebido por meio de uma imperfeição do arbitrário; a imperfeição se situa, como a construção, no irreal: ela reconduz ao real.

Há:

fragmentos móveis, cambiantes: a realidade objetiva;

um conjunto acabado: a aparência, a subjetividade;

um defeito de conjunto: a mudança situada no plano da aparência, mas que revela uma realidade móvel, fragmentada, inapreensível.

Um homem, uma mulher, atraídos um para o outro, ligam-se pela luxúria. A comunicação que os mescla se deve à nudez de seus rasgões. Seu amor significa que não veem um no outro seu ser, mas sua ferida, e a necessidade de se perder: não há desejo maior que aquele do ferido por outro ferimento.

Um homem sozinho e ferido, querendo-se perdido, situa-se diante do universo. Se vê no universo um conjunto acabado, ei-lo diante de Deus. Deus é uma concatenação – conforme ao hábito humano – de tudo o que poderia sobrevir. O dilaceramento do conjunto aparente está ele próprio no plano da aparência: a crucificação é a ferida através da qual o crente comunica com Deus.

Nietzsche figurou a "morte de Deus" provocando, mais longe, o retorno à "realidade móvel, fragmentada, inapreensível".

É preciso colocar num mesmo plano:

> *o universo risível,*
> *uma mulher nua,*
> *um suplício.*

Imaginando-me supliciado, estou em transe.

A nudez me dá a necessidade dolorosa de abraçar.

Mas o universo me deixa indiferente, não me faz rir: é ainda uma noção vazia.

O êxtase, é verdade, não tem o universo por objeto. O objeto do êxtase tampouco é uma mulher ou um suplício. Uma mulher convida a se perder nela humanamente. O suplício apavora. O êxtase não pode ter um objeto perfeitamente apavorante, nem demasiado humano.

Volto ao universo risível: se é risível, deve diferir de um universo cuja ideia não me faz rir; o "universo risível" é, sem dúvida alguma, uma transposição: imaginando algum elemento risível, eu o transpus, mantendo em meu espírito seu aspecto sensível, enquanto, pelo pensamento, nego nele o aspecto particular.

Mesmo no começo, não tinha em vista nada de particular. Pensava vagamente em qualquer coisa de risível. Introduzo agora uma historinha (a última que me contaram): um homem em cima de um banco pinta uma lâmpada de azul, o pincel mal alcança a lâmpada; outro homem chega e, aproximando-se dele, diz com toda a seriedade: "Segure firme no pincel, vou tirar o banco". Poderia não ter introduzido história alguma, mas, nesse caso particular, "a mudança ocorre no plano da aparência". O espírito tinha em vista um conjunto coerente – a que pertencem a lâmpada, o pincel, o pintor: tal conjunto só tem realidade no espírito, de tal modo que movimentos do espírito bastam para mostrar sua fragilidade. Mas o que surge não é o vazio. Rasgada a cortina das aparências, por um instante, através do rasgão, o espírito percebe o "universo risível".

A "mudança no plano da aparência" era necessária ao retorno à "realidade móvel, fragmentada, inapreensível".

Entre uma "mulher", um "suplício" e o "universo risível", há uma espécie de identidade: os três me dão vontade de me perder. Mas esta é ainda uma consideração limitada. O que conta é a alteração da ordem habitual e, no final, a impossibilidade da indiferença...

*Retomarei mais adiante este desenvolvimento, que o sono interrompeu (ele conduz a dificuldades cansativas).

---

* 16 de outubro.

Acabo de olhar duas fotografias de suplício. Essas imagens já se tornaram familiares para mim: uma delas é, no entanto, tão horrível que desfaleci.

Tive de parar de escrever. Fui me sentar, como faço frequentemente, diante da janela aberta: mal sentei, caí numa espécie de êxtase. Dessa vez, não podia mais duvidar, como, dolorosamente, fizera na véspera, de que tal estado fosse mais intenso do que a volúpia erótica. Não vejo nada: *isso* não é nem visível nem sensível. *Isso* torna triste e pesado não morrer. Se figuro, na angústia, tudo aquilo que amei, deveria supor as realidades furtivas a que meu amor se apegava como nuvens atrás das quais se escondia *aquilo que está ali*. As imagens de arrebatamento traem. *O que está ali* está inteiramente à altura do pavor. O pavor o fez vir: foi necessário um estrondo violento para que *isso estivesse ali*.

De novo, de repente, recordando *o que está ali*, tive de soluçar. Levanto com a cabeça vazia – de tanto amar, de tanto estar *arrebatado*. Vou dizer como alcancei um êxtase tão intenso. Sobre a parede da aparência, projetei imagens de explosão, de dilaceramento. Primeiro, consegui instaurar em mim o maior silêncio. Isso se tornou possível para mim quase todas as vezes que quis. Nesse silêncio amiúde enfadonho, evoquei todos os dilaceramentos imagináveis. Representações obscenas, risíveis, fúnebres, sucederam-se. Imaginei as profundezas de um vulcão, a guerra, ou minha própria morte. Já não duvidava de que o êxtase pudesse prescindir da representação de Deus. Tinha um asco travesso pela ideia de monges ou religiosas "renunciando ao particular pelo geral".

No primeiro dia em que a parede cedeu, encontrava-me de noite numa floresta. Durante uma parte do dia, sentira um violento desejo sexual, recusando-me a buscar sua satisfação. Decidira ir até o extremo desse desejo "meditando", sem horror, as imagens a que estava ligado.

*Dias obscuros se sucederam. Quando faltam as cumplicidades da festa, a alegria permanece intolerável: uma multidão se agitando

---

* 19 de outubro.

em vão, sem comer. Devia ter gritado a magnificência da vida: não conseguia. O excesso de alegria se transformava em excitação vazia. Eu devia não ter sido mais que um milhar de vozes gritando ao céu: os movimentos que vão "da noite trágica à glória deslumbrante do dia" bestificam um homem sentado em seu quarto: só um povo poderia suportá-los...

Aquilo que um povo suporta e torna ardente me deixa desmantelado. Não sei mais o que quero; excitações importunas como moscas, incertas no mesmo grau, mas que carburam interiormente. Depois de choques, isolamentos, retornos, no momento do esgotamento, o resultado só pode ser, ao que parece, um extravio – no limite do impossível.

Imagino tal extravio inevitável. Essa sede sem sede, essas lágrimas de criança no berço, não sabendo o que quer nem o que chora, serviriam de *ultima verba*, de derradeira emissão, a nosso mundo de sóis mortos empanturrados de sol vivo.

Ninguém entraria nessa esfera de pequenas sedes e pequenas lágrimas sem uma absurdez de bebê; sem essa absurdez, suas palavras se decomporiam no vazio: ninguém entraria aí verdadeiramente ainda falando, satisfazendo-se com a esfera comum onde cada palavra guarda um sentido. Esse alguém se gabaria apenas, pensando, por meio de uma mentira, acrescentar a *última palavra* ao que é dito. Não veria que a *última palavra* não é mais uma palavra, que, se desorganizamos tudo, nada resta a *dizer*: bebês que berram não podem criar uma linguagem, não sentem necessidade disso.

O que sei e posso dizer:

A sede sem sede quer o excesso de bebida, as lágrimas querem o excesso de alegria. E o excesso de bebida quer a sede sem sede, o excesso de alegria quer mesmo a impotência de chorar no sentimento das lágrimas. Ainda que somente meus excessos estejam na origem da sede e das lágrimas, eles ao menos querem essa sede e essas lágrimas. Se outros, gritando a sede, chorando, ou de olhos secos, querem também *falar*, rio deles um pouco mais que das crianças: eles trapaceiam, mas não sabem trapacear. Se eu mesmo grito, ou se choro, já não ignoro que minha alegria se libera assim: do mesmo modo, é ainda o barulho do trovão se escuto apenas um ribombo ao longe. Não me falta memória e me torno quase um bebê, em vez de um filósofo que vive de sua tristeza ou um poeta maldito (como se eu não tivesse mais que uma metade ou um quarto de memória). Bem mais: que tal miséria, tal sofrimento − mudos − sejam a última *exalação* do que somos, isso se encontra no fundo de mim como um segredo − uma conivência secreta com a natureza inapreensível, ininteligível, das coisas. Vagidos de alegria, risos pueris, esgotamentos precoces, de tudo isso sou feito, tudo isso me entrega nu ao frio e aos golpes da fortuna, mas, de todo coração, *quero* ser entregue, *quero* estar nu.[23]

À medida que o inacessível se abre para mim, abandono a primeira dúvida: o medo de uma beatitude deliciosa e enfadonha. À medida que contemplo sem esforço o objeto de meu êxtase, posso dizer desse objeto que ele dilacera: como o fio de uma navalha, ele corta, e esse ponto grita, cega. Não é um ponto, visto que invade. A nudez provocante, a nudez ácida é a flecha atirada nele.

Aquilo que é "comunicado" desse ponto a um ser, de um ser a esse ponto, é uma perda fulgurante.

A necessidade de se perder é a verdade mais íntima, e mais longínqua, verdade ardente, agitada, que nada tem a ver com a substância suposta.

A particularidade é necessária à perda e à sua fusão. Sem a particularidade (em tal ponto do planeta, um trem entra na estação, ou senão algo tão vazio quanto isso), não haveria nada de "liberado". A diferença entre o sacrifício (o sagrado) e a substância divina − teológica − é fácil de discernir. O *sagrado* é o contrário da substância. O pecado mortal do cristianismo é associar o sagrado ao "geral criador de particular". Nada é sagrado que não tenha sido particular (embora deixando de sê-lo).

O êxtase é diferente do prazer sexual sentido, menos diferente do prazer dado.

Não dou nada, sou iluminado por uma alegria (impessoal) exterior, que adivinho, cuja presença me parece certa. Consumo-me adivinhando-a, como sou consumido por uma mulher que beijo profundamente: o "ponto gritante" de que falei é semelhante ao "ponto de prazer" do ser humano, sua representação íntima é semelhante à do "ponto de prazer" no momento da convulsão.

Queria falar dos "meios de êxtase" tão claramente quanto pudesse. Não tive muito sucesso, mas teria gostado.

O método da meditação confina com a técnica do sacrifício. O ponto de êxtase é posto a nu se quebro interiormente a particularidade que me encerra em mim mesmo: do mesmo modo, o *sagrado* substitui o animal no momento em que o sacerdote o mata, o destrói.

Se uma imagem de suplício cai sob meus olhos, posso, em meu pavor, me desviar dela. Mas fico, se olho para ela, *fora de mim...* A visão, horrível, de um suplício abre a esfera onde se fechava (se limitava) minha particularidade pessoal, abre-a violentamente, rasga-a.

Não se segue daí que, através do rasgão, eu alcance o além que chamo, em termos vagos, de "O FUNDO DOS MUNDOS".

Termos inaceitáveis, mas que, excessivamente vagos, devem assim permanecer: de fato, esse caráter vago jamais se atenuará senão através de precisões *negativas*.

Em primeiro lugar:

"O FUNDO DOS MUNDOS" não é Deus. Definitivamente, entrevisto esse "FUNDO DOS MUNDOS", a possibilidade de estagnação que um vocábulo irrisório anunciava se anula...;

em segundo lugar:

"O FUNDO DOS MUNDOS" não opõe nada a esse movimento vertiginoso, catastrófico, que arrasta conosco para o abismo tudo aquilo que, de uma imensidão profunda, apavorante, emerge – ou poderia emergir – de sólido.

(A visão de um "fundo dos mundos" é, em verdade, a de uma catástrofe generalizada, que nada jamais limitará... Não difere dela a visão da "MORTE DE DEUS", que, violentamente, lança-nos contra o sono teológico, e que só ela responde, em definitivo, à exigência mais honesta.)

O homem está tão à altura da morte que, longe de sucumbir ao pavor, é a visão de pavor que o libera.

Em vez de evitá-lo, aprofundo o rasgão. A visão de um suplício me transtornou, mas logo passei a suportá-la com indiferença. Evoco agora os inumeráveis suplícios de uma multidão em agonia. Com o tempo (ou, talvez, de uma vez) a imensidão humana prometida ao horror sem limite...

Cruelmente, esgarço o rasgão: nesse momento, atinjo o ponto de êxtase.

A *compaixão*, a dor e o êxtase se combinam.

Um homem sente por vezes o desejo de escapar dos objetos úteis: de escapar do trabalho, da servidão do trabalho, a que foi obrigado pelos objetos úteis. Eles impuseram, no mesmo movimento, a particularidade fechada (a curta visão egoísta) e todo o terra a terra da vida. O trabalho fundou a humanidade, mas, no ápice, a humanidade se libera do trabalho.

Chega o momento de furtar uma vida humana da atividade limitada, e de opor o pesado abandono do sono à necessidade dos movimentos mecânicos. Chega o momento de deter no espírito a fuga do discurso, e de absorvê-lo nesse vazio com tanta calma que as imagens e as palavras que surgirem pareçam estrangeiras, sem atrativo.[24]

A simples *concentração* é falaciosa, irritante. Opõe-se ao movimento natural da vida para o fora (normalmente, é verdade, esse movimento aborta, leva a objetos úteis). O torpor voluptuoso em que a mente entra é ainda mais cansativo por ter dependido de artifícios.

Convém observar uma posição do corpo relaxada, mas ao mesmo tempo estável e "jorrante". Há oportunidades pessoais, mas podemos, para começar, confiar-nos a alguns recursos eficazes: respirar profundamente, concentrar a atenção no sopro, como no segredo adivinhado de toda a vida; ao fluxo das imagens, para remediar a fuga das ideias causada pelas associações sem fim, podemos propor a equivalência do leito imutável de um rio com a ajuda de frases ou de palavras obsedantes. Esses procedimentos parecem inadmissíveis? Mas aqueles que os recusam toleram com frequência coisa bem pior: estão sob as ordens de mecanismos a que esses procedimentos podem colocar fim.

Se é *odioso* intervir (é, às vezes, inevitável amar aquilo que seria agradável execrar), o mais grave não é a coação sofrida, mas o perigo de uma sedução excessiva. A primeira operação libera e enfeitiça, a liberação acaba causando aversão com o tempo; é enfadonho, não é viril viver enfeitiçado.

*Por alguns dias, a vida alcança a obscuridade vazia. Resulta daí uma maravilhosa descontração: ao espírito se revela a potência ilimitada, o universo à disposição do desejo, mas a perturbação logo se introduz.

No primeiro movimento, os preceitos tradicionais são indiscutíveis, são maravilhosos. Recebi-os de um amigo,** que os recebeu de fonte oriental. Não ignoro as práticas cristãs: são mais autenticamente dramáticas; falta-lhes um primeiro movimento sem o qual permanecemos subordinados ao discurso.

Raros cristãos saíram da esfera do discurso, chegando à do êxtase: é preciso supor, no caso destes, disposições que tornaram a experiência mística inevitável, *a despeito da inclinação discursiva essencial ao cristianismo.*

A suavidade, a beatitude me repugnam. Nada tenho acima do humor selvagem.[25]

---

*   27 de outubro.

**   Jean Bruno. (N.T.)

V
O cúmplice

...uma chance rara – minha chance – num mundo que está se tornando medonho me faz tremer.[26]

As circunstâncias de minha vida me paralisam.

Talvez?

Mas tenho a convicção de perceber um dia, em sua transparência, "tudo o que é", mortos e vivos. Ao pôr do sol, a noite já meio caída, o céu brilhante de estrelas, mas riscado por longas nuvens, a colina...: além – talvez – estendem-se espaços que não são mais que sonhos ou necessidades de espaço. Não anseio vê-los: minhas risadas me bastam, ou minhas lágrimas, impossíveis como este mundo. Minha malícia zomba através dele; e a irrealidade que a suporta nele se contempla. Ela se contemplará diferentemente uma outra vez.

*Retorno à vida animal, deitado na cama, um jarro de vinho tinto e dois copos. Nunca vi afundar, parece-me, o sol num céu mais flamejante, sangue e ouro, sob inumeráveis nuvens cor-de-rosa. Lentamente, a inocência, o capricho e essa espécie de esplendor desabado me exaltam.

A chance é um vinho embriagante, mas é silenciosa: no cúmulo da alegria, aquele que a *adivinha* perde o fôlego.[27]

---

* 8 de novembro.

Sou obcecado pela imagem do carrasco chinês da minha fotografia, trabalhando no corte da perna da vítima à altura do joelho: a vítima amarrada ao poste, de olhos esbugalhados, a cabeça para trás, o esgar dos lábios deixa ver os dentes.

*A lâmina adentrada na carne do joelho: quem suportará que um horror tão grande exprima fielmente "aquilo que é", sua natureza nua e crua?[28]

Relato de uma experiência ardente, há alguns meses. – A noite já caíra, fui até uma floresta: andei por uma hora, depois me dissimulei numa alameda escura onde queria me liberar de uma pesada obsessão sexual. Então, imaginei essencial – num certo ponto – romper em mim a beatitude. Evoquei a imagem de uma "ave de rapina degolando um pássaro menor". Imaginei na noite os altos galhos e a folhagem escura das árvores animados contra mim, contra a beatitude, com a cólera da ave de rapina. Pareceu-me que a ave sombria se abatia sobre mim... e abria minha garganta.

Essa ilusão dos sentidos era menos convincente que outras. Me sacudi e creio ter começado a rir, liberado de um excesso de horror e de incerteza. Em plena escuridão, tudo estava claro. No caminho de volta, apesar de um estado de fadiga extrema, andava sobre as grandes pedras, que, normalmente, torciam meus pés, como se fosse uma leve sombra. Nesse momento, não buscava nada, mas o céu se abriu. *Vi, vi* aquilo que só uma gravidade deliberada impede de ver. A agitação perdida de um dia sufocante finalmente quebrara, volatilizara a casca.

**Andava, à minha frente o céu negro se iluminava a cada instante. De uma longínqua tempestade emanavam continuamente clarões, vacilantes, mudos, imensos: de repente, as árvores recortavam altas silhuetas escuras numa luz plena. Mas a festa do céu era pálida em comparação à aurora que surgiu. Não exatamente em mim: de fato, não posso assinalar uma sede àquilo que não é mais apreensível nem menos brusco que o vento.

---

* 12 de novembro.

** 18 de novembro.

Havia sobre mim *aurora*, por todos os lados, estava certo disso, e tendo guardado pouquíssima consciência de mim, estava perdido nessa aurora: a violência é mole, a navalha mais afiada, cega, perto dessa aurora. Uma beatitude inútil, não desejada, lâmina estreitamente apertada na mão nua, que sangra de alegria.

*Com a paixão, a lucidez cruel de que sou capaz, quis, em mim, *que a vida se despisse*. Desde que o estado de guerra se declarou, escrevo este livro, todo o resto é vazio a meus olhos. Só quero viver: álcool, êxtase, existência nua como uma mulher nua – e perturbada.

**Na medida em que a vida que sou se revela a mim e, ao mesmo tempo, porque a vivi sem nada esconder, torna-se visível de fora, só posso sangrar interiormente, chorar e desejar.

Minhas risadas felizes, minhas noites de alegria e todas as minhas malícias agressivas, essa nuvem rasgada no vento talvez não seja mais que um longo soluço. Ela me deixa gelado, abandonado ao desejo de nudezes impossíveis.

Aquilo que abraço avidamente. Mais longe: aquilo que não enlaço, o impossível e o maravilhoso. Tudo se esgota, dissolvido num soluço.

Garotas nuas (semidespidas) como um soluço, como um assoalho que estala.

O que têm de glacial vapores de enxofre, um ventre logo acima das ligas, na cumplicidade dos olhos, sem esperança de amor; o que tem de fulvo e de cruelmente doce a nudez.

A nudez feminina aspira à nudez masculina tão avidamente quanto à angústia um prazer ardente.

Um cachimbo,***[29] dois falsos colarinhos brancos, um falso colarinho azul, quatro chapéus de mulher pretos: quatro chapéus de formas diferentes, para colocar sobre os túmulos à guisa de cruzes.

---

* 25 de novembro.

** 18 de novembro.

*** Em francês, *pipe*, que também pode significar "boquete". (N.T.)

A nudez dos seres é tão provocante quanto seus túmulos: ela cheira mal, e rio disso. A tumba não é menos inevitável que o desnudamento.

O que é preciso pedir ao ser amado: que seja a presa do impossível.

*(O que precede não foi escrito a sangue-frio. Tinha bebido.)

Tenho horror às frases... O que afirmei, as convicções que partilhei, tudo é risível e morto: não sou mais que silêncio, o universo é silêncio.

O mundo das palavras é risível. As ameaças, a violência, o poder que enfeitiça pertencem ao silêncio. A profunda cumplicidade não é exprimível em palavras.[30]

Conduzir-se como senhor significa jamais prestar contas; repugna-me ter de explicar minha conduta.

A soberania é silenciosa ou decaída.

A santidade que vem aspira ao mal.

Quem fala de justiça é ele próprio justiça, propõe um justiceiro, um pai, um guia.

Não proponho a justiça.

Trago a amizade cúmplice.

Um sentimento de festa, de licença, de prazer pueril – endiabrado.

**Só o ser "soberano" conhece o êxtase. Se o êxtase não é concedido por Deus!

A revelação ligada a minha experiência é a de um homem aos seus próprios olhos. Supõe uma lubricidade, uma maldade, que

---

* 2 de dezembro.

** 7 de dezembro.

o freio moral não detém; amizade feliz por quem é simplesmente cruel, lúbrico. O homem é sua própria lei, se ele se coloca nu diante de si mesmo.

O místico diante de Deus tinha a atitude de um *súdito*. Quem coloca o ser diante de si mesmo tem a atitude de um *soberano*.[31]

A *santidade* exige a cumplicidade do ser com a lubricidade, a crueldade, a zombaria.

Ao homem lúbrico, cruel e zombeteiro, o *santo*, traz a amizade, o riso de conivência.

A amizade do *santo* é uma confiança que se sabe traída. É a amizade que o homem tem por si mesmo, sabendo que morrerá, que poderá se embriagar de morrer.[32]

VI
Inacabável

*O pensamento reflete o universo, e é a coisa mais cambiante: não deixa de ter por isso a realidade do universo. E como não há nem pequena nem grande parte, e a mais ínfima não poderia ter menos sentido que o todo (nem mais nem menos sentido), "aquilo que é" difere de acordo com o tempo. Conceber um ponto de reunião – no fim do tempo (Hegel), fora do tempo (Platão) – é, decerto, uma necessidade do espírito. A necessidade do espírito é real: é a condição de um sentido, daquilo acima do que e sem o que o pensamento nada pode conceber; contudo, é cambiante. Mas por que limitar essas perspectivas à realidade subjetiva a que se oporia a imutável realidade do objeto? A possibilidade nos é dada de olhar o mundo como uma fusão do sujeito e do objeto, na qual o sujeito, o objeto e a fusão dos dois não cessariam de mudar, de modo que existiriam, entre o objeto e o sujeito, diversas formas de identidade. Isso significaria não que o pensamento atinge necessariamente o real, mas que ele talvez o atinja? Isso significaria que apenas fragmentos estão em jogo: o real não teria unidade, seria composto de fragmentos sucessivos ou coexistentes (sem limites invariáveis).

O constante erro humano traduziria o caráter inacabável do real e, portanto, da verdade. Um conhecimento à altura de seu objeto,

---

* 1º de janeiro de 1940.

se esse objeto é intimamente inacabável, teria de se desenvolver em todos os sentidos. Seria, em seu conjunto, uma imensa arquitetura em demolição, em construção ao mesmo tempo, apenas coordenada, nunca de um extremo ao outro. As coisas sendo assim representadas, é agradável ser homem. Senão, não seria louco imaginar a degradação de que procederiam nossos espíritos pesados e nossa tolice? A menos que Deus – o ser acabado – tenha sido mordido pelo desejo de inacabado como por um ínfimo maior que sua ausência de grandeza verdadeira! (Não haveria *grandeza* nenhuma em Deus: não há nele nem diferença nem comparação.)

Isso equivale a ver no homem e em seus erros um espelho que não seria nem perfeito nem deformante: a natureza não sendo mais que um fragmento refletido no espelho que somos dela.

Essa proposição não pode ser fundada (ninguém pode responder às questões decisivas). Podemos apenas colocar as questões – sua ausência de resposta – na conta de uma parte do real, que é nosso lote. Mas e se admito que nada existe de geral que possa subordinar as partes (fazê-las depender de algo maior que elas)? As questões, a ausência de resposta são limites que se encontrariam de qualquer modo em possibilidades diferentes.

Essas proposições e essas pressuposições não são fundadas, não poderiam ser em hipótese alguma: nada poderia ser fundado senão sobre uma necessidade que excluísse os outros possíveis. Elas constituem apenas um conjunto residual pertencente a essa espécie de homem que continua falando por muito tempo após a edificação dos fundamentos, quando a ruína está consumada.

Difícil pensar de outro modo: "dois e dois são quatro", verdade válida para todo real, todo possível! Se nos atemos a isso... Nada mais a descobrir na vastidão vazia além dessa fórmula evidente, ela própria vazia.

Se alguém se estabelece sobre essa única certeza vazia, fazendo dela a base de uma dignidade teimosa, devo rir menos dele que da outra ideia: "dois e dois são cinco"? Quando digo insidiosamente para mim mesmo: "dois e dois são cinco... e por que não?", realmente não penso nada sobre isso: no momento tudo me foge, mas, *pela fuga em mim de todo e qualquer objeto*, decerto não me aproximo menos daquilo que pode ser conhecido do que se, tomando "dois e dois são quatro" como verdade eterna, imaginasse atingir o segredo das coisas.

Enquanto escrevo, uma joaninha[*] esvoaça sob minha luminária e vem pousar sobre minha mão: retiro-a e coloco-a sobre uma folha de papel. Outrora, copiei sobre essa folha um esquema que figurava, segundo Hegel, as diversas formas que vão de um extremo ao outro: da *Allgemeinheit* à *Einzelheit*.[**] Ela parou na coluna *Geist*, onde se vai do *allgemeines Geist* à *sinnliches Bewusstsein (Einzelheit)*,[***] passando por *Volk, Staat* e *Weltgeschichte*.[****] Tendo retomado sua marcha desconcertada, vai parar na coluna *Leben*,[*****] seu domínio, desta vez, depois chega, na coluna central, à "consciência infeliz", que só diz respeito ao seu nome.[33]

O bichinho bonitinho me humilha. Não tenho uma consciência feliz diante dele: fujo, com grande dificuldade, de um mal-estar que a infelicidade de meus semelhantes introduz. Infelicidade explorada por pedantes imbecis: ao experimentá-la, sinto que eu mesmo me torno um pedante imbecil.

O filósofo infeliz precisa de álcool tanto quanto o carvoeiro de sabão. Mas todos os carvoeiros são pretos, e os filósofos, sóbrios.

Em conclusão? ofereço uma bebida ao meu pensamento: volta à consciência ensolarada!

---

[*]   Em francês, *bête à bon Dieu* – literalmente algo como: bicho do bom Deus (Bataille joga com isso ao final do parágrafo). (N.T.)

[**]   Da universalidade à particularidade.

[***] Do espírito universal à consciência sensível (a particularidade).

[****] Povo, Estado e história universal.

[*****] Vida.

O curso do meu pensamento não é tanto a infelicidade filosófica quanto um feliz horror pela falência – evidente – dos pensamentos: se preciso de álcool é por estar sujo com a poeira dos outros.

A humildade diante de Lautréamont ou Rimbaud: nova forma de consciência infeliz, que tem seus pedantes imbecis como a velha.

Acabo de ler duas "conversas" de um monge hindu que conheci – eu o tinha visto por uma hora: em sua túnica cor-de-rosa, ele me agradara por sua elegância, sua beleza, a vitalidade feliz de sua risada. Deprimido por essa literatura conforme à moral dos ocidentais.[34]

Isto poderia ser fortemente expresso e claramente retido: que a verdade não está lá onde homens se consideram isoladamente: ela começa com as conversas, as risadas partilhadas, a amizade, o erotismo, e só tem lugar *passando de um ao outro*. Odeio a imagem do ser que se obriga ao isolamento. Rio do solitário que pretende refletir o mundo. Não pode refleti-lo, porque, sendo ele próprio o centro da reflexão, cessa de estar à altura *daquilo que não tem centro*. Imagino que o mundo não se assemelha a nenhum ser separado e fechado, mas *àquilo que passa de um a outro* quando rimos, quando nos amamos: imaginando-o, a imensidão se abre para mim, e me perco nela.

Pouco importo então eu mesmo e, *reciprocamente*, pouco me importa uma presença estranha a mim.

Não acredito em Deus: por não acreditar em mim.

Acreditar em Deus é acreditar em si. Deus não é mais que uma garantia dada ao eu. Se não tivéssemos atribuído o *eu* ao absoluto, riríamos dele.

Se dou minha vida à própria vida, à vida por viver, à vida a perder (não gosto de dizer: à experiência mística), abro os olhos pa-Wra um mundo onde só tenho sentido ferido, dilacerado, *sacrificado*, onde a divindade, do mesmo modo, não é senão dilaceramento, execução, sacrifício.

Para quem se exerce na contemplação, Deus, dizem-me, não seria menos necessário do que um borne ao outro, quando se quer provocar uma faísca elétrica entre os dois. O êxtase precisa de um objeto para se manifestar: ainda que se reduza a um ponto, esse objeto possui uma ação tão dilacerante que seria agradável, ou cômodo, por vezes, nomeá-lo. Mas um perigo, acrescentavam, é inegável: o borne (a carga) a que é dado o nome de Deus conta mais do que a fulguração. Na verdade, o objeto ou ponto à minha frente, para o qual o êxtase é dirigido, é mesmo exatamente o que outros viram, e descreveram, falando de Deus. Aquilo que se deixa enunciar claramente nos tranquiliza: a definição de um imutável EU, princípio dos seres e da natureza, ofereceu a tentação de tornar claro o objeto da contemplação. Tal definição projeta aquilo que somos no infinito e na eternidade. A ideia de uma existência individual é favorável à posição do objeto para o qual o êxtase é dirigido (a posição do objeto pode até precisar sua descoberta no êxtase). Essa posição não deixa de ser por isso um detestável limite: na faísca do êxtase, os bornes necessários, sujeito-objeto, devem ser necessariamente consumidos, devem ser aniquilados. Isso significa que, no momento em que o sujeito se perde na contemplação, o objeto, o deus ou Deus, é a vítima agonizante. (Senão, a situação da vida habitual, o sujeito fixado sobre o objeto útil, manteria a servidão inerente à ação, cuja regra é a utilidade.)

Não escolhi Deus como objeto, mas, humanamente, o jovem condenado chinês representado nas fotografias escorrendo sangue, enquanto o carrasco o suplicia (a lâmina adentrada nos ossos do joelho). A esse infeliz eu estava ligado pelos laços do horror e da amizade. Mas, se olhava essa imagem *até o acordo*, ela suprimia em mim a necessidade de ser apenas eu: ao mesmo tempo, esse objeto que eu escolhera se desfazia numa imensidão, perdia-se no temporal da dor.

Cada homem é estranho ao universo, pertence aos objetos, às refeições, aos jornais – que o encerram em sua *particularidade*, que o deixam na ignorância de todo o resto. Aquilo que liga a existência a todo o *resto* é a morte: quem quer que olhe a morte cessa de pertencer a um quarto, a seus próximos, entrega-se aos livres jogos do céu.

Para melhor entender, consideraremos a oposição dos sistemas ondulatórios e corpusculares na física. O primeiro dá conta dos fenômenos por meio de ondas (como a luz, as vibrações do ar ou as ondas do mar), o segundo compõe o mundo com corpúsculos – nêutrons, fótons, elétrons – cujos conjuntos mais simples são átomos ou moléculas. Do amor às ondas luminosas ou dos seres pessoais aos corpúsculos, a relação talvez seja arbitrária ou forçada. Mas o problema da física ajuda a ver como se opõem duas imagens da vida, uma erótica ou religiosa, outra profana e terra a terra (uma aberta e a outra fechada). O amor é uma negação tão completa do ser isolado que achamos natural e até, em certo sentido, maravilhoso que um inseto morra da conflagração que ele mesmo buscou. Mas damos a esse excesso sua contrapartida na vontade de posse de um pelo outro. Essa necessidade não adultera apenas a efusão erótica; regula também as relações de pertencimento recíproco entre o fiel e a obscura presença divina. (Deus se torna a coisa do fiel como o fiel é a coisa de Deus.) Há aí o efeito de uma necessidade. Mas saber disso não é me dobrar. O "ponto" gritante e dilacerante de que falei irradia a vida a tal ponto (embora seja – ou justamente por ser – a mesma coisa que a morte) que, uma vez desnudado, o objeto de um sonho ou de um desejo que se confunde com ele é animado, incendiado até, e se torna intensamente presente. A pessoa divina, a partir de sua pretensa "aparição", não está menos disponível que o ser amado, que uma mulher oferecendo sua nudez ao abraço. O deus crivado de chagas ou a esposa pronta para o prazer são então uma "transcrição" do "grito" que o êxtase atinge. A "transcrição" é fácil, ela é mesmo inevitável: devemos fixar um objeto diante de nós. Mas, alcançando o objeto num "grito", sei que destruí aquilo que merece o nome de objeto. E, assim como nada mais me separa da morte (que amo encontrando esse prazer afogado que convoca sua vinda), devo ainda ligar o signo do dilaceramento e do aniquilamento às figuras que correspondem à minha necessidade de amar.

O destino dos homens encontrara a piedade, a moral e as atitudes mais opostas: a angústia ou mesmo, com bastante frequência, o horror: quase nunca encontrara a amizade. Até Nietzsche...

*Escrever nunca é mais que um jogo jogado com uma realidade inapreensível: aquilo que ninguém jamais pôde, encerrar o universo

---

* 26 de fevereiro.

em proposições satisfatórias, eu não queria tê-lo tentado. Quis tornar acessível aos *vivos* – felizes com os prazeres deste mundo e descrentes – os transportes que pareciam mais longe deles (e sobre os quais, até aqui, a feiura ascética velou ciumentamente). Se ninguém buscasse o prazer (ou a alegria); se apenas o repouso (a satisfação) e o equilíbrio contassem, o presente que trago seria vão. Esse presente é o êxtase, é o raio que brinca...

*Durmo, estes últimos dias, com um sono agitado; meus sonhos são pesados, violentos, proporcionais à minha grande fadiga...

Anteontem, encontrava-me nas encostas de um vasto vulcão, semelhante ao Etna, mas de aspecto mais saariano; sua lava era uma areia escura. Estava chegando perto da cratera, e não era exatamente nem dia nem noite, mas um tempo obscuro e indeterminado. Antes mesmo de ter percebido os contornos da cratera mais nitidamente, soube que o vulcão estava entrando em atividade. Logo acima do ponto onde estava (acreditava estar me aproximando do cume), elevava-se uma imensa parede da mesma consistência e da mesma cor que a areia, mas lisa e vertical. Imagem da catástrofe próxima, uma lenta torrente de fogo escorreu na escuridão sobre a parede. Virei-me e vi a paisagem desértica riscada por longas fumarolas baixas e rastejantes. Comecei a descer correndo o flanco da montanha, compreendendo que não escaparia do perigo, que estava perdido. Sentia uma extrema angústia: quis jogar, o jogo se voltou contra mim. Através das fumarolas, cheguei rapidamente ao pé da montanha, mas ali mesmo onde esperava encontrar a saída não vi mais que encostas a escalar por todos os lados; estava no fundo de um funil irregular cujas paredes se rachavam, deixando elevar-se em longos rastilhos brancos as pesadas fumaças do vulcão. A certeza da morte me oprimia, mas prossegui nesse caminho cada vez mais duro: cheguei à entrada de uma grota cujos rochedos feéricos brilhavam com cores cruas, amarelas, pretas e azuis, dispostas geometricamente, como nas asas das borboletas. Penetrei nesse refúgio, entrei numa vasta sala cuja arquitetura não era menos geométrica nem menos bela que a porta. Alguns personagens que se encontravam ali estavam longe de se recortar tão claramente no

---

* 26 de março.

cenário quanto as estátuas de um pórtico. Eram de estatura imensa e de uma serenidade que dava medo. Eu nunca vira, nunca imaginara seres mais perfeitos, mais poderosos, nem mais lucidamente irônicos. Um deles se erguia diante de mim em sua majestosa e glacial arquitetura, sentado mas em posição desenvolta, como se as ordens de figuras ornamentais de que era formado fossem as ondas de um riso claro e purificado, sem mais limites nem menos violência que as vagas de uma tempestade. Diante desse personagem de pedra inebriado por uma luz lunar, interior, que emanava dele, num movimento de desespero e na certeza de partilhar a hilaridade mortal que o animava, encontrei, tremendo, o poder de *me reconhecer*, e de rir. Dirigi-me a ele e, apesar da minha perturbação, exprimi com uma facilidade enganadora aquilo que sentia: que era semelhante a ele, semelhante a seus congêneres que estava vendo, mais longe e mais obscuramente que ele, ocupados em rir – com seu riso calmo, glacial e dilacerante – do meu medo extremo e da minha inconcebível audácia. Então minha tensão chegou a tal ponto que despertei.

Um ou dois dias antes, tinha sonhado que chegava a hora para mim de não mais contar com nada e de me despender sem mais pensar em retomar fôlego: aquilo que desejava me possuía tão bem que movimentos de uma eloquência tresloucada me sacudiam. Como no sonho, mais obscuro, do vulcão, era sempre a morte – a morte ao mesmo tempo temida e desejada – feita em sua essência dessa grandeza vazia e desse riso intolerável que são acessíveis em sonho – era sempre a morte que propunha o salto, a potência de ligar a um desconhecido perfeitamente negro, que verdadeiramente nunca será conhecido, e cuja sedução, que não fica a dever nada às cores mais reluzentes, reside no fato de que nunca terá nada, nem a menor parcela de conhecido, já que é o aniquilamento do sistema que tinha o poder de conhecer.

Setembro de 1939-março de 1940.

As desgraças
do tempo presente

I
O êxodo

*Começo um segundo caderno durante a batalha do Norte.** Não poderia fornecer as razões disso: uma obscura necessidade se impõe a mim. Em mim tudo é violento, entrecortado, compacto. Tudo é maldito.

Durante a noite de 9 para 10 de maio, eu não sabia de nada, não pressentia nada: voltava a acordar toda hora e, o que talvez nunca tenha feito, gemia, murmurando sobre o travesseiro, miseravelmente: Piedade!...[35]

Desci de manhã ao jardim ensolarado e vi, do outro lado da cerca, o velho a que chamam aqui "comandante", usando um avental azul de jardineiro: com seu sotaque bonachão de camponês castiço, comovido, mas de maneira simples, ele me disse o que o rádio anunciava: os alemães na Bélgica e na Holanda.[36]

Tenho ódio pelo romantismo: minha cabeça é uma das mais sólidas que existem. A desordem em mim vem da força desemprega-da. Rasguei (ou perdi) a carta a X... em que exprimia a ideia de que,

---

*   20 de maio de 1940.

**   Bataille alude àquilo que ficou conhecido depois como Batalha – ou Queda – da França. (N.T.)

uma vez a história acabada, a negatividade ficaria sem emprego*: a negatividade, isto é, a ação – que altera (tratava-se de Hegel). A negatividade sem emprego destruiria quem a vivesse: o *sacrifício* iluminará o acabamento como alumiou a aurora da história.

O sacrifício não pode ser para nós o que foi no início dos "tempos". Estamos fazendo a experiência do apaziguamento impossível. A santidade lúcida reconhece em si mesma a necessidade de destruir, a necessidade de uma conclusão trágica.[37]

Vou (por algumas horas) a uma região a que me ligam pavorosas recordações de infância (região da minha família), que terei de deixar como os malditos – rindo. Imagino me aproximar do desenlace trágico, o que ora me paralisa, ora me alegra... Por que escrevê-lo? Chego ao dia em que as partes longínquas de minha vida se reencontram e se entrechocam, misturam-se ao que me vai no coração hoje (nada me impediria agora de tripudiar sobre a escada de um altar onde talvez sangrarei).[38]

Sob um véu, uma aridez brumosa e brilhante, consciência de sentimentos calcinados, de paz feita de incêndios apagados. A força mais certa, o mais triste silêncio. Nada mais de verdadeiro, já que o coração parou de sangrar.[39]

Grandes e terríveis acontecimentos são duros de suportar; são, contudo, tais que não teria querido viver sem eles, ainda que me trouxessem o pior de uma hora para outra.

Frequentemente pusilânime: imaginação demais me tira o fôlego.[40]

H.** morreu, de quem gostava muito, que chegava como um espectro se infiltra (um velhíssimo espectro afável). Eu o via raramente. Os acontecimentos o roeram, e o horror se apoderou dele: a estranha vítima!

---

* O texto dessa carta, reencontrado, figura no início do *Apêndice* (p. 159).

** Maurice Heine. (N.T.)

Atravessei várias vezes a Concórdia, que, outrora, foi a praça do Terror. O povo tem todos os direitos. Que ele imole aqueles que faltarem para com ele à necessidade que carrega em si! O povo tem até o direito de ignorar os sofrimentos que exige. É lógico e *nu* que H. tenha morrido.

Eu seria ridículo se dissesse: "Amo o povo", já que sou a mesma coisa que ele. Dilacerado, mas *ausente*. Meu dilaceramento é mais perturbador, minha ausência sobretudo. Não poderia dizer: "Amo...". Falar me exaspera acima de tudo. Só o silêncio corresponde a meu dilaceramento.

O trem dentro do qual escrevo chega a uma região que as bombas atingiram segunda-feira: negligenciáveis pústulas, sorrateiras, primeiros sinais da peste.

Infeliz daquele que não tem coragem de olhar de frente! Esta mesma manhã – era fácil prever – tudo se desencadeava.[41]

Aquilo que vejo alegremente (mais para alegremente): não consigo escrever nada que não tenha o andamento de um passo que leva à morte. É a única coesão de notas febris, para as quais não há outra explicação.
Não sei se terei a coragem de permanecer alegre...[42]

Queria escrever acima do que precede estas palavras: *a hora da verdade*, que designam o momento da *corrida* em que, ferido, só resta ao touro morrer. Trapaça? com a morte, como evitar trapacear? Trapacear! dia desses, estava decidido a morrer: aquilo que a angústia trazia o vento levou.

*Durante a tarde, fiquei um bom tempo andando para lá e para cá com o "velhote sentencioso". Já o vira terça-feira: daquela vez, ficara impressionado com um acordo quase total entre nós – justo no momento em que tudo está na crista. Nada era mais claro, nem mais

---

* 7 de junho.

carregado de sentido a seus olhos, que uma dialética da autonomia e da comunicação.[43] Ele esperava de meu país aquilo que nenhum outro pode fazer, que nenhuma derrota poderia suprimir.

O velhote conversou ainda longamente comigo dia 5 de junho, falando dessa "vida dos santos" que teríamos em mundos hostis, de lógica indecisa. Escrevo no momento de deixar Paris, e Paris, às 8 horas da manhã, está coberta de uma nuvem de fuligem. Estou num hotel do centro, e é lúgubre. É o apocalipse, e nada de inteligível tem lugar. Esforço-me, no quinto andar, por me abismar na meditação – escrevendo, perdendo-me no medonho nevoeiro. O horror sobe à garganta, e, no entanto, a força me soergue: em mim, essa força se ramifica como uma árvore. Os homens se fazem sofrer até a aversão, no entanto, a força os possui.[44]

A fadiga excessiva (que abate), o sentimento de um desastre ilimitado, de que pessoalmente escapo, ou quase, mas que os relatos fazem sentir, crianças mortas, mulheres gritando, multidões obstinadas. O incêndio, de noite, em Tours e o clarão dos tiros da Defesa Antiaérea. Perto, no entanto, de um oásis aonde às vezes imagino nunca chegar. O mais difícil resta por fazer, mas cada dificuldade, lentamente, foi superada (a espera aniquilava o desejo). Um pouco de força ainda! Um pouco de força? No ponto a que chego, rio de mim mesmo e me vejo como inscrito na maldade do céu. Uma calma de templo, mas o templo é consagrado às divindades nefastas.

A morte, no momento em que escrevo, aproxima-se do "velho sentencioso". (Ele morreu dois meses depois.)[45]

Há no rosto humano uma complicação infinita de desvios e escapatórias, correspondendo ao tráfico do espírito sobre o qual tudo repousa. Não se imagina mais reduzir a vida à simplicidade do sol. Cada um de nós, todavia, leva em si essa simplicidade: esquece-a por complicações fortuitas, derivadas da angústia avara do eu.[46]

Imaginar um astro embaraçado nas tolices da condição humana! Chamar o sol de "meu bom senhor" diz muito sobre a diferença entre o universo e o homem.

Nada há que me faça esquecer de rir, mas os homens são demasiado pouco "sol", e não tenho mais ânimo para rir às gargalhadas de sua pequenez.

Quando os fundamentos de cada coisa enfraquecem, é natural procurar, de olhos fixos, e querer a *simplicidade*.

Depenados vivos! Tínhamos penas! Não voamos.[47]

De cidade em cidade, num táxi, cidades miseráveis lotadas, a debandada se estende pelos vales. Nuvens baixas, chuva interminável.[48]

O carro tomou a estrada das montanhas através das nuvens agarradas às encostas. Impossível imaginar um aspecto do mundo mais triste; aquilo que, saindo das brumas, aparecia de tempos em tempos bastava: a desolação hostil, deserta, dava uma sensação estonteante de imensidão.

Se as nuvens se dissipassem, a beleza de uma paisagem incomparável teria nos fascinado. Uma nudez opressiva teria se ornado de brilhantes cores; o espaço luminoso, semiceleste, e a variedade dos planos teriam revelado a estranheza, os rasgos abruptos, a riqueza. Mas só a angústia ligada à nudez dos planaltos e a melancolia que o espaço deserto provoca teriam nos mantido de fôlego suspenso diante desse espetáculo.[49]

Ia de casa em casa, entrava em quartos onde os refugiados, as mulheres, as crianças se apertavam. Num dos cômodos mais lotados escutava-se um ronco de porco: uma menininha deitada num sofá respirava fazendo aquele barulho, monstro de pernas de ratazana, o rosto lívido marcado pela doença.

Segundo A.,* Kierkegaard dá a Jó um direito, o de gritar até o céu. Odeio os gritos. *Quero* as condições do "agrimensor", esse jogo que, segundo a expressão de A., introduz possível no impossível. Nesse jogo, ao menos, a palavra e as categorias da linguagem não regulam nada.

---

* André Masson. (N.T.)

Embora minha vida neste vilarejo seja vazia – estranha e disparatada –, não quero que tudo me atole.

Gentileza? Resignação? Mas, por definição, o "agrimensor"? Sinto-me rir, culpado de ser *eu*? De não ser o outro? De não estar morto? Se fizerem questão. Pago, aceito pagar. Como não riria disso?

Minha alegria é uma flecha – disparada com uma força sem igual.[50]

A desgraça continua a se estender. Logo não subsistirá de um mundo que me deu à luz – e faz o que sou – mais que uma recordação arruinada.[51]

A angústia é a verdade de Kierkegaard, e sobretudo a do "agrimensor" (de Kafka). Mas, e eu mesmo? Se rio ou adivinho rindo o que está aí, o que está mais longe, o que tenho a dizer àqueles que me escutariam? Que a angústia dê um nó neles!

Quem não agoniza no horror de um nevoeiro baixo goza da luz como o imbecil que acredita que a luz se deve a ele. Como ele poderia ser inocente num mundo onde introduz a categoria do culpado? Quem não esquece o horror do nevoeiro onde agoniza sabe-se devido, ao contrário, a essa luz que o embriaga.

Tracei o caminho que leva ao ponto exato onde flui inteiro o rio dos seres. Incessantemente, esse rio de embriaguezes e de sofrimentos se perde no oceano que é a glória: *a glória, que não é posse de nenhum ser em particular.*

Quando "medito" diante das encostas nuas das montanhas, imagino o horror que emana delas no frio, na tempestade: hostis como os insetos lutando, mais receptivas à morte que à vida.

A verdade risível do espaço se abre para mim como para aquele que levanta uma saia a verdade pantanosa do amor.

Mas o erotismo leva a um dispêndio excessivo de força... E tudo desanda ao primeiro relaxamento. O próprio Sade não entendeu que a maldade e a indecência são exigidas não por uma natureza madrasta, mas pela *santidade* – os transes – do corpo humano. Escrevo por ter me apoderado do segredo... Ele teria me escapado se eu tivesse tirado os vestidos das putas com menor frequência. Foi-me preciso, no entanto, ter a força de ir mais longe. O que se oferece a mim é o raio na garganta...: não há fulgor mais desejável.

Acrescento: no limiar da *glória*, encontrei a *morte* sob a aparência da nudez, enfeitada com ligas e longas meias pretas. Quem se aproximou de um ser mais humano, quem suportou mais horrível fúria: essa fúria me levou pela mão aos meus infernos.[52]

Cobrir minha fronte de cinzas? o espesso nevoeiro estende o luto sobre a montanha... Mas a morte me é familiar. Meus olhos se perdem nos buracos das paredes, onde a poeira e a aranha revelam a verdade derradeira: a crueldade inocente à espreita, pronta para atacar ao menor vacilo. A ferida aberta de uma vaca, recém-abandonada, coberta de moscas.[53]

De setembro a junho, na medida em que a guerra estava ali, a consciência que tinha dela era feita de angústia. Via na guerra aquilo que falta à vida se dizemos que ela é cotidiana: aquilo que dá medo, que provoca o horror e a angústia. Aplicava a isso meu pensamento para perdê-lo no horror: a guerra era a meus olhos aquilo que o suplício é, a queda do alto de um telhado, a erupção de um vulcão. Odeio os gostos daqueles que a apreciam para lutar. Ela me atraía, dando-me angústia. "Homens de guerra" são alheios a tais sentimentos. A guerra é uma atividade que corresponde a suas necessidades. Vão na frente para evitar a angústia. Têm de colocar em jogo as maiores forças possíveis.

Mas e aqueles que fogem do perigo de guerra como um cristão dos lugares equívocos! Mas e aqueles que, na angústia, não têm mais coragem de enfrentar![54]

Em pleno sol sobre as charnecas, um barulho de insetos preenche a vastidão do céu. Imagino um delírio árabe: os insetos invisíveis do ar, como aissaouas, vociferam; o próprio espaço está em transe.

Ao longe os montes gastos, os montes desertos e nus, saem da sombra dos vales, inacessíveis ao ordenamento humano.[55]

Depois de dois meses de desabamento (passando por Vichy).

O que odeio acima de tudo: esses pequenos seres ricos, que apequenam tudo que veem. As tristes putas! fico áfono de vê-los. Não há silêncio de morte pesado o bastante para segurar essas línguas. Mas o desastre vai longe demais, a impostura é berrante demais.[56]

Na angústia; angústia a perder de vista. Tudo é cansativo, obstáculos demais me cansam.

Outros são rebeldes à angústia. Riem e cantam. São *inocentes*, e eu sou *culpado*. Mas o que sou a seus olhos? um *intelectual* cínico, tortuoso, incômodo. Como suportar ser pesado a esse ponto, odioso, incompreendido? Aceito, atônito com o excesso.[57]

Hipócrita! Escrever, ser sincero e nu, ninguém consegue. Não quero fazer isso.

Movimentos violentos, violentos demais. Recuso-me a refrear... Mas não tenho indulgência comigo mesmo. Não sabendo quem sou, não me detenho em nada. Tenho a audácia de um destroço. A todo momento, o coração se abre, o sangue escorre, e, lentamente, sob o esgar, a morte entra.

O cristão que ri: é sua degradação. Não evito nem o golpe nem a ferida. Ferido nos olhos? no baixo ventre? Contudo, quero: a força, não a doença, a força sem erro.

A maria-sem-vergonha da filosofia... E como um "santo" risonho, indecente, amigo da sombra. A virilidade de um cachorro (dissimulada).

Como ser forte o bastante? Como aceitar? Como amar?

Uma dignidade de árvore (mas não no pensamento: aquilo que penso até o fim baixa as calças), uma absurda doçura. Estar com a vida como com uma mulher, amante beberrão, risonho, cheio de atenções, de ternura, até meio lunático, e mais puro do que nunca quando de pau de fora.[58]

A força está no conhecimento do segredo: o segredo se revela ao angustiado. A criança feliz, risonha, ignora a insônia dos mundos; não sente nem sua angústia nem seu êxtase. Sua bonomia a afasta, ela permanece a salvo do pior. É preciso ainda exigir isto da angústia: nunca querer que a criança se cale.[59]

Para mim, o abatimento, o vazio, a separação, o sofrimento. O que posso esperar: uma solidão de bicho.

Fixei as paredes do quarto. Meus olhos se reviravam.

De repente, *vejo*, eu gritaria. Como se minha própria força me arrancasse, rio disso, ofegante. Quando digo que vejo, é um grito de medo que vê. Não estou mais separado da minha morte. Mas me figurando vivo, é minha degradação sobreviver, não estar mais pego pela garganta e *nada* ver...[60]

Há na austeridade uma impudência que uso comigo mesmo, uma grosseria distante e hostil. Na indulgência, uma simpatia de papalvo – mas um pudor infinitamente doce. Sonho com uma ascese sem brilho, ornando-se das cores de uma vida distante, triste, mas sem regra. Tal ascese não poderia estar a salvo de maremotos, ela se combinaria com excessos perigosos em todos os sentidos.[61]

Meu interminável "processo" me dá o desejo de morrer...

Uma espécie de irradiação, a felicidade física e, acredito, o mais violento: sou o lagarto das muralhas! Ao sol, um caos onde o sangue escorre.

Ao acaso das chances... ontem só teria falado de angústia; gabo-me hoje – tenho de me gabar – de minha "impassibilidade lúcida"! De cada humor a origem é caprichosa. A existência animal, que é o sol ou a chuva quem mede, caçoa das categorias da linguagem.

Maio-agosto de 1940.[62]

II
A solidão[63]

O tempo presente seria desfavorável às verdades novas. A capacidade de atenção de que um homem dispõe é fraca. À mais simples dificuldade – a adição de algumas cifras – esqueço por algum tempo o que amo. E para outras o tempo se eterniza. *A fortiori*, a mudança das condições históricas retém toda a atenção. Levado a me ocupar do atual, a perder de vista o longínquo, sem o qual o atual é irrisório.

A mudança e a agitação são propícias à reflexão pungente – o tempo de paz não. A desorganização dos homens e das coisas – e não a estagnação – convém à conquista de verdades perturbadoras. Um parto se faz de uma mãe sofrendo a morte, nascemos de um tumulto de gritos lancinantes.

Aquele que olha de longe o mundo presente – para o qual está de certa forma morto –, que o olha à altura das vagas profundas que, em vários séculos, *rapidamente* se sucederam – ri ao perceber a nova vaga que acaba de passar, deixando atrás de si tantos homens desamparados, agarrados aos destroços que a passagem das águas depôs. Vê apenas a sucessão violenta das vagas surgidas do fundo dos tempos, sem fim, dispondo laços frágeis e frases coaguladas. Escuta apenas o estrondo das águas precipitadas, rosadas de sangue. O céu vertiginoso, o movimento imenso (de que só conhece a *imensidade*, pois ignora sua origem e seu fim) representam, a seus olhos, essa natureza humana, que ele é, que rompe nele o desejo de repouso. É em verdade um espetáculo grande demais, que o fere de infortúnio: fica aterrado, sem fôlego. Mas não era homem antes de tê-lo visto: ignorava a admiração que não consegue reter um grito.

Ninguém pode saber a que grau de solidão um homem chega se o destino o toca.

O ponto de onde as coisas aparecem nuas não é menos opressivo que o túmulo. Chegado lá, a *impotência divina,* na certa, embriaga-o: dilacera-o até as lágrimas.

Eis-me de volta − rindo − entre meus semelhantes. Mas suas preocupações não me atingem mais: no meio deles, sou cego e surdo. Nada poderia em mim ser utilizado.

Para um homem, uma seca de deserto, um estado suspenso (de tudo a sua volta) são condições de arrancamento favoráveis. A nudez se revela àquele que uma solidão hostil encerra. É a prova mais dura, mais liberadora: um estado de amizade profunda quer que um homem seja abandonado por todos os seus amigos, a amizade livre não está presa por laços estreitos. Longe além das faltas de amigos ou de leitores *próximos*, busco agora os amigos, os leitores que um morto pode encontrar e, de antemão, vejo-os fiéis, inumeráveis, mudos: estrelas do céu! minhas risadas, minha loucura vos revelam, e minha morte vos alcançará.

Se um combate se trava em mim é por eu ser num ponto a franja de espuma onde a contradição das ondas estoura. Minha consciência de ser, em meio aos outros, um ponto de ruptura e de comunicação exige ainda que eu ria de minhas dores e de minhas raivas. Não posso permanecer alheio a essas raivas: por mais que ria delas, são as minhas...

Uma extensão de acontecimentos grande demais leva *finalmente* ao silêncio. Minhas frases me parecem longe de mim: falta nelas a *perda de fôlego.* Hoje, gostaria de balbuciar: nunca estive mais seguro de mim. Em mim mesmo, o brilho de meus pensamentos só me exprime por inteiro em jogos de luz furtados, que cegam... Imagine-se um homem doente com o dilaceramento presente – a ponto de que, diante de seus olhos, tudo vacilasse, de que seus alimentos saíssem pelo nariz – um homem que aguentaria sob a condição de estar ébrio – ébrio sem neurose e mesmo alegre – enquanto o chão estaria girando em sua cabeça (como se ele fosse morrer)...

Nada tão doloroso assim está de brincadeira: minha vontade é firme, tenho bons maxilares... Enfrentando a agitação, proponho a todos e a cada um minha solidão. O que seria minha solidão sem a agitação? – o que seria a agitação sem minha solidão?

Todas as vontades, as expectativas, os mandamentos, os laços e as formas de vida ardente, assim como os imóveis ou os Estados, nada que não esteja ameaçado de morte e não possa desaparecer amanhã mesmo; os deuses nas alturas do céu estão eles próprios em perigo de cair dessas alturas tanto quanto um combatente de ser morto. Compreendendo, não mais duvidando disso, não sinto hilaridade nem medo. Minha vida, o mais das vezes, permanece ausente.

Indo mais longe do que nunca, pareceu-me, noite passada, atingir uma lucidez extrema, não conseguia dormir: era penoso e, contudo, tão simples quanto encontrar um objeto perdido: sofremos por não tê-lo mais, mas ele já não diverte uma vez encontrado. A vida prossegue em mim todo dia, sólida e segura de si mesma. A ideia de ter encontrado a palavra me pareceu vazia. Essa palavra, de uma simplicidade desarmante, eu poderia oferecê-la facilmente. Mas o pensamento da descoberta, em mim, opõe-se à comunicação. No mesmo instante, entedio-me, fico desencorajado.

Consultei ontem uma enciclopédia a fim de saber a altura da atmosfera: a coluna de ar cujo peso devemos suportar não seria inferior a 17 toneladas. Não longe da palavra "atmosfera", detive-me sobre Atlixco, cidade do México, no estado de Pueblo, aos pés do Popocatépetl (do vulcão). Representei para mim mesmo, de repente, a cidadezinha, que imagino semelhante àquelas do sul da Andaluzia: em que olvido – ignorada pelo resto do mundo – persevera ela em si mesma? Persevera, no entanto, com as menininhas, as pobrezas e, talvez, num quarto bagunçado, um rapaz suando e soluçando... Ó mundo hoje inteiramente urdido de soluços, ingenuamente vomitando sangue (como um tuberculoso): para os lados das planícies da Polônia? Melhor nem imaginar. Um ferido grita! estou surdo no fundo de minha solidão, onde o caos supera o das guerras. Até mesmo gritos de agonia me parecem vazios. Minha solidão é um império, lutam por sua posse: é a estrela esquecida – o álcool e o saber.

Estaria assumindo uma tarefa excessiva? ou minha vida caçoaria de todas as tarefas? ou ainda, ambos: não me esquivarei: *jogarei*. Não posso nem me esquivar nem não jogar. Vencerei pela aspereza. Recusando os engodos de que os outros vivem. Chego a sentir uma dominação como um fato, como uma tensão exige que outras tensões lhe respondam. Sou duro e lúcido controle e, ao mesmo tempo, decisão. Seguro demais de mim para me deter onde outros imaginariam atolar.

1941.

A chance

I
O pecado[64]

A parte essencial ficaria faltando se eu não falasse do pecado. Quem não viu que, postulando o sacrifício, eu postulava o pecado? O pecado é o sacrifício, a comunicação é o pecado. Diz-se do pecado da carne que ele é um sacrifício a Vênus. "Consumei o mais doce dos sacrifícios", assim se exprimiu outrora o poeta. A expressão dos antigos não pode ser negligenciada. E, assim como o amor é um sacrifício, assim também o sacrifício é um pecado. Hubert e Mauss dizem da execução: "É um crime que começa, uma espécie de sacrilégio. Assim, enquanto a vítima era levada ao local do assassinato, alguns rituais prescreviam libações e expiações [...] Acontecia de o autor do assassinato ser punido; surravam-no ou exilavam-no [...] as purificações que o sacrificador devia sofrer após o sacrifício assemelhavam-se, aliás, à expiação do criminoso" (*Sacrifice*, p. 46-47). Ao fazer Jesus morrer, os homens tomaram sobre si o crime inexpiável: é o ápice do sacrifício.

Para ler o *Conceito de angústia*.

Para quem apreende a comunicação no dilaceramento, ela é o pecado, o mal. A ruptura da ordem estabelecida. O riso, o orgasmo, o sacrifício, esses desfalecimentos que dilaceram o coração, são as manifestações da angústia: nelas, o homem é o angustiado, aquele que a angústia estreita, encerra, possui. Mas, justamente, a angústia é a serpente, a tentação.

A quem deseja entender, três recursos são necessários: a indolência da criança, a força do touro (tão decepcionante nas arenas), o gosto que um touro irônico teria em se aprofundar sobre os detalhes de sua posição.

Digo: a comunicação é o pecado. Mas o contrário é evidente! O egoísmo, só ele, seria o pecado![65]

O pior é a *meia-luz*. Ninguém evita a luz que vem de um *paralelepípedo*. Mais temível é a luz incerta que vem de todas as partes (não sabemos de onde), que coincide, sob determinado ângulo, com a luz do paralelepípedo. O homem agitado nessa meia-luz é a presa de crenças razoáveis. Não seria capaz de se acreditar abandonado. Não sabe que terá primeiro de reconhecer o abandono, depois desejá-lo e, finalmente, tornar-se vontade de ser abandonado. Como adivinharia no abandono o meio mais aberto de comunicar? E sempre *verdades* transparecem, feixes de verdades se formam que o fascinam; os feixes se desfazem... Incansavelmente, ele os reforma um pouco modificados. Que venha o homem mais inteligente: ele amarrará tudo num feixe. Quando o feixe se desfizer, a verdade inteira vai finalmente se dissipar? Nada disso: a inesgotável paciência da noite recomeça: o homem sara, pelo esquecimento, de sua impotência. Ainda mais que ela se fundava sobre um erro: ninguém, no fundo, deseja a luz. O próprio Hegel não a desejava; a inteligência se dirige a uma *meia-luz*, procura um inapreensível reflexo. A luz destruiria tudo, a luz do dia seria a noite! Até em mim mesmo ao escrever isto, o trabalho da inteligência prossegue..., estou condenado a saber, ao menos aquilo que digo. Decerto não poderei, antes de morrer, me perder na noite.

Supondo-se que se leve a sério a explicação que dei das condições em que a existência humana comunica, eu deveria *prosseguir* a explicação. Mas ninguém consegue. O explicável no final se transforma em seu contrário. A pior ameaça de angústia é a boa aparência que damos a verdades ocasionais; não fazemos mais que nos descrever e discernir o que nos parece verdadeiro. Que, em razão de sua coerência, eu atribua objetividade a esse *descrito* é inevitável, mas não fiz mais que deslocar o problema. O que mudou? O que importa se a conexão sujeito-objeto do homem e do universo é colocada no lugar do sujeito puro. Sujeito ou conexão existem ambos. A conexão é uma das *meias-luzes* possíveis.

Lamento que a inteligência não tenha a sensibilidade dolorosa dos dentes... um cérebro dolorido é a parte que me cabe, mas estou sozinho...

A inteligência que reconhece sua condição irrisória deve ainda explicar, de acordo com as leis da explicação, como essa condição lhe calhou! Para esta última operação, não estando mais armada, ela não está, contudo, menos que para as outras.

A coesão dentro de um domínio reduzido, a possibilidade de previsões seguras, o caráter absoluto das relações numéricas, o homem adere a esses fracos apoios como a criança aos braços da mãe. Que sentido teria a coesão e o absoluto dos números se houvesse um além – totalmente outro – que os encerrasse? E que sentido se não houvesse esse além? se essa coesão fosse tudo? Para quem desfalece, a coesão, o absoluto só fazem aumentar a angústia: nenhum repouso, nenhuma certeza, mesmo a não-aderência é duvidosa. O real, o possível, a coesão, e o além da coesão, cernem o homem de todos os lados como um inimigo que sitia: guerra sem paz nem trégua imagináveis, sem vitória nem derrota a desejar... Evocamos a verdade definitiva, sonhamos com a paz, mas é a guerra ainda uma vez.

Vejo-me na noite separado de mim mesmo. Uma alta montanha se eleva, um vento frio uiva: nada abriga do vento, do frio, da escuridão. Escalo uma encosta infinita, vacilo. A meus pés se abre um vazio em aparência sem fundo. Sou esse vazio, ao mesmo tempo o cimo que a noite oculta e que está inteiramente presente. Meu coração está escondido nessa noite como uma náusea incerta. Sei que ao nascer do sol morrerei.

Pouco a pouco a luz invade a ausência do céu, primeiro como um mal-estar. Com o tempo o mal-estar desanima, e o dia nasce. Percebo que, na náusea, meu coração dissimula o sol, que odeio agora.

Lentamente, o sol sobe na luz. Morrendo, não posso mais gritar: pois o grito que vocifero é o silêncio sem fim.[66]

Aquilo que os cristãos não querem perceber: sua atitude de criança, sua ausência de virilidade diante de Deus; se negamos Deus – mas só então – somos viris; é sobre isso, não nas abstrações dos teólogos, que repousa a definição do termo, a definição de Deus.

Escutei um padre no rádio, voz de criança humilde, única admissível para um padre.

Contrariamente ao que se admite habitualmente, a linguagem não é a comunicação, mas sua negação, ao menos sua negação relativa, como no telefone (ou no rádio).[67]

Nada que não seja pobre em matéria de pensamento, de moral, se não é glorificada a nudez de uma moça bonita, ébria por ter dentro de si um sexo masculino.* Desviar-se de sua glória é desviar os olhos do sol.[68]

A dureza intelectual, a seriedade, a vontade tensionada no abandono. Uma virilidade completa. Afastar o que é bom, piedoso e mole – ao menos da vida intelectual. Não importa que a moça *deva* ser bela nem que sua conduta provoque sua degradação.

O fato de que não podemos perseverar na luxúria, mas apenas encontrar linhas de chances, depois ser rejeitados e, a partir de então, pagar o prazer gozado com diversos incômodos – indica que a luxúria é desfavorável à integridade. Mas, na medida em que a integridade do ser é uma harmonia na sequência do tempo, é preciso dizer que a vontade de harmonia leva à negação mentirosa. Leva à camuflagem daquilo *que é*.

Preocupo-me com os outros mais ou menos como se fosse responsável por suas almas! Uma mulher está à beira do abismo, desfaleço e não posso suportar nem a mulher nem o abismo!

---

* Na edição de 1944, tive de substituir duas palavras por pontos. (Nota de 1960)

O orgulho (a presunção) de uns arrasta aqueles que seguem. O conhecimento está metido num extravio crônico. Considero a sequência das mudanças do pensamento como um único movimento solidário. O extravio começado, devemos sofrer suas consequências e não faltar ao orgulho. Mesmo o extravio completo do não-saber – da queda na noite – exige uma orgulhosa firmeza. Ainda que tivesse então de justificar meu orgulho indevidamente, dizendo que o orgulho dos outros é indevido.

O princípio de Nietzsche (tomai por falso aquilo que não vos fez rir ao menos uma vez) está ligado ao mesmo tempo ao riso e à *perda de conhecimento extática*.

II
O atrativo do jogo

*A dor formou meu caráter. Dor, professora com a palmatória e o menino com os dedos enregelados.

– Não és nada sem a dor!

Choro – diante desta ideia: ser um dejeto! Gemo e, prestes a rezar, não posso me resignar.

No instante seguinte, aperto os dentes, desaperto e tenho sono. O dente dolorido, o cérebro bestificado.

Escrevo, evoco: a esperança de me ver livre completa minha dor.

Ignorando tudo do ser que sou – dessa espécie de bicho –, nada sabendo no mundo. Não poder mais, de noite, dar cabeçadas nas paredes, procurar um caminho, não por segurança, mas condenado, me espancar, sangrar, cair, ficar no chão... Não aguentando mais, adivinhar as tenazes que me quebrariam os dedos, o ferro incandescente queimando a planta dos pés. Nenhuma saída senão as tenazes ou o ferro incandescente. Nenhuma solução de compromisso, nenhuma escapatória. O ferro incandescente, as tenazes não me atingiriam? meu corpo ao menos seria justificável por eles. Esse corpo não pode, *em verdade*, ser separado do ferro incandescente. Não

---

* 29 de novembro de 1942.

pode ser dele *em verdade* separado. (Tampouco podemos separá-lo da cabeça.)

Mas e se a dor instantemente prometida acaba me deixando indiferente? Ao menos aspiro ao repouso. Não pensar mais em nada, ficar ao sol, livre de preocupações. Como pude, outrora, ter horas absolutamente frescas, à beira dos riachos, nos bosques, jardins, cafés, em meu quarto? Sem falar das alegrias convulsivas.

Um escorregão, a perspectiva da ladeira, um molar arrancado, a anestesia não funciona. O horrível instante!

Como teria sido, a que ponto teria sido covarde sem a esperança de que a cocaína funcionaria? De volta para casa, sangro abundantemente. Enfio a língua no buraco: um pedaço de carne está ali, é um coágulo de sangue que cresce e transborda. Cuspo-o: outro o segue. Os coágulos têm a consistência do ranho e gosto de comida podre. Atulham a boca. Imagino escapar ao asco dormindo, não ser mais tentado a retirar, cuspir esses coágulos. Adormeço, desperto ao termo de uma hora: o sangue, durante o sono, escorreu de minha boca e inundou o travesseiro e os lençóis —: as dobras dos lençóis escondem coágulos semissecos, ou viscosos e escuros. Continuo aborrecido, cansado. Imagino uma hemofilia, seguida talvez de morte: por que não?! Não quero morrer, ou antes, penso: a morte é suja. Sinto um asco crescente. Coloco uma bacia ao pé da cama para não precisar ir cuspir na privada. O fogo da salamandra morreu: a ideia de reacendê-lo me deprime. Não consigo voltar a dormir. O tempo se arrasta. Um pouco de sonolência de vez em quando. Lá pelas cinco ou seis da manhã, resolvo reacender o fogo: quero empregar esse tempo de insônia, livrar-me de uma tarefa deprimente. Tenho de esvaziar a salamandra de seu conteúdo de carvão apagado. Faço isso desastradamente, e logo o quarto está coberto de carvão queimado, de escumalha e de cinzas. Uma bacia esmaltada cheia de sangue, coágulos, nódoas, os lençóis cheios de poças vermelhas; esgotado de insônia, continuo a sangrar, e o sabor dos coágulos viscosos me enoja mais a cada hora. Por fim, acendo o fogo, as mãos pretas de carvão, sujas de sangue, crostas de sangue nos lábios, uma espessa fumaça de hulha enche o quarto, e tenho, como sempre, a maior dificuldade em fazer queimar um combustível rebelde. Nenhuma impaciência, não mais angústia que outros dias, uma triste avidez de repouso.

Pouco a pouco a algazarra, as altas risadas e as canções iam se perdendo na distância. O arco fazia soar ainda uma nota moribunda que foi diminuindo de sonoridade e acabou desvanecendo como um som indistinto na imensidão dos ares. Por vezes, escutava-se um bater ritmado na estrada, algo que parecia o estrondo de um mar longínquo, depois não houve mais nada, nada além do vazio e do silêncio.

Não é assim também que a alegria, hóspede tão encantadora quanto inconstante, voa para longe de nós, e é em vão então que um som isolado pretende exprimir a jovialidade? Pois em seu próprio eco percebe apenas tristeza e solidão, e é inútil insistir em lhe prestar ouvidos.

GOGOL. *Serões numa herdade perto de Dikanka.*

Não podemos *saber* se o homem em geral é chance ou má-chance. O fato de nos atermos a uma verdade de combate revela um juízo ambíguo, que liga a chance àquilo que somos e a má-chance a uma peste encarnada nos maus. Um juízo claro acolhe, ao contrário, o fato do mal e o combate do bem contra o mal (a ferida incurável do ser). No juízo ambíguo, o valor não é mais condicional, o bem – que somos – não é uma chance, mas algo devido, é o ser respondendo ao dever ser: todas as coisas são combinadas, trucadas, arranjadas, ao que parece, por um Deus com vistas a fins indiscutíveis.

O espírito humano é construído de tal maneira que não possa fazer entrar a chance em linha de conta senão na medida em que os cálculos que a eliminam permitem esquecê-la, *não mais levá-la em conta*. Mas, indo até o extremo, a reflexão sobre a chance desnuda o mundo justamente do conjunto das previsões em que a razão o encerra. Como a do homem, a *nudez* da chance – que decide em última instância, em definitivo – é obscena, asquerosa: é, numa palavra, *divina*. Suspenso à chance, o curso das coisas no universo não é menos deprimente que o poder absoluto de um rei.

Minhas reflexões sobre a chance estão *à margem* do desenvolvimento do pensamento.

Não podemos, no entanto, fazer reflexões mais arrancadoras (mais decisivas). Descendo ao mais profundo, elas puxam a cadeira daquele que, do desenvolvimento do pensamento, esperou a possibilidade de se sentar, de descansar.

Podemos, devemos, reduzir à razão, ou, por meio da ciência, ao conhecimento racional, uma parte daquilo que nos toca. Não podemos suprimir o fato de que, num ponto, todas as coisas e toda lei se decidiram segundo o capricho do acaso, *da chance*, a razão só intervindo, no final, na medida em que o cálculo das probabilidades a autoriza.

É verdade, a onipotência da razão limita a do acaso: essa limitação basta em princípio, o curso das coisas obedece *longamente* a leis que, sendo racionais, podemos discernir, mas ele nos escapa nos extremos.
Nos extremos, a liberdade se reencontra.

Aos extremos o pensamento não pode chegar!
Nos limites das possibilidades que nos pertencem, o pensamento só chega aos extremos de duas maneiras:
1) ele pode perceber e, fascinado, contemplar a vastidão aberta das catástrofes. O cálculo das probabilidades restringe seu alcance, mas não anula seu sentido (ou antes, seu não-sentido), já que, humanamente, a morte faz de nós os súditos desse império;
2) uma parte da vida humana que escapa do trabalho alcança a liberdade: é a parte do jogo, que admite o controle da razão, mas determina, nos limites da razão, breves possibilidades de salto para além desses limites. É o jogo, que, assim como as catástrofes, é fascinante, que permite entrever, positivamente, *a sedução vertiginosa da chance*.

Capturo o objeto do meu desejo: ligo-me a esse objeto, vivo nele. Ele é tão certo quanto a luz: como, de noite, a primeira estrela vacilante, ele maravilha. Quem quisesse conhecer comigo esse objeto teria de se acostumar a minha escuridão: esse objeto distante é estranho e, contudo, familiar: não há mocinha de cores frescas que, cheirando flores, não o tenha tocado. Mas sua transparência é tamanha que qualquer hálito o embaça, e uma palavra o dissipa.

Um homem trai a chance de mil maneiras, de mil maneiras trai "o que ele é". Quem ousaria afirmar que jamais sucumbirá aos rigores de uma tristeza puritana? Trairia também não sucumbindo. A trama da chance atribui a cada ponto a sombra e a luz. Foi me acossando, me mutilando, num caminho de horror, de depressão, de recusa (e ainda de desordens, de excessos) que a chance me tocou; a leveza, a total ausência de peso da chance (ainda que por um instante, tornar-se pesado é perder a chance). Não a teria encontrado procurando-a. Falando, já não duvido de que estou traindo: só escapo da traição zombando do fato de eu mesmo trair ou de que outros o façam. Sou inteiramente, toda minha vida e minhas forças são dedicadas à chance: não há em mim mais que ausência, inanidade..., riso e tão alegre. A chance: imagino na tristeza da noite a ponta de uma faca entrando no coração, uma felicidade excessiva, a mais não poder...

*Luz demais alegria demais céu demais	Trop de jour trop de joie trop de ciel
a terra vasta demais um cavalo rápido	la terre trop vaste un cheval rapide
escuto as águas choro a luz do dia	j'écoute les eaux je pleure le jour
a terra gira em meus cílios	la terre tourne dans mes cils
as pedras rolam em meus ossos	les pierres roulent dans mes os
a anêmona o vaga-lume	l'anémone le ver luisant
me trazem o desfalecimento	m'apportent la défaillance
num sudário de rosas	dans un suaire de roses
uma lágrima incandescente	une larme incandescente
anuncia o dia.	annonce le jour.

**Dois movimentos de natureza oposta buscam a chance, um de rapto, de vertigem; o outro de acordo. Um quer a união brutal, erótica; a má-chance se precipita vorazmente sobre a chance, consome-a, ou, ao menos, abandona-a, marcando-a com o signo nefasto: um momento incendiado – a má-chance segue seu curso ou se completa na morte. O outro é adivinhação, vontade de ler a chance, de refleti-la, de se perder em sua luz. O mais das vezes, os movimentos

---

* 1º de dezembro.

** 2 de dezembro.

contrários se combinam. Mas se procuramos o acordo buscado na aversão à violência, a chance é abolida como tal, metida num curso regular, monótono; a chance nasce da desordem e não da regra. Exige o risco, sua luz cintila na escuridão negra; faltamos a ela colocando-a a salvo da desgraça, e o brilho a abandona assim que se falta a ela.

A chance é mais que a beleza, mas a beleza extrai seu brilho da chance.

A imensa multidão (a má-chance) faz a beleza soçobrar na prostituição.[69]

Não há chance que não seja maculada. Não há beleza sem fissura. Perfeitas, a chance ou a beleza não são mais o que são, e sim a regra. O desejo pela chance é em nós como um dente dolorido, ao mesmo tempo que seu contrário, ele quer a perturbadora intimidade da desgraça.

Ninguém poderia imaginar sem a dor uma consumação da chance num tempo de raio e a queda que se segue à consumação.

A chance, ideia aracniana e dilacerante.

A chance é difícil de suportar; é comum destruí-la e soçobrar. A chance se quer *impessoal* (do contrário é a vaidade, o pássaro na gaiola), inapreensível, melancólica, ela se infiltra na noite, como um canto...

Não posso imaginar um modo de vida *espiritual* que não seja impessoal, dependendo da chance e nunca de uma tensão da vontade.[70]

Vi sobre um telhado grandes e sólidos ganchos, no meio do caimento. Supondo-se que um homem escorregasse da cumeeira, por chance ele poderia ficar preso num deles pelo braço ou pela perna. Caído da cumeeira de uma casa, ia me esborrachar no chão. Mas, havendo um gancho ali, eu poderia me segurar ao passar!

Um pouco depois, poderia me dizer: "Um arquiteto previu um dia esse gancho sem o qual eu estaria morto. Eu devia estar morto: nada disso, estou vivo, tinham colocado um gancho".

Minha presença e minha vida seriam inelutáveis: mas não sei o que de impossível, de inconcebível seria seu princípio.

Percebo agora, imaginando o impulso da queda, que nada está no mundo senão por ter encontrado um gancho.

Normalmente, evitamos ver o gancho. Atribuímos a nós mesmos um caráter de necessidade. Nós o atribuímos ao mundo, à terra, ao homem.[71]

Com o gancho ordenando o universo, me abismei num jogo de espelhos infinito. Esse jogo tinha o mesmo princípio que a queda interrompida por um gancho. Tem como alguém ir mais longe na intimidade das coisas? Tremia, não aguentava mais. Um arrebatamento íntimo, enervante até as lágrimas: renuncio a descrever esse sabá; todas as orgias do mundo e de todos os tempos confundidas nessa luz.

Será que digo? Importa tão pouco: assim que volto a alcançar a chance, o arrebatamento me é acessível a tal ponto que, em certo sentido, não cessou mais. Raramente sinto a necessidade de me assegurar disso: faço-o por fraqueza. Às vezes por indolência, em plena impureza, à espera da morte.

*O que suspendeu a angústia em mim: todo valor era chance, dependia de chances que ele existisse, dependia de chances que eu o encontrasse. Um valor era um acordo de certo número de homens, a chance animando cada um deles, a chance colocando-os de acordo, a chance na afirmação deles (nem vontade nem cálculo, a não ser *a posteriori*). Imaginava essa chance, não sob uma forma matemática, mas como um toque que coloca o ser em acordo com o que o cerca. O próprio ser sendo o acordo, acordo com a própria chance em primeiro lugar. Uma luminosidade se perde no íntimo e no possível do ser. O ser se perde, fôlego suspenso, reduzido ao sentimento do silêncio, o acordo está ali, ele que era perfeitamente improvável. Os golpes de chance colocam o ser em jogo, sucedem-se, enriquecem o ser em potência de acordo

---

* 12 de dezembro.

com a chance, em poder de revelá-la, de criá-la (a chance sendo a arte de ser ou o ser a arte de acolher a chance, de amá-la). Pouca distância entre a angústia, o sentimento da má-chance, e o acordo: a angústia é necessária ao acordo, a má-chance à chance, a insônia da mãe à risada da criança.

Um valor que não estivesse fundado na chance estaria sujeito a contestação.

O êxtase está ligado ao conhecimento. Chego ao êxtase à procura de uma evidência, de um valor incontestável, dados de antemão, mas que, em minha impotência, não soubera encontrar. Aquilo que pode ser enfim o objeto de meu saber responde à pergunta da minha angústia. Vou profetizar: vou finalmente dizer e saber "o que é".

Se só a vontade de angústia interroga, a resposta, se vem, quer que seja mantida a angústia. A resposta é: a angústia é teu destino: não poderias, tal como és, saber o que és nem aquilo que é – nem nada. Dessa derrota definitiva só escapam a platitude, o *trompe-l'œil*, a trapaça no império da angústia.

A angústia, certa de sua impotência, não interroga mais, ou sua interrogação resta sem esperança: um movimento de chance nunca interroga, e se serve para esse fim do movimento contrário, da angústia, sua cúmplice, que ele desposa, sem a qual definharia.

A chance é o efeito de uma colocação em jogo. Esse efeito nunca é o repouso. Incessantemente recolocada em jogo, a chance é o *desconhecimento* da angústia (na medida em que a angústia é desejo de repouso, de satisfação). Seu movimento leva ao único verdadeiro fim da angústia: à ausência de resposta; ele não pode dar cabo da angústia, pois, a fim de ser chance, e não outra coisa, tem de *desejar* que a angústia subsista e que a chance continue em jogo.

Se não parasse no meio do caminho, a arte esgotaria o movimento da chance; a arte seria então outra coisa que não a arte, e mais.[*] A

---

[*] Na verdade, a arte se esquiva. A maior parte do tempo, um artista, em princípio, limita-se a sua especialidade. Se sai dela, é às vezes para servir a uma verdade mais importante a seus olhos que a própria arte. Um artista, o mais das vezes, não quer

chance, todavia, não pode se tornar pesada; a leveza a coloca a salvo desse "mais". Ela quer o êxito inacabado, rapidamente privado de sentido, que logo será tempo de deixar por outro. Mal aparece, sua luz se apaga, à medida que outra nasce. Ela quer ser jogada, rejogada, posta em jogo sem fim em novos lances decisivos.

[*]A chance pessoal tem pouco a ver com a chance; sua busca é o mais das vezes o mau casamento da vaidade e da angústia. A chance é o que é sob a condição de uma transparência impessoal, de um jogo de comunicações que a perde sem fim.

A luz da chance é mantida latente nos êxitos das artes, mas a chance é mulher, espera que levantem seu vestido.

A má-chance ou a angústia mantêm a possibilidade da chance. O mesmo não se dá com a vaidade e a razão (e, em geral, com os movimentos que retiram do jogo).

A beleza fugidia, sufocante, que encarna a chance num corpo de mulher, é atingida no amor, mas a posse da chance exige os dedos leves, não apreensores, da própria chance. Nada é mais contrário à chance (ao amor) que interrogar, tremer, querer excluídas as chances desfavoráveis, nada é mais vão que a reflexão esgotante. Alcanço o amor numa indiferença enfeitiçada, o contrário insensato da indiferença. O pesadume exclui tanto a paixão que é melhor nem pensar. O amor, único horizonte, é fraqueza, comédia ou sede de sofrer. A chance exige uma desordem através da qual se atam e se reatam seus laços. A ênfase, os preconceitos, as regras do amor representam sua negação, *apesar da qual* ele é ardente (mas correspondemos à chance colocando "chances" contra nós *voluntariamente*).

– Tornar-se pesado, ainda que por um instante, é perder a chance. – Toda filosofia (todo saber excetua a chance) é reflexão sobre um resíduo átono, sobre um curso regular sem chance nem má-chance.

---

ver que a arte lhe propõe criar um mundo semelhante àquele dos deuses, ou, hoje em dia, semelhante a Deus. (Nota de 1960)

[*] 13 de dezembro.

Reconhecer a chance* é o suicídio do conhecimento: a chance, oculta no desespero do sábio, nasce do arrebatamento do insensato. – Minha certeza se funda na tolice de meus semelhantes (ou na intensidade de meu prazer). Se não tivesse antes esgotado, medido, revirado o possível do espírito, o que teria a dizer? – Um dia, *tentarei a chance* e, deslocando-me como um silfo sobre ovos, darei a crer que ando: minha sabedoria parecerá mágica. Pode ser que feche a porta aos outros – supondo-se que atingir a chance exija *não saber nada dela!* – O homem detém uma linha de chance legível em seus "costumes", uma linha que ele próprio é, um estado de graça, uma flecha disparada. Os animais já se jogaram, o homem se joga, é a flecha cortando o ar, não sei onde ela cairá, não sei onde cairei.

De poucas coisas o homem tem mais medo que do jogo.

Ele não pode parar no meio do caminho. Mas estou errado em dizer o *homem...* Um homem é também o contrário de um homem: a colocação em questão sem fim do que seu nome designa!

**Ninguém se opõe à má-chance consumando a chance tempestuosamente, senão cedendo à avareza da chance. A avareza é mais hostil à chance, ela a arruína mais inteiramente que a tempestade. A tempestade revela a natureza da chance, desnuda-a, exala sua febre. À luminosidade equívoca da tempestade, a impureza, a crueldade e o sentido perverso da chance aparecem como realmente são, ornados de uma magia soberana.

Numa mulher, a chance é reconhecível pelos vestígios, legíveis sobre seus lábios, de beijos dados numa hora de tempestade à morte.

A morte é em princípio um contrário da chance. Contudo, a chance se liga às vezes a esse contrário: assim, a morte pode ser a mãe da chance.

Por outro lado, a chance, nisso diferente da raridade matemática, define-se pela vontade que ela satisfaz. A vontade, por seu lado,

---

* Nada a ver com o cálculo das probabilidades. (Nota de 1959)

** 14 de dezembro.

não pode ser indiferente à chance pela qual clama. Não poderíamos conceber a vontade sem a chance que a consuma, nem a chance sem a vontade que a busca.

A vontade é a negação da morte. Ela é mesmo indiferença à morte. Só a angústia introduz a preocupação com a morte, paralisando a vontade. A vontade se apoia na certeza da chance, contrária ao temor da morte. A vontade adivinha a chance, prende-a, é a flecha atirada nela. A chance e a vontade se unem no amor. O amor não tem outro objeto além da chance, e só a chance tem a força de amar.

A chance está sempre à mercê de si mesma. Está sempre à mercê do jogo, sempre em jogo. Definitiva, a chance não seria mais a chance. Reciprocamente, se houvesse no mundo um ser definitivo, não haveria mais *chance* nele (a chance nele estaria morta).

A fé irracional e a conflagração da chance atraem a chance. A chance é dada em seu próprio calor, não no acaso exterior, objetivo. A chance é um estado de graça, um dom do céu, ela permite lançar os dados, sem retorno e sem angústia.

O atrativo do acabado se deve a seu caráter inacessível. O hábito de trapacear orna com a veste da chance um ser definitivo.

Esta manhã, a frase "numa mulher, a chance..." me dilacerou. A ideia que os místicos dão de seu estado é a única que corresponde a meu dilaceramento.

Não posso duvidar disto agora: a chance é aquilo que a inteligência deve apreender para se limitar a seu domínio próprio, à ação. Da mesma forma, a chance é o objeto do êxtase humano, sendo o contrário de uma resposta ao desejo de saber.

*O OBJETO DO ÊXTASE É A AUSÊNCIA DE RESPOSTA VINDA DE FORA. A INEXPLICÁVEL PRESENÇA DO HOMEM

---

* 15 de dezembro.

É A RESPOSTA QUE A VONTADE DÁ A SI MESMA, SUSPENSA SOBRE O VAZIO DE UMA ININTELIGÍVEL NOITE; ESSA NOITE, DE UM EXTREMO AO OUTRO, TEM A IMPUDÊNCIA DE UM GANCHO.

A vontade capta seu próprio incêndio, discerne em si mesma um caráter de sonho, uma queda de estrela, inapreensível na noite.

Da chance à poesia, a distância se deve à inanidade da pretensa poesia. O uso calculado das palavras, a negação da poesia, destrói a chance, reduz as coisas ao que elas são. A perversão poética das palavras está na linha de uma beleza infernal dos rostos ou dos corpos, que a morte reduz a nada.

A ausência de poesia é o eclipse da chance.

A chance é, como a morte, o doloroso "beliscão do amante, que se deseja mas dá medo". A chance é o ponto doloroso onde a vida coincide com a morte: na alegria sexual, no êxtase, no riso e nas lágrimas.

A chance tem o poder de amar a morte, e, no entanto, esse desejo a destrói (menos certamente do que o ódio ou o medo da morte). O traçado da chance é difícil de seguir: à mercê do horror, da morte, mas não pode se desvincular deles. Sem o horror, sem a morte, numa palavra, sem o *risco* do horror, da morte, onde estaria o encantamento da chance?

"Não há mocinha de cores frescas que, cheirando flores, não a tenha tocado. Mas sua transparência é tamanha que qualquer hálito a embaça, e uma palavra a dissipa."[72] Discernir no mais ínfimo movimento a audácia de um jogo, não posso fazer isso na angústia: na angústia, a flor está murcha, a vida tem o cheiro da morte.

Viver é loucamente, mas sem retorno, lançar os dados. É afirmar um estado de graça e não se embaraçar com as consequências possíveis. Na preocupação com as consequências começam a avareza e a angústia.

A segunda se deve à primeira, ela é o estremecimento que a chance dá. Frequentemente, a angústia pune uma avareza nascente, metendo-a em sua perversão acabada, que é a angústia.

A religião é a *colocação em questão* de todas as coisas. As religiões são os edifícios que as respostas variadas formaram: acobertada por esses edifícios, uma colocação em questão sem medida prossegue.[73] Da história das diferentes religiões subsiste por inteiro a questão, a que foi preciso responder; profundamente, a inquietude permaneceu, as respostas se dissiparam.

As respostas são os lances de dados, felizes ou infelizes, nos quais se jogou a vida. A vida se jogou mesmo tão ingenuamente que elas não podiam ser percebidas como resultados do acaso. Mas só o que estava em jogo era a verdade da resposta. A resposta convidava à renovação do jogo, mantinha a colocação em questão, a colocação em jogo. Em segundo lugar, no entanto, a resposta retira do jogo.

Mas se a resposta é a chance, a colocação em questão não cessa, tudo continua em jogo, a resposta é a própria colocação em questão.

A chance solicita a vida *espiritual*: é nela que tudo se coloca em jogo. Nas maneiras tradicionais de atingir a chance – do baralho à poesia – não podemos mais que roçá-la. (Escrevendo, recebo da chance um toque ardente, arrancador, que dura poucos instantes, na cama onde escrevo; permaneço paralisado, nada podendo dizer, senão que é preciso amá-la até a vertigem: a que ponto a chance se afasta, nessa apreensão, daquilo que minha vulgaridade percebia dela!)

Nada excede mais violentamente os limites do *entendimento*. Quando muito, podemos conceber a extrema intensidade, a beleza e a nudez. Nada de um ser dotado da palavra, nada de Deus, soberano senhor...

Alguns instantes mais tarde e já sua recordação se faz inconsistente. Uma visão dessa natureza não pode ser inserida neste mundo. Ela se liga a este enunciado: "aquilo que está aí, que entretanto permanece insensato, é impossível". *Aquilo que está aí*: a fragilidade encarnada! ao passo que Deus é o fundamento: aquilo que não teria, em caso algum, podido não ser.

Minha curiosidade intelectual coloca a *chance* fora do meu alcance: busco-a, ela me foge, como se eu tivesse acabado de falhar com ela.

E, no entanto, de novo... Desta vez eu a vi *em sua transparência*. Como se nada existisse senão nessa limpidez – na suspensão do gancho. Nada, senão aquilo que teria podido, que teria devido não ser, e que morre, se consome e se joga. A transparência me aparecia numa luz nova: ela própria precária, em questão, só podendo existir *a esse preço*.

O céu ao pôr do sol me deslumbra, me maravilha, mas nem por isso é um ser.

Imaginar uma mulher incomparavelmente bela e morta: ela não é um ser, não é nada de apreensível. Ninguém está no quarto. Deus não está no quarto. E o quarto está vazio.

A chance tem a natureza de uma flecha. Ela é esta flecha aqui, que difere das outras, e só meu coração é ferido por ela. Que eu caia para morrer, e é ela enfim: *ela* e nenhuma outra. Meu coração tem o poder de fazê-la *ela*. *Ela* não é mais distinta de mim.

Como *reconhecer* a chance, sem ter para isso disposto de um amor *que se esconde?*

Um amor insensato a cria, oferecendo-se afoito em silêncio. Ela caía do alto do céu, como o raio, e era *eu!* gotinha quebrada pelo raio, por um curto instante: mais brilhante que um sol.

Não tenho em mim, ou diante de mim, nem Deus nem ser: mas incertas *conjunções*.

Meus lábios riem: por *reconhecer* a chance nelas: a chance!

"Estou provavelmente perdido, pensa Thomas. Não tenho mais força suficiente para aguardar, e se podia esperar superar ainda por algum tempo minha fraqueza enquanto não estava só, agora não tenho mais razão para

fazer novos esforços. Evidentemente, é triste chegar pertinho da meta sem poder tocá-la. Estou certo de que, se atingisse estes últimos degraus, compreenderia por que lutei em vão procurando alguma coisa que não achei. É uma má-chance, e morro dela."

MAURICE BLANCHOT. *Aminadab*, p. 217-218.

"É somente neste último cômodo, situado no topo da casa, que a noite se desenrola completamente. Ela é, em geral, bela e apaziguadora. É doce não precisar fechar os olhos para se livrar das insônias do dia. É também encantador encontrar na escuridão de fora as mesmas trevas que, há muito tempo, dentro de si mesmo, feriram mortalmente a verdade. Essa noite tem características particulares. Não se faz acompanhar nem dos sonhos nem dos pensamentos premonitórios que às vezes os substituem. Mas ela própria é um vasto sonho que não está ao alcance daquele que ela recobre. Quando ela tiver envolvido tua cama, puxaremos as cortinas que fecham a alcova, e o esplendor dos objetos que se revelarão então será digno de consolar o homem mais infeliz. Nesse momento, eu também me tornarei verdadeiramente bela. Enquanto agora essa meia-luz tira muito do meu atrativo, aparecerei nesta hora propícia tal como sou. Eu te olharei longamente, deitarei perto de ti, e não precisarás me interrogar, responderei a todas tuas perguntas. Além disso, ao mesmo tempo, as lâmpadas cujas inscrições querias ler estarão viradas do lado certo, e as sentenças que te farão compreender tudo cessarão dali em diante de ser indecifráveis. Não sê, pois, impaciente; a teu chamado, a noite te fará justiça, e perderás de vista tuas penas e tuas fadigas.

" – Uma pergunta ainda, disse Thomas, que escutara com grande interesse; as lâmpadas estarão acesas?

" – Naturalmente que não, disse a moça. Que pergunta tola! Tudo afundará na noite.

" – A noite, disse Thomas sonhador; então não te verei?

" – Sem dúvida, disse a moça; o que pensavas? É justamente porque estarás perdido pra valer nas trevas e não poderás mais nada constatar por ti mesmo que já estou te deixando a par. Não podes esperar ao mesmo tempo entender, ver e repousar. Aviso-te pois do que se passará quando a noite tiver te revelado sua verdade e estiveres em pleno repouso. Não é muito agradável para ti saber que em alguns instantes tudo o que desejaste saber se deixará ler sobre as paredes, sobre o meu rosto, sobre minha boca, em algumas palavras simples?

Que essa revelação não atinja a ti mesmo é na verdade um inconveniente, mas o essencial é estar seguro de que não se lutou em vão. Imagina desde agora a cena: eu te tomarei em meus braços e murmurarei em teu ouvido palavras de uma extraordinária importância, de uma importância tal que te transformarias se alguma vez as escutasses. Meu rosto, gostaria que pudesses vê-lo, pois será então, então mas não antes, que me reconhecerás, que saberás se encontraste aquela que acreditas ter procurado em todas as tuas viagens e pela qual entraste miraculosamente aqui, miraculosa, mas inutilmente; pensa na alegria que seria isso; desejaste acima de tudo revê-la e, quando penetraste nesta casa onde é tão difícil ser recebido, disseste para ti mesmo que finalmente te aproximavas da tua meta, que superaras o mais difícil. Quem teria podido mostrar tanta tenacidade na memória? Reconheço, foste extraordinário. Enquanto todos os outros, assim que põem o pé aqui, esquecem a existência que levaram até então, tu guardaste uma pequena lembrança e não deixaste se perder esse fraco indício. Evidentemente, como não pudeste impedir muitas lembranças de esvanecer, és ainda para mim como se mil léguas nos mantivessem separados. É com dificuldade se te distingo e se imagino que um dia saberei quem és. Mas daqui a pouco estaremos definitivamente unidos. Deitarei de braços abertos, te abraçarei, rolarei contigo em meio aos grandes segredos. Nós nos perderemos e nos reencontraremos. Não haverá mais nada para nos separar. Que pena que não possas assistir a essa felicidade!"

Aminadab, p. 239-241.

Colocar-se em jogo a "si mesmo" ou se colocar "em questão".[74]

Ninguém está, na busca de um objeto menor, realmente "em questão" (sua colocação em questão está então suspensa). O amor por um objeto menor, ainda que esse objeto seja um encadeamento dilacerante de palavras, obsta o dilaceramento do ser (a menos que, atingido o dilaceramento, a frase, não sendo mais o objeto esperado, mas a transição, seja a expressão do dilaceramento).

No amor desvairado pela chance, nada há que não esteja em jogo. A própria razão está em jogo. Se a faculdade discursiva intervém, o limite do possível é seu único limite.

A chance atual do ser humano resulta da colocação em jogo das chances naturais ou fisiológicas (as felizes proporções do homem, intelectuais, morais, físicas). A chance adquirida é o que está em jogo num questionamento incessante.

Mas a chance ao final se purifica, libera-se dos objetos menores, reduz-se à intimidade da chance. Não é mais a resposta feliz – entre mil outras – à simples colocação em jogo. No fim, a resposta é a própria chance (o jogo, a colocação em questão infinita). A chance é no fim a colocação em jogo de todo o possível, depende dessa colocação em jogo (a ponto de não poder ser distinta dela).

Ninguém chega a esse ponto senão ferido, esgotado. A vida não pode se manter nessa altura, e o chão sempre acaba faltando debaixo dos pés. Quem poderia decidir se é a chance – ou a máchance? Mas tudo, à mais leve dúvida, está perdido.[75]

O bem seria o machado de abatedouro do juiz, se ele próprio não estivesse em questão.

Quem retirasse, um instante que fosse, o bem do jogo beijaria a barra da túnica do juiz.

O bem só respira, ele e os seus, no alento do *amok*. O bem beija na lama a pegada do *amok*.

Se digo que o bem é a colocação em jogo, faço bater um coração na pedra.

A ideia de *bem*, viva em mim, ocupa aí o lugar do "homem do gancho". Um gancho de acaso dispôs dela. Isolada do caimento do telhado, do escorregão, da queda, do gancho, a ideia de *bem* se congela. Pertenço ao jogo: nenhuma ideia está em mim sem que imediatamente sua "colocação em jogo" a anime.

Deus expõe o horror de um mundo onde não há nada que não seja jogado, nada a salvo. Ao contrário, a multidão dos seres aleatórios responde à possibilidade de um jogo ilimitado. Se Deus existisse (se existisse de uma vez por todas, imutavelmente), no ápice desapareceria a possibilidade do jogo.

Não me amando mais, amo uma nuvem cinza, o céu cinza. A chance que me foge se jogaria no céu. O céu: laço oblíquo me unindo àqueles que respiram sob sua vastidão; unindo-me mesmo aos seres por vir. A questão da multidão dos seres particulares, de que modo suportá-la?

Obcecado pela ideia de saber a solução do enigma, um homem é um leitor de romance policial: no entanto, o universo poderia se parecer com o cálculo que um romancista deve fazer à nossa medida?

Não há solução do enigma. Nada é concebível fora da "aparência", a vontade de escapar da aparência culmina em mudar de aparência, não nos aproxima nem um pouco de uma *verdade que não existe.* Fora da aparência não há nada. Ou: fora da aparência *há a noite.* E: na noite *há apenas a noite.* Se houvesse na noite *alguma coisa*, que a linguagem expressasse, seria ainda a noite. O ser é ele próprio redutível à aparência ou não é nada. O ser é a ausência que as aparências dissimulam.

A noite é uma representação mais rica que o ser. A chance sai da noite, volta à noite, é a filha e a mãe da noite. A noite não é, a chance tampouco é. A chance, sendo aquilo que não é, reduz o ser à degradação da chance (uma chance que, retirada do jogo, busca a substância). O ser é, segundo Hegel, a noção mais pobre. Mas a chance, a meu ver, a mais rica. A chance é aquilo por meio do que o ser se perde no além do ser.[76]

Chamo de colocação em jogo o mundo visto da noite do não-saber. Isso difere das leis segundo as quais o mundo é posto em jogo.

Verdades jogadas como chances, apostadas na mentira do ser: jogam-se, serão rejogadas. As verdades que exprimem o ser precisam ser imutáveis.

O que significa: "eu teria podido ser fulano..."; um pouco menos louco: "se eu fosse Deus"? Uma repartição definitiva dos seres, garantida por Deus, ele próprio distinto dos outros, não é menos aterradora que o vazio, no momento em que meu corpo poderia se lançar nele. Impossível para Deus passar a borracha, apagar diferenças de sonho! para ele que, com toda evidência, é sua negação! Deus estaria a salvo da repartição. *Deus não é eu*: essa proposição me faz rir a tal ponto que, na solidão da noite, detenho-me: um riso tão franco torna minha solidão dilacerante. "Por que não sou Deus?" Minha resposta, pueril: "Eu sou eu". Mas "por que eu sou eu?" "Se eu não fosse eu, não seria eu Deus?" Meu terror é grande: nada sei, segurando-me ao puxador de uma gaveta, aperto-o entre os ossos dos dedos. Se Deus, por sua vez, dissesse para si mesmo: "por que eu sou eu?" ou "por que não ser esse homem que escreve?" ou "qualquer um?" Devo concluir: "Deus é um ser sem perguntas, Deus é um *eu* que conhece a razão pela qual ele deve ser o que ele é"? Assemelho-me a ele quando sou besta. No ponto a que cheguei, quão grande seria meu terror *se eu fosse ele*. Só minha humildade torna tolerável minha impotência. Se fosse todo-poderoso...

Deus está morto: a tal ponto que eu só poderia fazer escutar sua morte me matando.[77]

O movimento natural do conhecimento me limita a mim mesmo, me faz crer que o mundo vai terminar comigo. Não posso me deter nesse laço. Desgarro-me ou fujo-me, negligencio-me e só posso voltar a meu apego a mim mesmo pelo desvio de minha negligência. Só vivo sob a condição de me negligenciar, só me importo comigo sob a condição de viver.

O pequeno eu! volto a encontrá-lo: familiar, fiel, resfolegante: é mesmo *ele*. Mas o velho cão já não tem o desejo de ser tomado a sério. Até prefere, isto satisfaz sua malícia, ter a aparência um pouco louca de um cão de contos de fada. E mesmo, nos seus dias ruins, de um espectro de cão.[78]

Eu não tinha, por assim dizer, antes de nascer, nenhuma chance de vir ao mundo. Reporto-me à história das horas, dos minutos de minha família, evoco os encontros sem os quais *eu* não seria: eles foram *infinitamente pouco* prováveis.

O embuste mais risível: estando no mundo nessas condições, o homem concebeu um Deus à sua imagem! um Deus que diz eu de si mesmo![79]

Imaginar Deus: ser separado dos outros, ele diz de si mesmo EU, mas esse EU não teve calhar, não é o resultado de nenhum calhar. Tamanho absurdo transpõe para a escala da totalidade a noção que temos de nós mesmos. Deus é a espécie de beco sem saída onde o mundo – que nos destrói, que da mesma maneira destrói gradualmente aquilo que é – encerra nosso eu para lhe dar a ilusão de uma salvação possível. Esse eu mistura assim o deslumbramento de já não ser ao sonho de escapar da morte.

Se voltamos à simplicidade, o Deus da teologia não é mais que a resposta à nostalgia que o *eu* tem de ser finalmente *retirado do jogo*.[80]

O Deus da teologia e da razão nunca se coloca em jogo. Sem fim, o insustentável *eu*, que somos, se joga; sem fim, a "comunicação" o põe em jogo.

O calhar ele próprio – a origem – é "comunicação", os gametas se infiltram um no outro no coração da tempestade sexual.

A chance joga os seres em conjunções – em que, dois a dois, por vezes mais, sonham, agem, se amam, se execram, se dominam, se entrematam.

Um homem, antes da conjunção, se esquece de si mesmo atraído pelo ser amado. Como a chuva ou o raio suspensos, a criança calha nessa conjunção tempestuosa.[81]

Num sacrifício, a má-chance "consome a chance tempestuosamente", marca o oficiante "com o sinal nefasto" (torna-o sagrado). O sacrificante todavia não é má-chance, mas emprega a má-chance para os fins de uma chance. Em outros termos, uma consumação da chance pela má-chance é por vezes chance na origem e no resultado. Decerto, este é o segredo da chance: ninguém pode encontrá-la senão jogando-a, ninguém jamais a joga tão bem quanto perdendo-a.[82]

As prostitutas e os órgãos do prazer estão marcados "com o sinal nefasto". A má-chance é um copo de conteúdo medonho: tenho de enfiar o dedo nele. Poderia sem isso receber a descarga da chance? Em mim o riso e o raio brincam, mas assim que, esgotado, retiro-me do horrível jogo: a tempestade, um estrondo de sonho, uma parada do coração dão lugar ao vulgar sentimento do vazio.

Num momento de aflição, de inquietude, em que buscava desesperadamente aquilo que me liga à chance, tinha ainda de matar o tempo. Não queria então sucumbir ao frio. Para não sucumbir, quis encontrar o reconforto num livro, mas os livros que teria podido ler eram pesados, hostis ou tensos demais – à exceção dos poemas de Emily Brontë.

A inapreensível criatura respondia:

a grande risada do Céu explode sobre nossas cabeças,
a Terra jamais lamenta a Ausência.

Ela falava do tempo

em que seus cabelos de fino sol
se misturariam debaixo da terra às raízes da relva.[83]

1942-1943.

A divindade do riso

I
O calhar

Se o homem é um calhar, o que calha não é resposta à questão: é uma questão que calha. O homem interroga e não pode fechar a chaga que uma interrogação sem esperança abre nele: *"Quem sou eu? o que sou eu?"*.

Eu sou, o homem é – a colocação em questão daquilo que é, do ser onde quer que esteja, o questionamento sem limite ou o ser tornado o questionamento do próprio ser.[84]

Todo calhar, na medida em que calha (em que poderia não ter calhado assim), tem por fim o questionamento? A possibilidade de um número infinito de respostas diferentes (em lugar da resposta que ele é, nunca calhadas, não devendo nunca calhar) mantém seu caráter de questionamento. Cada calhar (cada ser) é o grito do questionamento, é a afirmação do aleatório, do *eventual*. Mas o homem é mais: o questionamento não é nele apenas como em cada estrela (ou como em cada animálculo), o homem conjuga todos os modos do questionamento nas formas de sua consciência, acabando por questionar a si próprio – reduzir-se a uma pergunta sem resposta.

Como calhar, o homem é o calhar do questionamento, tornando-se um ser subjetivamente (tendendo a sua autonomia na natureza, que assim se concebe ela própria no riso).

O desenvolvimento último do conhecimento é o da colocação em questão. Não podíamos ceder o passo indefinidamente à resposta... ao saber...: o saber, no último grau, deixa diante do vazio. No ápice do saber, não sei mais nada, sucumbo e tenho vertigem.

II
A vontade de rir

Sempre recuei diante do calhar: tinha medo de ser *o que eu era*: O RISO EM PESSOA![85]

Lentamente, a febre... uma obscuridade cresce, o mundo está em trabalho, veias das têmporas saltadas, suor frio... E os olhos queimando, a boca seca, um movimento perturbado precipita em minha garganta as palavras que me sufocam. Não desviei os olhos (às vezes, teria querido fazê-lo...).[86]

A chance de um insulta a desgraça do outro. Ou então a chance tem vergonha e se dissimula. Um mal-estar doentio se estabelece, e estou no coração do mal-estar.

Se rio agora, posso pagar por esse riso o preço de dores excessivas. Posso rir do fundo de uma miséria infinita. Posso rir também mantido pela chance.[87]

Ah! Pudera morrer disso... Morre-se sem rodeios hoje em dia. O último ato é duro – evidentemente. O que mais tenho a dizer?[88]

Poe e Baudelaire no nível do impossível: amo-os e queimo do mesmo fogo. Terei mais força, ou *mais consciência?*

Poe e Baudelaire mediam o impossível como crianças: muito quixotescamente e brancos de medo.[89]

"Junta tua vontade que os ratos roem!"

Minha vontade: deitar ao sol, à sombra, ler, um pouco de vinho (e essa pança ávida de comida quente, e gorda), paisagens brumosas, ensolaradas, desertas, risonhas, escrever enfim, redigir um livro[90] (atingir para esse fim o rigor, uma maestria contraditória com minha benevolência, minha puerilidade, concebo em vão o desígnio de escrever, salvo na medida em que estou abalado). Proponho-me uma trégua, um acordo comigo mesmo.

Minha vontade: o riacho que flui. Mal sou um homem. Armado de dentes? bocejo. Magistral, demonstro...? sonho. E fluo, ignorando quem sou, senão que me embriago e que embriago.

Evidentemente, nada posso *possuir* (é-me necessário todavia comer, beber, às vezes não fazer nada: para esse fim, o acaso, a chance... o que eu poderia sem a chance?).

Imensa contingência.

A alternância (do riacho que flui e da águia acima das águas). Meandros. Indescritível paisagem, frondosa, variada, feita de discordância e "risonha". Nela tudo desconcerta. O mal-estar segue a descontração como um cachorro, como um cachorro louco, fazendo círculos, aparecendo, desaparecendo. Falo de rir.

À minha direita, uma empena de tijolo furado. Um grande himenóptero entra, zumbindo, num buraco como em sua casa. No topo da empena, o céu está azul, violento, tudo está quebrado, tenho o sentimento do inexorável – que amo. Estou de acordo com o inexorável. Meu pai cego, desesperado, e, no entanto, os olhos perdidos na direção do sol. Minha janela domina o vale (de muito alto como em N.[91]). Sem abrigo, de acordo, extático, *como se o sangue escorresse de meus olhos.*

*Manter-se intangível a uma verdade racional? Atitude de N. (socrática). Não é comigo.

---

* 5 de abril de 1943.

Mergulho de cabeça. A água (engolidora) é o tempo. Mas preciso lutar contra a atração do repouso. Por vezes o repouso é impossível: imediatamente ele me atrai, e estou na angústia. Se ele é fácil, o perigo, recuado, não é menor.

Necessidade da alternância.

Necessidade, se for o caso, do perigo fabricado – *da angústia* – a fim de manter o movimento. A angústia, tanto quanto o medo, inevitável, *tem a vantagem* de tirar o repouso, ainda mesmo quando, em princípio, ele seria possível.

A angústia está ali, *por falta de ação*.

A ação é o efeito da angústia e a suprime.

Mas, na angústia, há mais que a preocupação com um perigo que exige a ação em resposta. A angústia é o medo, e ao mesmo tempo o desejo de se perder (um ser isolado deve se perder, deve, perdendo-se, comunicar). A angústia e o sentimento do perigo real se misturam: normalmente estão confundidos. Por vezes, *fujo* da pura angústia na ação; outras, não há ação que responda ao medo motivado: respondemos a ele então como se fosse à angústia (em particular nas formas primitivas: sacrifícios com fins úteis, quando só a ação...).

Diferentes momentos do nado nas águas do tempo:
a 1) preocupação real;
a 2) ação (gasto produtivo de energia);
a 3) descontração;
b 1) angústia;
b 2) perda de si parcial, explosiva... (dispêndio improdutivo, delírio religioso, mas as categorias religiosas se misturam com a ação, o erotismo é outra coisa, a risada atinge a inocência divina...);
b 3) descontração; etc.

Diferentes erros.
Eles se devem aparentemente, uns e outros, ao medo de nadar.

Um quer passar da preocupação, ou da angústia, ao repouso, sem agir. Outro prefere a preocupação (ou a angústia), tem horror ao repouso. Outro está aferrado constantemente à ação, outro ainda, obcecado por gozar. Ninguém *sabe* o que é o *nado*. Os métodos são contrários ao *nado*: cada um deles o *desensina*. O nado: o caos, a desordem encarnada; salvo por um pequeno detalhe (a consciência), é a doença, a neurose... Ninguém sabe nadar, só podemos *nos deixar ir* no nado: *não podemos querer a preocupação nem a angústia*. Somos renitentes a ponto de que a educação, as morais que nos damos são feitas para nos convencer – contra a evidência – da inanidade da preocupação, da angústia. Se, indefinidamente, os empreendimentos humanos tivessem êxito, a preocupação e a angústia seriam banidas, mas nem por isso o homem se harmonizaria com o fluir do tempo; ele seria apenas sua negação. O êxito, na medida em que ocorre, dá um revestimento, uma fachada (a vida de uma menininha rica...[92]).

A parte da ação útil e a da perda...

Outrora o homem tentava obviar à preocupação por meio de uma perda (o sacrifício religioso), hoje ele tenta obviar à angústia através da ação útil. A atitude presente é mais sensata (a antiga era pueril). Uma atitude verdadeiramente viril concederia à perda uma parte *não maior, porém mais consciente*.

Não posso *justificar* este princípio: *a angústia irredutível*. Em tais casos, nos recusamos a reconhecer o *injustificado*, por mais inevitável que ele seja.

*Todos estes dias, eu mudava de angústia... uma se seguindo à outra. Digo a angústia pela apreensão da desgraça, a angústia nua, evidentemente, não tem objeto, senão que o ser está no tempo, que o destrói. A confusão é necessária. Introduzo uma distinção: a angústia é o efeito de um desejo que engendra ele próprio, *de dentro*, a perda do ser; o temor, a apreensão, a preocupação são efeitos grosseiros causados *de fora* e que dizem respeito a necessidades (conservação, nutrição, etc.), mas, decerto, a cada nova apreensão, o que um ser dissimula de angústia abissal (de desejo) pode despertar.

A necessidade ameaçada é a do gozo exacerbado, a angústia está mais próxima que nos estados mais simples, como a fome, como o

---

* 8 de abril.

medo de um perigo imediato, comuns aos animais e aos homens. A insensível passagem do aumento à perda é implicada por um princípio: *a perda tem por condição o movimento de crescimento*, que não pode ser indefinido, que só se resolve na perda. É, no estado animal mais simples, a reprodução assexuada.

Uma perda parcial é para o ser um meio de morrer sobrevivendo. É loucura querer evitar o horror da perda. O desejo solicita o horror possível – no limite da intolerância. Trata-se de abordar a morte de tão perto quanto se puder suportar. Sem desfalecer – se preciso, mesmo desfalecendo.[93]

...e, se preciso, mesmo morrendo.

A alternância dos seis tempos (agrupados em dois movimentos: preocupação, ação, descontração – angústia, perda, descontração) implica no duplo movimento a alternância do carregamento e da emissão, da potência e da impotência. Mas, ao passo que a ação e a perda existem se opondo, fáceis de discernir, a preocupação está muitas vezes misturada à angústia. De modo que é preciso simplesmente dizer: é necessário, alternando, agir *em primeiro lugar*, a perda supondo a ação, o carregamento prévios – *depois* perder. A ação sem a preocupação não seria concebível. A perda se deve à profundidade abissal da angústia. Não pode haver aí um ritmo tranquilo. O dilaceramento – nunca deliberado – é introduzido – de fora pela preocupação, de dentro pela angústia – dentro, mas a despeito de uma vontade consciente, que é apenas implementação da *ação*.

*Relendo passagens escritas ano passado, lembro-me: eu sentia a morte, tinha frio na alma. Nenhuma angústia, mas o frio, o cansaço de ser *eu*, sem felicidade, sem excesso. E Deus? Na minha aflição, sua ausência não era mais suportável: as passagens relidas queriam que *ela* me pegasse pelo pescoço, demonstravam a *presença de Deus*. Deus vive, Deus me ama... assim resolvia as coisas meu sentimento

---

* 12 de abril.

de pavor. No mesmo instante anulava-se o que eu experimentara de contrário, anulava-se ou parecia se anular.

Pensei primeiro esta manhã, na cama, que Deus *era*, depois, suavemente, que eu, Deus ou sua ausência éramos igualmente *risíveis*: aparências risíveis.

Como, sem força juvenil, ai de mim! atingir a divindade do riso... Mas a juventude tem sangue demais! a impetuosidade de um *eu* a limita.

Acordo, no final das contas, com o homem simples, jovem e saudável, inimigo nato da firula. Desacordo com o cristão, o intelectual, o esteta.

Quando se vai até o extremo, o cristão, o intelectual, o esteta se dissolvem: estão fora de questão.

*Sempre a mesma ausência de harmonia, de razão. Às vezes feliz, beberrão, risonho. Mais tarde, na janela, sem fôlego, sob o clarão da lua que banha o vale, o terraço com suas fileiras de buxos. Um pouco depois, jogado no chão, no piso frio do quarto, implorando a morte em voz baixa.

As flores, tão belas nos bosques, o esgotamento da guerra (opressivo), as desordens diversas, os afazeres, a comida, tudo me paralisa, me incomoda, me anula.

Com o cair da noite cessa a agitação angustiada: vou para o terraço me estender na espreguiçadeira. Morcegos giram ao redor, seguindo como cegos, saem do depósito de lenha, do quarto onde nos lavamos, roçando os telhados, as árvores, os rostos. O céu está puro e empalidece, os cimos em ondulações se estendem ao longe, para além da calma dos vales. Descrevo cuidadosamente, com insistência, esses lugares onde imagino passar o ano: a casa estreita no meio de telhados escangalhados que se eriçam, dominam-se uns aos outros, uma longa faixa de terreno dividida por uma aleia de buxos forma

---

* 13 de abril.

o terraço: esse terraço, acima das muralhas do vilarejo, domina a extensão das florestas das colinas.[94]

Depois de uma longa descontração, a *ausência* do céu estrelado me fez rir.

Na angústia, cada uma das dificuldades encontradas é insuperável. Mas nula se estou descontraído.

Começada a descontração, sentia-me diminuído: não podendo fazer amor, fisicamente doente, verdadeiro farrapo. Na risada para as estrelas volta a vida explosiva...

*O primeiro efeito da angústia em mim: sentimento de uma impotência de fazer entrar no tempo os atos necessários. Rompido o acordo com o tempo, e o remorso decorrendo disso, sentimento de minha degradação. Diretamente em relação com o fato de escrever este caderno: estou em falta para com o projeto formado – em vez de rir em uníssono com o tempo.

Necessidade, por alternância, de se ligar ao tempo agindo – mas a ação, como o riso, exige a descontração prévia (é o segredo do movimento, do encadeamento rápido dos movimentos).[95]

Não poderia encontrar o que procuro num livro, e ainda menos colocá-lo em um. Tenho medo de procurar a poesia. A poesia é uma flecha disparada: se mirei bem, o que conta – que eu quero – não é nem a flecha nem o alvo, mas o momento em que a flecha se perde, dissolve-se no ar da noite: até mesmo a memória da flecha está perdida.

Nada a meus olhos é mais embaraçoso que o êxito.[96]

No êxito, é preciso implicar a aprovação dos dados naturais, e, na aprovação, alguma equivalência de Deus, que tranquilize e satisfaça.

É verdade: o riso é um êxito tão bizarro. A ação, a preocupação correspondem aos dados naturais: no riso é suspensa a preocupação: explode a armadura que a ação tinha posto em ordem.

---

* 14 de abril.

No entanto, ter êxito é resolver um problema. A existência se impõe a mim como um enigma a resolver. A vida, eu a recebi como uma prova a superar. Tenho grande dificuldade de não me fazer disso alguma fabulosa narrativa. Tudo é difícil: é preciso desnudar o enigma, retirar dele o caráter humano. Mesmo que seja verdade que uma armadilha está armada, que tudo venha de maquinações, seria presunção de minha parte imaginá-lo assim. A aparência é a ausência de razão de ser: a possibilidade de uma razão se introduz como uma dúvida sobre a ausência de razão, só isso. O resto é fatuidade, vertigem, desespero famélico ou devoto.

Não posso ter respeito por Jesus, bem pelo contrário, um sentimento cúmplice, no ódio pela apatia, pelos rostos apagados. O mesmo desejo de movimentos largos, ardentes, que pareciam impossíveis. Talvez também? a mesma ironia ingênua (uma confiança desvairada, que se abandona, mesclada de lucidez doente).

Que Deus nasça do sentimento de nossa miséria é algo que lança uma luz lamentável sobre a condição humana. Não podemos suportar a aflição. O sentimento da ausência de Deus está ligado ao horror pelas beatitudes.

E sempre *eu*! meu tempo, minha vida, neste momento, aqui: sou o vento agitando os espinhos? um canto de inumeráveis pássaros? a abelha me percebe, nuvens cegas...

Minha alegria ininteligível, o fundo do coração, a aranha negra... As papoulas campestres, o sol, as estrelas, posso ser mais, outra coisa que não um grito nas festas do céu? Desço em mim mesmo: encontro um luto eterno, a noite... a morte... e o desejo do luto, da noite, da morte.

Mas o penar, a amargura, o TRABALHO, as cidades sem festas, as cabeças curvadas, o latido das ordens (o ódio), as servidões que são latrinas?

Como a mosca infeliz, obstinada contra o vidro, mantenho-me nos confins do possível, e cá estou eu mesmo perdido nas festas do céu, sacudido por uma risada infinita. Mas LIVRE... (meu pai repetia sempre – alarmado por minha "rebeldia" – "o trabalho é a liberdade")... emancipado da servidão pela CHANCE.

Mas o trabalho, a liberdade, a chance, tudo isso não é mais que o horizonte terrestre do homem. O universo é LIVRE, não tem nada a fazer. Como a chance – ou o riso – poderiam se encontrar nele? A filosofia – prolongando a chance para além de si mesma – se situa na diferença entre o universo e o "trabalhador" (o homem). Contra Hegel: Hegel buscou estabelecer a identidade do sujeito-trabalhador com o universo, seu objeto.

Hegel, ao elaborar a filosofia do trabalho (é o *Knecht*, o escravo emancipado, o trabalhador, que na *Fenomenologia* se torna Deus), suprimiu a chance – e o riso.

(Rindo, *à minha maneira*, senti na contração do riso não sei quê de doloroso, de agonizante. Era terrível e delicioso. Era *são*.)

Sem má-chance, não pode haver chance *no universo* (o homem se revela assim o universo para si mesmo). Mas o homem – ou a chance – não alcança a si mesmo sem sobressaltos. A chance o desencoraja: ele a diviniza (nega-a, crucifica-a, prega-a à necessidade). A necessidade de *assegurar* a chance, de eternizá-la, é a maldição da chance de carne e osso, a apoteose de sua sombra projetada. A chance é primeiro recebida como uma catástrofe, um movimento de pavor responde a ela, seguido de um refúgio nas lágrimas: depois, lenta, terrivelmente, as lágrimas riem.

Paralelamente à dolorosa "metamorfose das lágrimas", prosseguiu, deixado como um sedimento pela agitação das águas, o trabalho da razão. O Deus teológico está na interferência desses movimentos.

*Ontem, o imenso zumbido das abelhas subindo nos castanheiros como um desejo de adolescente pelas garotas. Corpetes tirados, risadas vespertinas, o sol me ilumina, me aquece, e, rindo de morrer, desperta em mim o ferrão da vespa.

---

* 18 de abril.

Cada ser está inserido no ordenamento do mundo (o instinto dos animais, os costumes dos homens), cada um emprega o tempo como convém. Eu não, "meu" tempo, normalmente, é escancarado, escancarado em mim como uma ferida. Ora não sabendo o que fazer e ora me precipitando, não sabendo onde começa, onde acaba meu labor, agitando-me febril e em desordem, meio distraído. Contudo, *sei como lidar com isso...* Mas a angústia é latente e escorre em forma de febre, de impaciência, de avareza (medo imbecil de *perder* meu tempo).

Estava próximo do ápice... tudo está embaralhado. No instante decisivo, sempre tenho outra coisa a fazer.

Começar, esquecer, nunca "culminar"..., a meu ver, é o método certo, o único à altura de objetos que se *lhe* assemelham (que se assemelham ao mundo).

*Mas quando, mas como morrerei? aquilo que, decerto, outros saberão um dia e que eu nunca saberei.[97]

Um camponês na sua vinha lavra e pragueja contra um cavalo: suas ameaças gritadas fazem passar no campo primaveril uma sombra nefasta. Esse grito encontra outros: uma rede de ameaças torna sombria a vida. Como as pragas dos carreteiros, dos lavradores, as prisões, o trabalho em cadeia enfeiam tudo: as mãos, os lábios encarvoados antes da tempestade...

Não tenho repouso, não tenho mais ocupação. Sou pobre, gasto cada vez mais. Suporto mal isso (me viro cada vez pior). Vivo "ao sabor de cada minuto", não sabendo, frequentemente, o que fazer no instante seguinte. Minha vida é a mistura de tudo, do hedonista e da pirinola, do luxo, das cascas.

**Odeio a angústia que: a) me cansa; – b) faz da vida um fardo, me deixa incapaz de viver; – c) tira minha inocência. A angústia é culpa. O movimento do tempo exige a potência, o repouso.

---

* 19 de abril.

** 20 de abril.

A potência está ligada ao repouso. Na sexualidade, a impotência nasce de agitações excessivas. A inocência é, aliás, uma ideia abstrata, a ausência de culpa não pode ser negativa: ela é *glória*. Ou até o contrário: a ausência de glória é a culpa. Culpado significa sem acesso à glória.

Vou dormir. De antemão, meus sonhos apertam-me o coração. Lembro os das noites passadas, escombros desfazendo-se em pó. O que amo: as flores, o brilho do dia, a suavidade do ombro...

*Convoco a força juvenil, o elã, a beleza grave ou grácil de um canto. E, envelhecendo, as másculas melancolias da música.

O que amava de absurdo, de bizarro, era o brilho, o desejo de cegar, era a vida louca e fácil.

Quanto mais louca e ansiosa é a beleza, mais penoso é o dilaceramento. De qualquer forma, o penar dos homens tem a vastidão da miséria. Mas, na glória, o penar e a angústia se consomem.

Ao menor desfalecimento: o movimento da vida já não é mais tolerável. A possibilidade do desfalecimento é a base. O riso mais tímido absorve um desfalecimento infinito.

Escrevo ao amanhecer. Como se o coração fosse me faltar.

Na medida em que nenhuma possibilidade de glória me fascina, sou um dejeto miserável.

Superarei até mesquinhas dificuldades, a inviabilidade, a impotência. Tenho um pouco de medo de um riso que me dilaceraria com uma horrível alegria, tão louca que penso na faca de um assassinato.

O mais amargo é para mim o mal-entendido que desfigura a palavra "glória".

Mas ninguém pode negar aquilo que liga a existência humana ao que a palavra designa. É inútil dar de ombros: as mentiras de que

---

* 21 de abril.

a palavra foi ocasião não alteram o sentimento que temos dela. É preciso ir fundo, lá onde se revela a verdade física.

Toda a terra falou, viveu de glória, e não somente de glória armada. O sol é glorioso, o dia é glorioso. O que é glorioso não pode ser covarde. Não se segue daí que a glória se reduza ao brilho superficial de empreendimentos inconfessáveis. Ela está lá onde se afirma a vida: depende da chance, ou da vontade dos homens, que eles a afirmem de uma ou de outra maneira.

Não mais abandonar a glória aos caprichos de homens fúteis, que a despedaçam como as crianças aos seus brinquedos, depois fazem dinheiro com ela, vendem-na num pregão. Retirada de uma circulação cômica ou sórdida, subsiste dela uma chama juvenil, que consome o ser, animando-o com um movimento altivo, *harmonizando-o com o desejo dos outros.*

Uma fiel resposta ao desejo de todos é gloriosa aconteça o que acontecer. Mas a vaidade extraída da glória é seu murchar.

Ensino a moral mais feliz e, no entanto, mais difícil. Sobretudo porque suas dificuldades não podem ser superadas pelo esforço: não há ameaça nem chicote que venha em socorro do "pecador".

*Tenho pouca esperança. Minha vida me esgota... Tenho dificuldade em salvar meu humor de criança (a jovialidade do riso). A confiança e a ingenuidade são cruéis, evitam ver o esforço tenso sob a ameaça. Ninguém através de minhas dificuldades persistiria. Eu poderia preferir a morte. No limite de minhas forças nervosas...

Não me oponho menos que Hegel ao misticismo poético. A estética, a literatura (a desonestidade literária) me deprimem. Repugna-me a preocupação com a individualidade e com a encenação de si (a que cheguei a me entregar). Desvio-me do espírito vago, idealista, elevado, vou ao encontro do terra a terra e das verdades humilhantes.[98]

---

* 22 de abril.

Dificuldade elementar. O estado de lucidez em que estou agora (que a angústia suspende no momento mais forte) exclui a descontração, sem a qual não tenho mais o poder de rir. A ação comanda minha lucidez atual. Donde a impossibilidade de um estado de perda. Não poderia rir de novo senão tendo reencontrado a descontração e, por enquanto, não penso nisso.

Em vez de me esgotar nas contradições dos estados de perda, através dos quais é fatal nadar na contracorrente – sem vontade, por jogo, por meio de lances de dados –, tentarei mostrar a ação que comanda esses estados.

III
Riso e tremor

*Mas quem riria até morrer? (A imagem é louca, não tenho outra.)

Se minha vida se perdesse no riso, minha confiança seria ignorante e, por isso, seria uma total ausência de confiança. O riso desenfreado sai da esfera acessível ao discurso, é um salto que não pode se definir a partir de suas condições. O riso é suspenso, o riso deixa em suspenso aquele que ri. Ninguém pode se manter nele: a manutenção do riso é o pesadume; o riso é suspenso, não afirma nada, não apazigua nada.

O riso é o salto do possível no impossível – e do impossível no possível. Mas é apenas um salto: a manutenção seria a redução do impossível ao possível *ou o inverso.*

Recusar a "manutenção" de um salto: o repouso de um movimento!

É necessário agir desde o momento em que não se pode nem "saltar" nem ficar no lugar.

---

* 29 de abril.

Minha vida quebrada, picada, vivida na febre, sem nada que a ordene, ou que a ajude de fora, esse encadeamento de medos, de angústias e de alegrias exasperadas, exige um possível, uma modalidade acessível, uma ação pela qual responder ao desejo. Necessito não apenas amar, mas também conhecer um meio de ação que me conduza aonde possa amar. Devo descer a esses detalhes.

A condição do "riso" é *saber* resolver as dificuldades ordinárias da vida. É decisivo, talvez, perceber no riso essa necessidade estranha à tragédia: o espírito, na atitude trágica, é oprimido, semicristão (é: submisso à miséria inevitável), abandonado às consequências da degradação. O heroísmo é uma atitude fugidia: o herói escapa da desgraça com que oprime o vencido. Só no casamento o erotismo está ligado à preocupação com uma solução feliz. O casamento normalmente o rejeita para a margem, a irregularidade, as situações falsas ou nefastas. O erotismo inclina, aliás, para a ausência de solução que é o heroísmo. O riso banal – menor – é rejeitado como o erotismo para a margem e, como ele, tem apenas um lugar furtivo.

O riso de que falarei rechaça necessariamente a desgraça: não pode ser furtivo; ele limita o horizonte, o possível do homem.

Na calma, podemos alternadamente nos ligar ao riso, à excitação sexual, a espetáculos angustiantes. É preciso, na desgraça, amar mais firmemente. É frequente que a desgraça leve à atitude heroica. Ou às platitudes nascidas de sentimentos trágicos (a humildade cristã). O amor ligado ao riso – em que tudo é suspenso – em que não contamos mais senão com a chance – é dificilmente acessível: ele exige a pior tensão. Nesse caso, a tensão não tem o riso por fim, mas a luta contra condições desfavoráveis. (Disse "o amor": o amor pela vida, pelo possível e pelo impossível, não por uma mulher...)

O que funda a atitude poética é a confiança atribuída aos arranjos naturais, às coincidências, à inspiração. A condição humana é, no limite, redutível à contestação da natureza por si mesma (ao questionamento do ser por si mesmo). Contestação dada no ordenamento cego (no jogo de elementos diferenciados). A vida humana está ligada à lucidez – que não é dada de fora, adquirida em condições contrárias – lucidez feita de contestações contínuas de si mesma, que no fim se dissolvem no riso (no não-saber). A lucidez, a contestação não podem deixar de atingir a consciência dos limites – em que os resultados relativos vacilam, em que o ser é o questionamento de si mesmo.

*Na representação desse jogo – em que o ser é posto por si mesmo em questão – uma desaceleração do movimento daria a ilusão de uma satisfação acessível, e de uma lucidez sem falhas. Para dizer a verdade, a "lucidez" – sem falhas – não pode se deter nem por um instante sobre si mesma: ela se destrói esgotando sua possibilidade. Em nenhum momento de seu desenvolvimento a lucidez é independente do questionamento, seu último resultado é um ponto necessário ao questionamento derradeiro.

Às primeiras estrelas, estirado e crispado... Levanto, tiro as roupas, os sapatos e visto um roupão. Desço descontraído ao terraço. De lá olhei o "mundo" com a ideia de responder alegremente – altiva, loucamente –, com a precisão exigida, às dificuldades angustiantes.

**Acordo depois da meia-noite, sem saber, coberto de uma suadeira de angústia. Levanto, lá fora o vento sopra furioso, o céu está estrelado. Desço até a ponta do terraço. Engulo, na cozinha, um copo de vinho tinto. Percebo uma dificuldade a que nenhuma ação precisa responde: se sofro a consequência de um erro. Suponho meu erro imbecil ou culpável – mas irreparável –: é a situação do remorso...

A transparência resolve o remorso. Mas a transparência não resolveria nada se não levasse a existência à intensidade do riso (como o ferro é levado à incandescência).

No riso, o êxtase é solto, imanente. O riso do êxtase *não ri*, mas me abre infinitamente. Sua transparência é atravessada pela flecha do riso, saída de uma mortal ausência. Uma abertura tão louca implica

---

*   25 de abril.

** 26 de abril.

ao mesmo tempo o amor pela flecha e o desembaraço que nasce de um sentimento de triunfo.

Celebro rindo as núpcias do fracasso e da potência: o sentimento de potência atesta o sucesso de um elemento natural contra a natureza – elemento que coloca a natureza em questão –, mas a natureza triunfaria, escaparia do questionamento, se o elemento, triunfando sobre ela, ao triunfar a justificasse, por seu êxito: seria o triunfo da natureza, não o do questionamento da natureza. O *questionamento* quer ainda o fracasso, quer o *êxito do fracasso* (que seja o fracasso que tenha êxito): a pura lucidez não pode nesse sentido ir até o extremo, ela não é êxito do dilaceramento! O questionamento desliza para a indecisão de interferências e rupturas, como o riso.

Não sei o quê de escancarado e de mortalmente ferido, no riso, é a violenta suspensão que a natureza faz de si mesma.

Quando o homem triunfa sobre a natureza, fracassa ao mesmo tempo, tornando-se aquele que a natureza satisfaz. O homem é sempre uma danaide arquejante.

A extrema lucidez nunca é dada numa lucidez imediata, mas num desfalecimento da lucidez: assim que a noite cai o conhecimento é possível (o humor da febre no final de *Aminadab*, em que a existência se libera das perspectivas clássicas – idealistas, cristãs).

*O questionamento é o feito do ser isolado. A lucidez – e a transparência – são o feito do ser isolado.

Mas, na transparência, na glória, ele se nega como ser isolado!

Na medida em que o ser isolado se vê como uma existência natural, sem perceber em sua solidão o dilaceramento de todas as coisas – e de si mesmo – que ele é –, ele está em equilíbrio com a natureza. É, enfim, o repouso do ser isolado – a contestação cessa.

---

* 27 de abril.

Metido nas vias do questionamento: luto sem trégua contra o esgotamento. Essas vias vão contra a corrente natural que, a todo momento, eu gostaria de descer. Ainda mais que o questionamento furta infinitamente os resultados buscados: gozar de um resultado é voltar a descer. O mundo humano parece natural, sendo feito quase inteiramente de erosões.

Aliás, eu não poderia subir sem voltar a descer. Falta exatidão às palavras "subir", "descer". Subo descendo. Em mim mesmo a natureza se opõe à natureza. Só coloco a natureza em questão sob a condição de ser *ela*. Os domínios em aparência menos naturais – os escritórios, a esfera jurídica, os equipamentos... – têm, para com a natureza, uma independência relativa. Eles coexistem e não podem colocar em questão. Separam-se da natureza por uma solução de continuidade – por uma facilidade de contentamento até maior: a natureza permanece aberta à contingência. Se quero contestar a natureza, preciso me perder nela, não me isolar em minha função (como um "serviço" ou uma ferramenta).

O questionamento não é conciliável com o repouso, o enunciado se arruína à medida que o enunciamos; mesmo precipitado na possibilidade do movimento, meu pensamento escrito não pode esgotá-lo, já que, escrito, tem a imobilidade da pedra.

Não posso me deter nas expressões poéticas da possibilidade esgotante do movimento. A linguagem destruída ou desagregada responde ao lado suspenso, esgotante, do pensamento, mas só joga com ele na poesia. A poesia que não estiver engajada numa experiência que ultrapassa a poesia (distinta dela) não é o movimento, mas o resíduo deixado pela agitação. Subordinar a agitação infinita da abelha à coleta e à embalagem do mel é furtar-se à pureza do movimento; a apicultura se furta, e furta o mel à febre das abelhas.

Mais longe que a poesia, o poeta ri da poesia, ri da delicadeza da poesia. Do mesmo modo, a lubricidade se ri de tímidas carícias. Posso, num beijo, num olhar, introduzir um ardor venenoso, mas poderia me restringir aos olhares, aos beijos...?

Deus não é o limite do homem, mas o limite do homem é divino. Dito de outro modo, o homem é divino na experiência de seus limites.[99]

Deixo-me, perco-me – em certo sentido – e me reencontro, ainda uma vez, "afogado num copo d'água".

Falta-me bom humor, meu nariz cresce, embaraço-me em mim mesmo e nos outros.

No céu nublado, que o vento despedaça em rasgões infinitos, adivinhei a tragédia áfona das coisas, mais acuada que Fedra ao morrer e carregada dos horrores de Hécate...

*Ao ler Hegel, minhas feridas, minhas risadas, minhas "santas" lubricidades me parecem deslocadas, contudo, as únicas à altura de um esforço que concentra o homem em si mesmo.

Eu avançava por meio de escapadas breves e maliciosas, e sem perder de vista a origem, o impulso e a noite final.

**Frequentemente, Hegel me parece a evidência, mas a evidência é pesada de suportar.

Ela o será ainda mais na sequência. Uma evidência recebida no sono da razão perderá o caráter do despertar. Na história acabada, realizada a evidência, o homem trocaria seu caráter pelo da imutável natureza. Sinto-me ameaçado de morte. *Eu...*, mas, de todo modo, tamanha melancolia não é comunicável. Quer eu esteja errado ou certo, meu sentimento de despertar para a morte não pode mais que morrer comigo. Supondo-se que o homem continue a errar e a se dissolver em intermináveis desacordos consigo mesmo...; mas, supondo-se que, encontrando o acordo, ele desapareça como homem (o homem *é* o ser histórico, *é* ausência de acordo consigo mesmo...), a sobrevida da coisa escrita é a da múmia.[100]

A parte viva da burguesia é também sua parte doente (neurótica, gemebunda, irreal). No campo, uma população raquítica (um surdo-mudo,

---

*   3 de maio.
** 4 de maio.

de dez anos, no ônibus, tartamudeava pelo nariz: a – u – i – o –; sua mãe com cara de macaca passeava grossos lábios sobre suas têmporas – uma pequena núpcia na estrada: um jovial barrigudo de cabeça vermelhona de sapo tateava o seio de uma corcunda magricela e nariguda. Nesse momento, lamentava não ter à mão roupas de que gosto[101]: uma mulher barbuda de preto e bem-barbeada dominou a multidão do alto de um inominável peito). Mas, o que fazer? Recuso-me a fugir: sou homem e não posso me afastar nem dos momentos de fulgor nem das impotências.

Não posso me confundir com o mundo, que o meu valor não pode mudar. O mundo não é eu; pessoalmente, não sou *nada*. A folhagem e as flores da primavera, a diversidade sem limite e a terra ao pôr do sol deslizando com suas planícies, suas montanhas e seus mares, através dos céus... Mas se o mundo, em certo sentido, é o homem (aquilo que sou de ponta a ponta), é sob a condição de esquecê-lo (o que cai é a noite de *Aminadab*).

Este mundo ligado à vaidade quer uma loucura difusa, não me quer, a mim. É o homem em geral, a olhá-lo como um sonho ilimitado – só tendo sentido na noite (sobre o fundo do não-sentido), não sou eu, é o homem em geral – árabe, delinquente, juiz ou forçado – que o mundo quis.[102]

No sentimento de que o mundo em mim *se joga*, encontro a exultação, o acordo com a vaidade, a criancice, o cômico. Sou um lance de dados, essa é minha força. Fico feliz por descobrir em mim a violência de um lance que define a partida. A cega violência...

Tudo em mim se dirige a um ponto; a chance que eu teria sido, votando-me, para terminar, à degradação. Poucas vidas exigiram tanto penar (sob uma aparência de facilidade).

*Uma profunda aflição, uma malícia sorrateira me deram de Deus a experiência que têm dele os devotos. Mas esse lado papalvo

---

* 5 de maio.

deriva em mim da altivez. A gentileza, a independência e o desprezo pelas convenções me deram e me dão essa desenvoltura de jogador.

É no sentimento do jogo – de ser um Don Juan de todos os possíveis – que se encontram os recursos cômicos do meu caráter (e a origem em mim de um riso infinito).

O homem não nasceu para resolver os problemas do universo, mas para procurar onde começa o problema e a seguir se manter entre os limites do inteligível.

(Goethe, *Conversações com Eckermann*[103])

Mas o homem está suspenso no enigma que ele próprio é, e sua natureza insolúvel é a fonte nele da glória e do arrebatamento, do riso e das lágrimas.

Goethe concluía: "A razão do homem e a da divindade são duas coisas muito diferentes". Goethe, imagino, estava atacando a posição dominante de Hegel.

O esforço de Hegel parece nefasto e mesmo feio diante da alegria e do equilíbrio de Goethe. Hegel, no ápice do saber, não é alegre: "A consciência natural", diz ele, "confia-se imediatamente à ciência (palavra que designa aqui o sistema do saber absoluto), isso é para ela uma nova tentativa de andar de cabeça para baixo, que ela faz sem saber o que a leva a isso. Quando a consciência natural é obrigada a se mover assim, impõem a ela uma violência que parece desnecessária e para a qual ela não está preparada" (*Fenomenologia*, Prefácio, II, 2). Goethe parece vivo, dispondo ingenuamente dos recursos do mundo, em vez dessa posição forçada, um pouco ridícula. E, no entanto, só posso ser solto, desenvolto e, para melhor rir disso, *goethiano*, para *além* das misérias hegelianas.

Goethe acrescenta um pouco adiante: "Só devemos proferir as mais altas máximas na medida em que forem úteis para o bem do mundo. As outras, devemos guardá-las para nós mesmos; elas estarão sempre lá para difundir seu brilho sobre tudo o que fizermos, como a suave luz de um sol oculto". É estranho que uma riqueza verdadeira tenha a aparência cega, que o divino se deva à impotência; a posição forçada de Hegel ou, em Goethe, uma beleza de necrópole. Só me ilumina um "riso infinito".

Sem Hegel, teria tido de ser primeiro Hegel; e não tenho meios para tanto. Nada me é mais estranho do que um modo pessoal de pensar. Em mim, o ódio pelo pensamento individual (o mosquito que afirma: "eu, eu penso diferentemente") atinge a calma, a simplicidade; jogo, quando avanço uma palavra, o pensamento *dos outros*, aquilo que ao acaso respiguei de substância humana ao meu redor.

*A primavera matinal: lavar-se, barbear-se, escovar-se... cada manhã é um homem novo, lavado, barbeado, escovado.

E como preciso soltar de mim o dejeto de um dia, supero as obscuridades casuais (as dificuldades do pensamento).

Aquilo que chamo de noite difere da obscuridade do pensamento: a noite tem a violência da luz.

A noite é ela própria a juventude e a embriaguez do pensamento: ela o é na medida em que é a noite, o desacordo violento. Se o homem é desacordo consigo mesmo, sua embriaguez primaveril é a noite, suas primaveras mais suaves se destacam sobre o fundo da noite. A noite não pode ser amada no ódio pelo dia – nem o dia no medo da noite. Bêbada de beleza, de impudor, de juventude, a bacante dança com o personagem da morte. A dança maravilha por isto: cada um dos dois ama no outro o rechaço do que ele próprio é, e seu amor chega aos próprios limites onde a veia temporal estoura. Seu riso é o riso em pessoa... ambos são abusados, ambos abusam: um pouco mais pura, a noite seria a certeza do dia, o dia seria a da noite. A tensão nascida de um caráter suspenso é necessária ao desacordo de que o acordo procede: o acordo é tanto mais acordo na medida em que se recusa a sê-lo.

---

*   6 de maio.

IV
A vontade

Verdades profundas. À tarde no campo, um grande sol de maio, atrás das persianas do meu quarto, tenho calor, estou feliz, tirei meu casaco. A cabeça um pouco aquecida por um vinho generoso, mas tenho de descer às *latrinas*.[104]

Os dois movimentos do erotismo: um de acordo com a natureza e o outro de contestação, não podemos suprimir nem um nem outro. O horror e a atração estão misturados. A inocência e o fulgor servem ao jogo. No momento certo, a mais tola sabe a dialética.[105]

O que escrevo difere de um diário nisto: imagino um homem, nem jovem nem velho demais, nem fino nem sensato demais, mijando e cagando, simplesmente (alegremente), imagino-o refletindo (tendo me lido) sobre o erotismo e a contestação da natureza: ele veria então o anseio que eu tinha de levá-lo à *decisão*. Inútil fornecer a análise: que ele evoque o momento da excitação ingênua, mas suspeita, inconfessável: ele coloca a natureza em questão.

O erotismo é a beira do abismo: debruço-me sobre o horror insensato (o momento em que o globo ocular se revira na órbita). O abismo é o fundo do possível.

A gargalhada ou o êxtase nos colocam à beira do mesmo abismo, é o "questionamento" de todo o possível.

É o ponto de ruptura, do abandono total, a antecipação da morte.

Como nos maus momentos de uma guerra, o arbitrário é expulso dos caminhos que sigo. A fantasia, por não tender ao objeto preciso, não é tolerável. Impressiona-me em meus escritos uma ordenação tão rigorosa que, após um intervalo de vários anos, a picareta golpeie o mesmo lugar (negligenciadas as escórias). Um *sistema* de precisão relojoeira ordena meus pensamentos (mas nesse inacabável trabalho esquivo-me sem fim).

Eu pertenceria a uma espécie de homem um pouco transformada, que teria se superado: ela conduziria par a par a colocação em ação e a colocação em questão da natureza (o trabalho e o riso).

O conhecimento opõe à certeza da colocação em ação a dúvida final da colocação em questão. Mas a vida faz de uma a condição da outra, e vice-versa. A submissão à natureza – ao emaranhamento visto como providencial – é um obstáculo à *colocação em ação*. No mesmo sentido, a colocação em ação é por si mesma a contestação da natureza. Por outro lado, a impotência de colocar em ação, a preguiça poética, acarreta diretamente – ou por tabela – o recurso à autoridade divina (a submissão à ordem natural). A divina liberdade do riso exige a natureza submetida ao homem, e não o homem à natureza.

Estava olhando uma fotografia, tirada em 1922, em que estou num grupo – em Madri, sobre o terraço de uma casa. Estou sentado no chão, apoiado de costas em X. Lembro de minha atitude jovial, até elegante. Eu existia dessa maneira besta. No tempo, a realidade do mundo, da terra, se decompõe, como, num prisma, um raio de sol: o tempo a lança para todos os lados de uma vez. Os morros, os pântanos, a poeira e os outros homens não estão menos unidos, menos indistintos que as partes de um líquido. O cavalo e a mosca!... tudo está misturado.

ausência de trovão	absence de tonnerre
eterna extensão das águas chorosas	éternelle étendue des eaux pleurantes
e eu a mosca risonha	et moi la mouche hilare
e eu a mão cortada	et moi la main coupée
eu, eu molhava meus lençóis	moi je mouillais mes draps
e eu era o passado	et j'étais le passé
a cega estrela morta	l'aveugle étoile morte
cachorro amarelo[106]	chien jaune
está ali ele	il est là lui
o horror	l'horreur
uivando como um ovo	hurlant comme un œuf
e vomitando meu coração	et vomissant mon cœur
na ausência de mão	dans l'absence de main
grito	je crie
grito ao céu que	je crie au ciel que
não sou eu que grito	ce n'est pas moi qui crie
nesse dilaceramento de trovão	dans ce déchirement de tonnerre
não sou eu que morro	ce n'est pas moi qui meurs
é o céu estrelado	c'est le ciel étoilé
o céu estrelado grita	le ciel étoilé crie
o céu estrelado chora	le ciel étoilé pleure
caio de sono	je tombe de sommeil
e o mundo se esquece e se mija	et le monde s'oublie
enterrem-me no sol	enterrez-moi dans le soleil
enterrem meus amores	enterrez mes amours
enterrem minha mulher	enterrez ma femme
nua no sol	nue dans le soleil
enterrem meus beijos	enterrez mes baisers
e minha baba branca.[107]	et ma bave blanche.

Um homem tamborila sobre a mesa por uma hora, depois fica vermelho, outro tem dois filhos que morreram de tuberculose, e sua filha, louca, estrangula os dois filhos dela, etc. Uma ventania expulsa e precipita as coisas e aquilo que somos, com fúria, na inanidade. A fadiga faz sonhar com outro planeta. A ideia de fugir não é, na verdade, louca nem covarde. Queremos encontrar o que procuramos, que é apenas ser libertados de nós mesmos. É por isso que, ao encontrar o amor, temos tão puras ebriedades – e tão grandes desesperos quando o desencontramos. A cada vez o amor é o outro planeta, afundamos nele liberados do vazio dos tamborilamentos e da desgraça. De fato, no amor, deixamos de ser nós mesmos.

Isso contra a indiferença entorpecida de um leitor – um pouco mais adiante deixando este livro por quê? Que encontro consigo mesmo?

Isso contra os *quanto a mim*, as diferenças desejadas.

Faço da linguagem um uso clássico. A linguagem é o órgão da vontade (da colocação em ação), expresso-me sob o modo da vontade, que segue seu caminho até o fim. O que significa o abandono da vontade se falamos: romantismo, mentira, inconsciência, anfiguri poético.

Nada é a meus olhos mais válido do que, radicalmente, opor movimentos deliberados à ingenuidade de um dilaceramento extático. Não podemos fazer do êxtase uma meta almejada, e ainda menos o meio de obter outro resultado. A indiferença às vias de acesso não suprime o fato de que o êxtase supôs o acesso ao êxtase. Mas aquele que fala e atola em suas próprias palavras está necessariamente à procura das vias de acesso; demora-se em movimentos deliberados, não podendo recusar meios aos quais consente reduzir sua vida.

Percebo a necessidade de uma lucidez, de audácias e endurecimentos *imprevistos*. Tenho da pesada realidade o sentimento nu. O horror, incessantemente, deixa-me doente, mas tenho estômago para amar esse peso sem *reticências*. A existência precisa ir ao extremo, aceitar os limites reais e somente esses limites; sem isso, como rir? Se tivesse uma complacência que me detivesse no asco, se negasse o peso que não pude erguer, seria "liberal" ou cristão: como poderia rir?

O horizonte diante de mim (horizonte aberto). Para além dos vilarejos, das cidades e dos seres humanos que comem, falam, suam, tiram a roupa, se deitam. Como se não existissem. Do mesmo modo, os seres do passado. Do mesmo modo, os que existirão mais tarde. Mas a esse mundo de para além do morro ou do instante quero dar a transparência de frases como: "Mas a esse mundo..., etc.". O que sou não afeta Stendhal morto. Mas quem, por mim, fará mais do que faço por esse morto? Nesse além da colina e do instante, onda esgotada, morrerei... Entretempo, em minha cama, adormeci. Acordo: no horizonte, o céu está pálido, riscado pela luminosidade do sol já posto. Uma bela estrela de ouro, o crescente delicioso da lua no meio das nuvens leves, para além dos morros e do instante... O sono! arranco-me ao sono e escrevo, içando-me para melhor ver (e melhor ser visto) sobre o cimo da escrita. E poucos instantes depois, o sono de novo, esgotante como uma agonia.

Posso esperar sair de um estado de fadiga e de escoamento gota a gota na morte? E que chatice escrever um livro, lutando contra o esgotamento do sono, a desejar a transparência de um livro: luzinha deslizando de nuvem em nuvem, de um horizonte ao horizonte seguinte, de um sono a outro sono. Não abraço o que digo, o sono me abate, o que digo se decompõe na inércia vizinha da morte.

Uma frase penetrava mais fundo na decomposição das coisas, e eu já estava dormindo... Esqueci-a. Acordo, escrevo estas poucas palavras. Já tudo cai: no desabamento de cascalhos do sono.

Não ser mais que um campo, na bruma da manhã, sobre o qual teria grasnado esse corvo.

Escrevo como o pássaro canta com, ai de mim! de manhãzinha, um aperto de angústia, de náusea: extenuado pelos sonhos da noite! Repito para mim mesmo: "Um dia estarei morto, MORTO!". E o esplendor do universo? nada. Todos os sentidos se anulam, compõem outros novos; inapreensíveis como saltos. Tenho na cabeça um vento violento. Escrever é partir alhures. O pássaro que canta e o homem que escreve se libertam. De novo o sono e, a cabeça pesada, caio prostrado.

E agora, finda a noite, aonde vou? minha força é a de rir disso, minha felicidade a de nada saber sobre isso.

Rio disso infinitamente, mas, estando vivo, quero rir: o riso supõe a vida animada, a vontade ardente.

Faço amor como se chora, e só o riso é altivo, só o riso embriaga com uma certeza de triunfo. O homem ao sabor da corrente, que não faz *sua* própria vontade (mas a de Deus ou da natureza), tem pouco ânimo para rir, ignora o infinito do riso.

O riso é como o pé, vive arrombado pelo calçado e pelo uso...

Não escrevo para este mundo aqui (sobrevivência – expressamente – daquele de que saiu a guerra), escrevo para um mundo diferente, para um mundo sem deferências. Não tenho o desejo de me impor a ele, imagino-me silencioso nele, como que ausente. A necessidade do apagamento incumbe à transparência. Nada me opõe às forças reais, às relações necessárias: só o idealismo (a hipocrisia, a mentira) tem a virtude de condenar o mundo real – de ignorar sua verdade física.[108]

O que sou a mais que o raio de uma estrela morta? O mundo de que sou a luz está morto. É penoso para mim ter de suprimir a diferença entre essa morte real e minha vida postiça.

De um mundo moribundo ou morto, e se decompondo, o que na vastidão subsiste em forma de luz é a negação deste mundo aqui (de sua verdade, de sua ordem). Não é a expressão do mundo que seguirá. Mensagem de um mundo ao outro?... um velho, ao morrer, deixa um sinal de vida? mas, da inanidade que conheci, quem fará a experiência, depois de nós? quem poderia então lançar o grito de uma vida dispondo de todos os possíveis e morrendo, em chamas, de um excesso de facilidade?

Leio o *Diário* de Stendhal, 30 de março de 1806:
"Madame Filip está deitada num divã em seu salão amarelo cuja chave sua indolente filha finalmente encontrou. Dá um arroto que me provoca verdadeiro asco dela. Aspecto e suspiros voluptuosos, sobretudo respirando a fumaça do *amadou*.* Eis como se morre!"

. . . .

---

* Substância esponjosa proveniente de diversos cogumelos utilizada para acender o fogo. (N.T.)

"Antes disso, Samadet se cobriu de ridículo aos olhos de apenas vinte pessoas, como Pacé e eu. Duetos ingleses, voz falsa. Que necessidade de sensações tem essa pobre sociedade! Quanto se deve temer entediá-la com a futilidade dos objetos, desde que não se seja obscuro, o que a gente se torna a partir do momento em que se tem espírito. O íntimo de Wildermeth bem visto esse dia."

"Esse homem estudou a dignidade; seu aspecto limpo, seu porte, alguma coisa de cruel, de magro e de distinto na fisionomia, tudo concorre para lhe dar esse gênero, o mais limpo de todos. Se esse caráter fosse de sua escolha, isso suporia mais espírito do que ele demonstra. De resto, duro, sem gosto nem graça, mas Lovelace de Marselha, sedutor pelo sentimento."

O homem? Samadet, Wildermeth?...
No fundo do poço: Samadet canta em sociedade...
De encontro a isso, um cavalo numa rua de A., preso por uma corda ao muro. A corda anulava sua enorme cabeça: desgraça inexistente. Ele devia escoicear. Era como o muro ou o chão.[109]

Ninguém pode renunciar a sua cabeça (abandonar a autonomia). O próprio Wildermeth é um cavalo, um músculo, um fragmento (toma-se por mais que isso). A altivez não pode ser localizada, no entanto ela existe. Frequentemente sou humano, sou rebelde! Um pouco depois? cavalo ou Samadet.

Não esqueço nada. Falo a Samadet: só a tolice (só Samadet) me lê, um cavalo não lê. Amor próprio, tolice, aquilo que a terra nega ao girar. Pois sou teu coveiro, Samadet leitor! e tu não existias.

Toda noite, uma estrela no mesmo ponto do céu. Sou relativo à estrela. A estrela é talvez o imutável, e eu, que a olho, eu poderia não ser (eu, outro, nenhum outro). A absurdez do *eu* das pulgas ou das moscas se desconjunta na absurdez da estrela.

Nada mais que uma estrela...
Não importa que estrela – simplesmente estrela... O homem *é* quando sabe que não é! A matéria *é*, na medida em que dissolve um homem e, pela podridão, expõe sua ausência.

O *eu* opaco mantém o universo na opacidade...

Seria vão querer obviar a isto: a humildade cristã é infeliz, ela é, sobretudo, contraditória, está ligada à inamovível obsessão do *eu*! Pensem na imortalidade monstruosa dos *eus* do inferno e do paraíso! pensem no Deus do *Eu*, que ordenou sua multiplicação delirante!

Adoraria não ver em *mim* mais que a relação com alguma outra coisa. Na verdade, o homem, ou o *eu*, reporta-se à natureza, reporta-se àquilo que ele nega.

Reportando àquilo que nego aquilo que sou, só posso rir disso, desconjuntar-me, dissolver-me.

O riso não nega apenas a natureza, em que geralmente o homem está emaranhado, mas a miséria humana, em que a maior parte dos homens está ainda emaranhada.[110]

O idealismo (ou o cristianismo) reportava o homem àquilo que, no homem, nega a natureza (à ideia). Vencida a natureza, o homem que a domina tem o poder de se reportar àquilo que ele domina: tem o poder de rir.

O orgulho é a mesma coisa que a humildade: é sempre a mentira (Wildermeth ou São Benedito Labre). O riso, sendo o contrário do orgulho, é por vezes o contrário da humildade (ninguém ri no *Evangelho*).

Só posso adorar ou rir (triunfo pela inocência).

V
O rei do bosque

Já disse tanto. Meu testemunho? incoerente! Eu era a luz ao sabor das nuvens, fazendo-se e desfazendo-se. A fraqueza em pessoa. À medida que se desprendia de mim o hábito humano — e a morte me atou! —, a covardia, a lassitude e o tédio de viver me desfizeram.

A necessidade pessoal de agir, a fim de me apoderar das possibilidades da vida, desmoraliza-me; a necessidade de gozar me ata.[111]

Sou fraco, angustiado. E a *vertigem*, a todo instante, quebra-me as pernas. De repente, minha dor trespassa o céu, ela adivinha, a *insensata...* (tenho a força de rir disso).

Não tenho na terra ou no céu nenhum refúgio.

Deus não tem outro sentido: um pretenso refúgio. Mas o refúgio não é nada comparado à ausência de refúgio.

A ideia de Deus, as ternuras, as suavidades que lhe estão ligadas são prelúdios à ausência de Deus. Na *noite* dessa ausência, as sensaborias e as delicadezas desapareceram, reduzidas à inconsistência de uma recordação infantil. Aquilo que se mistura em Deus de horrível grandeza anuncia nele a *ausência* em que o homem fica nu.[112]

No ápice, o homem fica pasmo. Ele é, *no ápice*, o próprio Deus. É a ausência e o sono.

A dialética do *eu* e da totalidade se resolve em minha exasperação. A negação do *eu* na medida em que ele se acredita obrigado a se confundir com a totalidade é a base dessa dialética. Mas, sobretudo, seu movimento quer que nela o próprio questionamento substitua o ser posto em questão: ela substitui Deus. Posta em questão a totalidade, subsistindo apenas o questionamento, o que é posto em questão dessa maneira não pode mais receber nome que o defina. A colocação em questão permanece o feito do ser isolado, mas aquilo que, em primeiro lugar, é posto em questão é o próprio ser isolado.

Logo de saída, a dialética está assim no impasse. Aquele que interroga, aquele que fala, suprime-se ao interrogar. Mas aquele que naufraga nessa ausência – e nesse silêncio –, do fundo desse silêncio, é o *profeta* daquilo que se perde na ausência... É o depreciador de Deus, o depreciador dos seres cuja presença se manifesta por meio de frases. É o grande cômico e, no mesmo instante, o depreciador do grande cômico... A multidão daqueles que falam e, falando, não param de dizer *eu* procede dele! emana de sua ausência! emana de seu silêncio![113]

No entanto, não posso me apagar...: a afirmação que faço de mim mesmo neste livro é ingênua. Não sou, em verdade, mais que o riso que me toma. O impasse em que afundo, e no qual desapareço, não é mais que a imensidão do riso...

 · · · · · · · · ·

 · · · · · · · · ·

 · · · · · · · · ·

Sou o rei do bosque, o Zeus, o criminoso...

 · · · · · · · · ·

 · · · · · · · · ·

 · · · · · · · · ·

 · · · · · · · · ·

Meu desejo? sem limites...

Eu podia ser o *Todo*? Pude sê-lo – risivelmente...

Eu saltei, de través saltei.

Tudo se desfez, se desconjuntou.

Tudo em *mim* se desfez.

Eu poderia por um só instante parar de rir?

(Nada mais que um homem, análogo a outros.
Preocupado com as obrigações que lhe cabem.
Negado na simplicidade da grande maioria.
O riso é um relâmpago, nele mesmo, em outros.)

Nas profundezas de um bosque, como no quarto onde os dois amantes se desnudam, o riso e a poesia se liberam.

Fora do bosque, como fora do quarto, a ação útil prossegue, à qual cada homem pertence. Mas cada homem, em seu quarto, retira-se dela...; cada homem, ao morrer, retira-se dela... Minha loucura no bosque reina soberana... Quem poderia suprimir a morte? Ponho fogo no bosque, as chamas do riso crepitam.

O furor de falar me habita, e o furor da exatidão. Imagino-me preciso, capaz, ambicioso. Devia ter me calado e falo. Rio do medo da morte: ele me mantém acordado! Lutando contra eles (contra o medo e a morte).

Escrevo, não quero morrer.

Para *mim*, estas palavras, "estarei morto", não são respiráveis. Minha ausência é o vento do fora. Ela é cômica: a dor é cômica. Estou, a salvo, dentro do meu quarto. Mas e o túmulo? já tão vizinho, seu pensamento me envolve da cabeça aos pés.

Imensa contradição da minha atitude!

Alguém já teve, tão alegremente, essa simplicidade de morto?

Mas a tinta transforma a ausência em intenção.

O vento do fora escreveria este livro? Escrever é formular minha intenção... Quis esta filosofia *"de quem a cabeça do céu era vizinha –* e cujos pés tocavam no império dos mortos". Espero que a borrasca desenraize... Neste instante, alcanço todo o possível! alcanço o impossível ao mesmo tempo. Atinjo o poder que o ser tinha de chegar ao contrário do ser. Minha morte e eu, penetramo-nos no vento lá de fora, em que me abro à *ausência de mim*.[114]

Recordo perto do topo de uma montanha (o Etna) um refúgio aonde cheguei depois de uma caminhada esgotante, duas ou três horas da qual feitas à noite. Nenhuma vegetação (a partir de dois mil metros), apenas pó de lava preta; a três mil metros de altitude, um frio horrível (formava gelo) em pleno verão siciliano. O vento mais violento. O refúgio era um casebre comprido que servia de observatório; sobre o casebre havia uma pequena cúpula. Dei uma saída, antes de dormir, para satisfazer uma necessidade. Imediatamente o frio me tomou. O observatório me separava do topo do vulcão: eu contornava a parede, procurando, sob o céu estrelado, o lugar propício. A noite estava relativamente escura, eu estava bêbado de cansaço e de frio. Ultrapassando a extremidade do refúgio, que me protegera até ali, o vento violento, imenso, tomou-me com um barulho de trovão, eu estava diante do espetáculo estarrecedor da cratera, 200 metros acima de mim: a noite não impedia de ter uma noção de seu horror. Recuei apavorado para me abrigar; então, juntando coragem, voltei: o vento estava tão frio e tão tonante, o cume do vulcão tão carregado de terror que aquilo era quase insuportável. Parece-me hoje que nunca o *não-eu* da natureza me pegou pelo pescoço com tanto furor (aquela escalada, sempre penosa, e que eu longamente desejara – fizera a viagem à Sicília para aquilo – superava o limite de minhas forças; eu estava doente). O esgotamento me impedia de rir. Contudo, o que escalava o pico comigo não era senão um riso infinito.

Um desejo desvairado (o de me expressar até o limite): mas, no final, rio disso.

Aquilo que se ama acontece como se espirra. Minha ausência de preocupação se exprime em vontade. Vi que devia *fazer* isto ou aquilo: e o faço (meu tempo não é mais essa ferida escancarada).

1943.

Apêndice

(Carta a X.,* encarregado de um curso sobre Hegel...[115])

*Paris, 6 de dezembro de 1937***

Meu caro X.,

A acusação que o senhor me faz me ajuda a me expressar com uma precisão maior.[116]

Admito (como uma suposição verossímil) que desde já a história esteja acabada (faltando apenas o desenlace).*** Minha maneira de ver as coisas é, no entanto, diferente da sua...[117]

Seja como for, minha experiência, vivida com muito rigor, me levou a pensar que eu não tinha mais nada "a fazer". (Não estava disposto a aceitar isso e, como o senhor viu, só me resignei depois de ter me esforçado.)

Se a ação (o "fazer") é – como diz Hegel – a negatividade, a questão se coloca então de saber se a negatividade de quem não tem

---

* Alexandre Kojève. (N.T.)

** O rascunho desta carta, dado como destruído (ou perdido) em "As desgraças do tempo presente" (p. 77), estava guardado junto aos fragmentos de um livro começado, publicados neste Apêndice. Esta carta inacabada não foi recopiada, mas o rascunho foi comunicado a seu destinatário.

*** Talvez erroneamente, erroneamente ao menos no que tangia aos 20 anos que se seguiriam. X. imaginava próxima a solução revolucionária do comunismo.

"mais nada a fazer" desaparece ou subsiste no estado de "negatividade sem emprego": pessoalmente, só posso decidir num sentido, já
que eu mesmo sou exatamente essa "negatividade sem emprego" (eu
não poderia me definir de maneira mais precisa). Aceito que Hegel
tenha previsto essa possibilidade: mas é certo que não a via como o
resultado dos processos que descreveu. Imagino que minha vida – ou
seu aborto, melhor ainda, a ferida aberta que minha vida é – constitua
por si só a refutação do sistema fechado de Hegel.

A questão que o senhor coloca a meu respeito é a de saber se sou
negligenciável ou não. Coloquei-a muitas vezes para mim mesmo,
obcecado pela resposta negativa. Além disso, como a representação
que faço de mim mesmo varia, e me acontece de esquecer, compa-
rando minha vida à dos homens mais notáveis, que ela poderia ser
medíocre, muitas vezes me disse que no ápice da existência poderia
não haver nada que não fosse negligenciável: ninguém, de fato, poderia "reconhecer" um ápice que seria a noite. Alguns fatos – como
uma dificuldade excepcional sentida em me fazer "reconhecer" (no
plano simples em que os outros são "reconhecidos") – levaram-me a
considerar séria, mas alegremente, a hipótese de uma insignificância
sem apelo.

Isso não me inquieta, e não associo a isso a possibilidade de
nenhum orgulho. Mas eu não teria mais nada de humano se aceitasse
antes de ter tentado não soçobrar (aceitando, teria chances demais de
me tornar, além de comicamente negligenciável, amargurado e vin-
dicativo: então seria preciso que minha negatividade se reencontrasse).

Aquilo que digo o leva a pensar que uma desgraça se aproxima,
e nada mais: achando-me diante do senhor, não tenho outra justifi-
cação de mim mesmo além daquela de um bicho gritando com o pé
preso numa armadilha.

Não se trata mais, em verdade, de desgraça ou de vida, mas apenas daquilo que se torna a "negatividade sem emprego", se é verdade
que ela se torna alguma coisa. Sigo-a nas formas que ela engendra não
primeiramente em mim mesmo, mas em outros. O mais das vezes, a
negatividade impotente se faz obra de arte: essa metamorfose, cujas
consequências são reais, normalmente responde mal à situação deixada
pelo acabamento da história (ou pelo pensamento de seu acabamento). Uma obra de arte responde eludindo ou, na medida em que sua

resposta se prolonga, ela não responde a nenhuma situação particular, responde pior ainda àquela do fim, quando eludir não é mais possível (quando chega *a hora da verdade*). No que me toca, a negatividade que me pertence só renunciou a se empregar a partir do momento em que não tinha mais emprego: é a de um homem que não tem mais nada a fazer, e não a de um homem que prefere falar. Mas o fato – que não parece contestável – de que uma negatividade que se desvia da ação se expresse em obra de arte não deixa por isso de estar carregado de sentido quanto às possibilidades que subsistem para mim. Indica que a negatividade pode ser objetivada. Fato que, aliás, não é propriedade exclusiva da arte: melhor que uma tragédia, ou que uma pintura, a religião faz da negatividade o objeto de uma contemplação. Mas nem na obra de arte nem nos elementos emocionais da religião a negatividade é "reconhecida" *como tal*. Pelo contrário, ela é introduzida num sistema que a anula, e só a afirmação é "reconhecida".[118] De modo que há uma diferença fundamental entre a objetivação da negatividade tal como o passado a conheceu e aquela que permanece possível *no fim*. De fato, o homem da "negatividade sem emprego", não encontrando na obra de arte uma resposta à questão que ele próprio é, só pode se tornar o homem da "negatividade *reconhecida*". Ele compreendeu que sua necessidade de agir não tinha mais emprego. Mas essa necessidade, não podendo ser enganada indefinidamente pelos engodos da arte, um dia ou outro acaba sendo reconhecida pelo que é: como negatividade vazia de conteúdo. A tentação se oferece ainda de rejeitar essa negatividade como pecado – solução tão cômoda que não se esperou para adotá-la a crise final. Mas como essa solução já foi encontrada, seus efeitos estão esgotados de antemão: o homem da "negatividade sem emprego" praticamente não dispõe mais dela: na medida em que ele é a consequência do que o precedeu, o sentimento do pecado não tem mais força nele. Está diante de sua própria negatividade como diante de uma parede. Por maior que seja o mal-estar que sente, sabe que nada poderia ser afastado de agora em diante, já que a negatividade não tem mais saída.[119]

(Fragmento sobre o conhecimento, a colocação em ação e a colocação em questão)

*De um lado, considero os dados do conhecimento prático e, do outro, o questionamento pelo homem de tudo aquilo que é, da natureza e de si próprio (pois, opondo-se à natureza, sendo seu questionamento, ele não poderia efetuar essa oposição sem se opor a si mesmo, sem ser ao mesmo tempo o questionamento de si mesmo).

Os dados do conhecimento prático estão na base de repostas que fazem recuar a colocação em questão, reportando-a para mais longe e para mais tarde. De fato, o questionamento se faz de início sob formas limitadas; ainda que tenha em si mesmo um conteúdo ilimitado, procuramos a origem, a razão de ser e a explicação de uma coisa ou outra, perdendo de vista que nossos resultados, quanto ao desejo em jogo no conhecimento especulativo, têm o sentido de um degrau da escada que leva à noite... Em realidade, a ciência desinteressada, a filosofia, e a dialética que resume seu movimento, são fatos *de interferência* entre o conhecimento prático – a certeza ligada à *colocação em ação* – e a *colocação em questão* infinita. Mas a despeito desse caráter híbrido – entre o sentido e a perda de sentido – o desenvolvimento do conhecimento além de seus resultados grosseiros não é um exercício vazio. Até do ponto de vista da eficácia prática, o conhecimento dialético é aplicável ao menos num domínio preciso. Como esse desenvolvimento duplo pode ter um sentido? Em outros termos: como e em que limites um movimento de interrogação sem saída pode enriquecer o conhecimento prático?

---

* 8 de maio.

A priori, a eficácia de uma contestação não deve nos surpreender. A natureza esgotante da interrogação metafísica não pode ser eliminada de nenhuma maneira, mas o esforço infeliz no plano de um questionamento que só tem por fim a si mesmo pode culminar no plano da atividade e do conhecimento grosseiro, a autenticidade provando-se então pela colocação em ação.

O conhecimento prático grosseiro,
o conhecimento científico
e a dialética

A evidência primeira é a do trabalho, da ferramenta, do objeto fabricado e da relação regular entre o trabalho e o objeto; o saber elementar é o saber fazer. Meu conhecimento de um objeto que fabriquei é um conhecimento pleno e satisfatório, a que me esforço por reportar o conhecimento que tenho de outros objetos – os objetos naturais, eu mesmo ou o universo. Mas as proposições resultantes do saber fazer são enunciados *lógicos*. A partir de evidências grosseiras, a linguagem ordena um encadeamento de situações equivalentes. Substitui assim o critério do saber fazer pelo do rigor matemático, que inicialmente não é mais que seu enriquecimento. Essa substituição, por um lado, estende da maneira mais útil as possibilidades técnicas; por outro, introduz através de um deslizamento a evidência para além das possibilidades de ação (no domínio da especulação). Mas logo a evidência que assim se move no interior da linguagem assume um aspecto dialético. De início, a evidência formal e rigorosa se opõe à evidência imediata. Ela toma emprestado à primeira o sentimento de convicção, a certeza do "eu posso". Mas recusa seu caráter exterior. Essa primeira operação desenvolve já as possibilidades da dialética: a linguagem, ao mesmo tempo que enuncia proposições positivas, abre uma ferida em nós por meio da interrogação. O que a oposição de duas evidências traduz é já a "colocação em questão" da evidência, e todo questionamento traz em si a interrogação infinita para a qual não há resposta concebível e na qual a ausência de resposta é obscuramente *desejada*.

Se, de uma noção grosseira, digo que ela me engana, como de minha crença na dureza de um pedaço de madeira – expressão da consistência sólida e da indubitável realidade material –, digo isso em proveito de uma representação científica do mesmo objeto, mas, qualquer que seja, a nova representação está comprometida na dialética de um questionamento infinito. Uma vez contestada a certeza ingênua do pedaço, a nova certeza, que tem por fundamento o questionamento, se mantém num movimento. A cada etapa, a certeza do "eu posso" se encontra sob uma nova forma: cada modo de representação do real se funda sobre uma colocação em ação, sobre uma experiência possível.

Assim, a própria ciência tem um caráter dialético na medida em que tem por fundamento a colocação em questão.

A filosofia

Mas a ciência ainda não procede mais que a um questionamento exterior: recusando as qualidades sensíveis a que estava ligada a certeza imediata, contenta-se em substituí-las por quantidades. E quando sai do domínio em que a medida exata é possível, recorre à equivalência das conexões. Mas nunca busca uma compreensão fundamental de seus objetos. Ela não pode estender, é verdade, seu modo de compreensão exterior à totalidade – que não se deixa reduzir à explicação por igualdade e só arbitrariamente pode derivar de um conhecimento que tem o *saber fazer* por base. Essa impotência, que abre o campo para o questionamento infinito, não deixa por isso de ser tida por insignificante, e com razão: ela é, além disso, minimizada pelo fato de que a ciência considera com repugnância os problemas que não consegue resolver. Assim, a colocação em questão nunca supera através dela a inquietação necessária à atividade.

Só a filosofia se reveste de uma estranha dignidade pelo fato de assumir o questionamento infinito. Não são os resultados que lhe valem um prestígio discutível, mas apenas o fato de que ela responde à aspiração do homem que exige a colocação em questão de tudo aquilo que é. Ninguém duvida de que a filosofia seja muitas vezes ociosa, uma maneira desagradável de explorar talentos menores. Mas quaisquer que sejam os preconceitos legítimos a seu respeito, por mais falaciosos (desprezíveis e mesmo odiosos) que sejam seus "resultados", sua supressão se choca com esta dificuldade: que essa falta de resultados reais é justamente sua grandeza. Todo seu valor está na ausência de repouso que ela mantém.

(Dois fragmentos sobre a oposição entre
o homem e a natureza)

I

Não é como coisa definida que o homem entra em choque com a natureza (e tampouco é como coisa definida que a natureza está em oposição com o homem).

É como esforço de autonomia.

Esse esforço tem lugar num sentido ou no outro, de acordo com as posições eventuais.

Em princípio, a natureza surge como emaranhada; a existência humana é então aquilo que tenta se desprender do emaranhamento, reduzir-se à pureza de princípios racionais.

É assegurada nesse movimento a dominação da natureza pelos homens: a natureza é posta em ação por aqueles que a sujeitam, fazem-na servir à autonomia deles.

Mas em toda posição (cada posição é provisória), a existência humana se apoia num *meio-termo*. Ela não pode pretender à autonomia em seu próprio nome. A lucidez (o discernimento) do cérebro lhe permite perceber a vaidade do movimento que a constitui. Pois, ao mesmo tempo que se apreende como movimento em direção à autonomia, ela percebe seu emaranhamento, a profunda dependência em que a mantém a natureza emaranhada. Daí a necessidade para ela de se reportar a meios-termos ideais como Deus ou a razão.

Deus ou a razão são meios-termos no sentido de que ambos, queiramos ou não, se reportam ao emaranhamento, à ordem apreensível no interior do emaranhamento.

Deus se reporta a signos sensíveis, à interpretação da natureza emaranhada como revestida de um sentido negativo: a natureza cristã é ao mesmo tempo a tentação (aquilo que é preciso vencer) e a ordem (à qual é preciso permanecer submisso) dissimulada sob as aparências tentadoras. O cristianismo *ordena* os elementos desse dado emaranhado no meio do qual buscamos nossa autonomia. Separa nele o bem do mal.

Nessa separação, a vontade de autonomia da cabeça humana é vista como o mal. A cabeça só realiza a autonomia — a que, não obstante, está fadada — através de um desvio. Ela se subordina a Deus, de que é a imagem — que não é nem a natureza nem uma negação da natureza, mas o ordenador do bem no emaranhamento da natureza.

Como ordenador do bem, Deus já é razão. Mas é razão criadora, garantindo e justificando a natureza — e não apenas a ordem nela, mas todo o emaranhamento. Esse emaranhamento não é o mal. O mal é que nele alguma criatura queira para si mesma a autonomia que só pertence a Deus.

A natureza que o homem nega na posição cristã é um aspecto paradoxal da natureza. É essencialmente a natureza humana: e essa natureza, sendo uma vontade de autonomia na natureza, não é, no fundo, mais que a negação da natureza!

Essa posição é em si mesma inconcebível. Em verdade, ela se faz acompanhar de outra posição, mais grosseira. O cristianismo confirmou e desenvolveu a negação pelo homem da natureza animal: em sua essência, ele se define como uma justaposição das duas posições.

1. Natureza = natureza humana, vontade de potência pessoal.

Autonomia = Deus, ordenador da natureza, em total acordo com ela, salvo num ponto: aquele em que a natureza é negadora da natureza na espécie do homem.

2. Natureza = natureza animal (ou carnal): aquilo que no homem não tende para a vontade de autonomia, como a sensualidade.

Autonomia = tendências intelectuais e morais.

Na posição 1, Deus, reduzido à negação do homem por si mesmo, é forçado à afirmação geral da natureza, em que se perde o essencial da autonomia (essencialmente, a autonomia é a negação, a intolerância). Nessa posição, o homem abdica: a autonomia a que chega em Deus não é mais que um engodo, ele não é mais que uma criança nos braços de um néscio.

Assim, a posição 2 é necessária não apenas ao homem, mas também a Deus. O cristianismo, na verdade, funda-se nesse movimento de intolerância do homem para com a natureza, à qual ele está submetido como animal, mas esse movimento leva à inibição da vontade de autonomia.

As duas posições são capengas.

Na segunda, a oposição à natureza é a de uma existência que queria ser e não é. Essa espécie de autonomia a que aspira a cabeça humana não é sua autonomia própria, mas a de uma existência especulativa (composta com base no modo de atribuição do ser às palavras), intelectualidade e moralidade puras. O desafio à natureza exige ser levado adiante por um ser real, que possa ele próprio assumi-lo, e não por um desejo hipostasiado, por uma pura moralidade que os comportamentos necessários do homem traem. Já nessa posição simples, a condição da autonomia se define como inacessível.

Deus não é mais que uma tentativa de atribuir o ser à condição da autonomia (que parecia inacessível ao homem). Mas, na medida em que é Deus, como ele afirma a natureza..., o movimento inicial cai na servidão da natureza (os desenvolvimentos teológicos dirigidos num sentido contrário – Deus transcendendo a natureza – sublinham a impossibilidade, que lhe pertence, de negar a natureza e de a desafiar: no limite, Deus transcende, ele não pode *colocar em questão* a natureza; esta, *de direito*, não pode devir sua noite).

O recurso à razão representa da parte do homem uma renúncia. Ao jogo pueril do crente, falando a Deus como a menina à boneca, sucede um comportamento de mesma ordem (fundado na atribuição do ser a uma palavra), porém menos ingênuo, mais nobre e suscetível de superação.

No puro recurso à razão, a situação quase não muda. O homem continua a renunciar, opondo ao emaranhamento animal um princípio de que ele participa (necessariamente bastante mal). E esse princípio não é nada menos que o próprio Deus comprometido na natureza: da natureza ele é o ordenador. Se percebemos o desenvolvimento das coisas historicamente, esse princípio é tirado do emaranhamento como um negativo. A razão é a linguagem opondo às coisas, ao menos à natureza emaranhada (pois ela é, nas coisas, imediatamente dada), formas gerais e medidas comuns, à posição do acaso a da ordem lógica. Mas a razão, como Deus, reduz o homem à posição híbrida. O homem, por um lado, condena em si mesmo a avidez por autonomia (*contrária à razão*). Por outro, continua a se opor às tendências "animais" nele, as quais denigre na medida em que não tendem para a própria autonomia dele, atolando-o no emaranhamento da natureza. Não faz mais, dessa forma, que trocar um atolamento por outro: a razão, que lhe parece autônoma, não é ela própria mais que um dado natural. Não é de modo algum a autonomia, mas a renúncia a essa autonomia prematura, cristã, operada no ódio pela animalidade.

Fica claro que, nos dois casos (Deus, Razão), essa espécie de irrupção do ser no irreal se deve à substituição da imediatez da vida pela linguagem. O homem duplicou as coisas reais, e a si próprio, com palavras que as evocam, as significam e sobrevivem ao desaparecimento das coisas significadas. Postas em jogo dessa maneira, essas palavras formam elas próprias um reino ordenado, acrescentando ao real exatamente traduzido puras evocações de qualidades ou seres irreais. Esse reino substitui o ser na medida em que o ser imediato é consciência sensível. A consciência informe das coisas e de si mesmo foi substituída pelo pensamento refletido, em que a consciência colocou palavras no lugar das coisas. Mas, ao mesmo tempo que a consciência se enriquecia, as palavras – evocação dos seres irreais e reais – tomaram o lugar do mundo sensível.

É assim que, na espécie de Deus e, a seguir, da razão, a autonomia que o homem havia buscado para si mesmo se constituiu facilmente, de diversas maneiras, num reino do irreal, ao qual é reportada a vida humana.

Mas justamente por essa irrealidade, o desenvolvimento da linguagem como pensamento, ou seja, como forma do ser, é necessariamente dialético. As proposições da linguagem se produzem de um modo contraditório: sua fixidez se afasta do real, e só seu desenvolvimento contraditório tem chance de se reportar a ele. Só uma "dialética" tem o poder de subordinar a linguagem – ou o reino do irreal – à realidade que ela evoca.

Isso não pôde se produzir inicialmente como renúncia ao "logos". Em primeiro lugar, Hegel diz do real que ele é o próprio "logos" considerado na totalidade de seu desenvolvimento (contraditório). Segundo Hegel, a razão não é a abstração irreal, mas o ser humano carnal é razão encarnada. Hegel foi o primeiro a resolver a exigência da autonomia num sentido humano. O espírito dos homens é, a seus olhos, o ser absoluto. A natureza realiza ela própria a autonomia do ser, mas num desenvolvimento negativo. O ser, desenvolvendo-se, efetua a negação da natureza, ou antes, o desenvolvimento do ser é a mesma coisa que essa negação. A razão se realiza efetivamente na negação de seu contrário. A natureza é o obstáculo real necessário à realidade efetiva da negação: é a condição do "logos". A racionalidade da razão dialética reflete inversamente a irracionalidade da natureza. Sem a natureza e o esforço que teve de fazer para dela se liberar, essa razão dialética não seria efetivamente realizada, existiria somente como um possível.

Na verdade, quer se trate de Deus, da razão pura ou da razão hegeliana, é sempre um "logos" que substitui o homem à procura da autonomia. A identificação da razão hegeliana ao homem é precária, equívoca. Grosseiramente, o que distingue o homem da natureza, o que *opõe* o homem à natureza, é a história, e, acabada a história, o homem integrado na natureza cessaria de se distinguir dela. Ora, segundo Hegel, a identidade entre o homem e a razão supõe a história acabada: nada de significativo, a partir de então, poderia *se passar* sobre a terra, todo desenvolvimento visava ao ponto em que o homem não é mais distinto da razão, não era mais que uma etapa rumo a esse ponto! Atingido o ponto, nenhum desenvolvimento é possível: infinitamente, como na natureza animal, o homem será semelhante a si mesmo, descartada qualquer possibilidade de acontecimento *histórico*.

Dessa visão do espírito retenho o essencial: o homem buscando a autonomia (a independência em relação à natureza) é levado – pela linguagem – a situar essa autonomia num meio-termo (irreal, lógico), mas, se dá a esse irreal a realidade – tornando-se ele próprio essa realidade (encarnando-a) –, o meio-termo que utiliza se torna, por sua vez, ele próprio a natureza... – a menos que todo o desenvolvimento não seja mais que uma visão do espírito...

Assim que o homem situa em algum meio-termo uma autonomia desejada por ele, esse meio-termo, qualquer que seja, assume o lugar da natureza. Mas a consequência da autonomia surge assim de um modo puramente negativo.

Só a presença de uma autenticidade – a diferença positiva – dá um sentido à atitude crítica.

A autonomia do homem está ligada à *colocação em questão* da natureza, ao questionamento e não às respostas que lhe dão. O princípio que acabamos de enunciar pode ser retomado sob uma forma mais geral: toda e qualquer "resposta" à "colocação em questão" da natureza assume o mesmo sentido para o homem que a natureza. Isso quer dizer: 1º que, essencialmente, o homem é uma "colocação em questão" da natureza; 2º que a própria natureza é o essencial – o dado fundamental – de toda e qualquer resposta ao questionamento. A ambiguidade desses enunciados se deve ao fato de que a natureza é, em certo sentido, um domínio definido, mas que, num sentido mais profundo, esse domínio é propriamente a resposta fundamental que se propõe ao interrogatório do homem (propondo-se como um trampolim para a interrogação infinita). Em outros termos, qualquer "resposta" à interrogação fundamental é uma tautologia: se questiono o dado, não poderei, em minha resposta, ir além de uma nova definição... do dado como tal. Posto em questão, por um tempo o dado cessa de ser dado: mas, se respondi, qualquer que seja a resposta, ele voltará a sê-lo.

Nenhuma "resposta" pode oferecer ao homem uma possibilidade de autonomia. Toda "resposta" subordina a existência humana. A autonomia – a soberania – do homem está ligada ao fato de que ele é uma questão sem resposta.[120]

II

Se a existência humana, à questão: "O que há?", responde outra coisa que não: "Eu e a noite, ou seja, a interrogação infinita", ela se subordina à resposta, ou seja, à natureza. Em outros termos, ela se explica a partir da natureza e renuncia assim à autonomia. A explicação do homem a partir de um dado (de um lance de dados qualquer que substitui algum outro) é inevitável, mas vazia na medida em que *responde* à interrogação infinita: formular esse vazio é, ao mesmo tempo, *realizar** a potência autônoma da interrogação infinita.

---

* Pelo itálico (do autor), pelo contexto e pelos outros usos que Bataille faz do verbo *réaliser* em sua obra, arriscaria aventar que ele joga aqui, ao mesmo tempo, com a tradução dos verbos "hegelianos" *realisieren* e *verwirklichen* e com o anglicismo *réaliser* no sentido de *to realize*, dar-se conta. (N.T.)

(Fragmento sobre o cristianismo)

O cristianismo, no fundo, não é mais que uma cristalização da linguagem. A solene afirmação do quarto evangelho: *Et Verbum caro factum est* é, em certo sentido, esta verdade profunda: a verdade da linguagem é cristã. Na medida em que o homem e a linguagem duplicam o mundo real com outro imaginado – disponível por meio da evocação –, o cristianismo é necessário. Ou, senão, alguma afirmação análoga.

(Fragmento sobre a culpa)

Convido à amizade do homem por si mesmo – pelo que ele é (no instante) e pelo que ele será, pelo destino que é o seu, que ele quis, o horror ao dado natural, e aos fins exteriores ao homem, a que ele se submete em sua fadiga (o amor, ou a amizade, implica esse ódio).

Toda "resposta" é uma ordem de fora, uma moral que inscreve o ser humano na natureza (como uma criatura). A submissão faz do homem um não-homem, um ser natural, mas que se reprime para não ser mais a insubmissão *que ele é* (no que a ascese é o que resta nele de *humanidade*, ela é a insubmissão se invertendo, voltada contra si mesma).

A crença na onipotência da poesia (da inspiração) se mantém no cristianismo, mas o mundo cristão trapaceia com o delírio: aquilo que ele afirma como inspirado não é, no fundo, mais que uma linguagem de razão.

O homem é culpado: ele o é na medida em que se opõe à natureza. A humildade que o faz pedir perdão (o cristianismo) o mortifica sem inocentá-lo. O benefício do cristianismo é, ao menos, o de agravar a culpa que denuncia...

O único meio de atingir a inocência é se estabelecer resolutamente no crime: o homem põe a natureza em questão *fisicamente* – na dialética do riso, do amor, do êxtase (este último considerado como um estado físico).

Hoje em dia, tudo se simplifica: o espírito não tem mais o seu papel de oposição, não é mais, no final, que um servidor, o servidor da natureza. E tudo tem lugar num mesmo plano. Posso inocentar o riso, o amor, o êxtase..., ainda que o riso, o amor, o êxtase... sejam pecados contra o espírito. Eles dilaceram fisicamente a *physis*, que o espírito abençoava mortificando o homem. O espírito era o medo da natureza. A autonomia de um homem é física.

A negatividade é a ação, a ação consiste em tomar posse das coisas.

Há tomada de posse pelo trabalho;
  o trabalho é a atividade humana em geral,
  intelectual,
  política,
  econômica;
ao que se opõem
  o sacrifício,
  o riso,
  a poesia,
  o êxtase, etc...,
que são rupturas dos sistemas fechados que *tomam* posse.

A negatividade é esse duplo movimento de colocação em ação e de colocação em questão.
Do mesmo modo, a culpa está ligada a esse duplo movimento.
O homem *é* esse duplo movimento.

A liberdade do duplo movimento está ligada à ausência de resposta.
Entre um e outro movimento, a interação é necessária, incessante.
A colocação em questão desenvolve a colocação em ação.
Aquilo que se chama espírito, filosofia, religião[*] funda-se sobre interferências.
A culpa nasce na zona de interferência, na via de um acordo tentado com a natureza (o homem é culpado, pede perdão).

---

[*] Religião não tem o sentido, nessa frase, de religião independente das religiões dadas, mas de uma religião qualquer, dada entre as outras. (Nota de 1960)

O sentimento de culpa é a renúncia (ou, antes, a tentativa de renúncia) do homem ao duplo movimento (de negação da natureza). Cada interferência é um meio-termo entre o homem e a natureza: uma *resposta* ao enigma, ao mesmo tempo que um sistema de vida (prática) fundado sobre a culpa, é o freio do duplo movimento. Por meio de interferências, os homens tentam reencontrar o acordo com a natureza e criam assim obstáculos àqueles dentre eles que prosseguem o duplo movimento (a interferência é dócil, ela é *reacionária*).

A parada na interferência é humanamente a mentira (é a resposta, a culpa e a exploração da culpa).

Os dados intelectuais têm um sentido no plano de sua colocação em questão – respondem ao questionamento (de que procedem) na medida em que a interação é possível, ou seja, exclusivamente no plano da colocação em ação.

Por outro lado, o questionamento infinito (que corta a mediocridade, a interferência) está de acordo com a derradeira colocação em ação racional (o homem se define como uma negação da natureza e renuncia à atitude do culpado). Daí uma espécie de sacrifício arreligioso, o riso, a poesia, o êxtase em parte liberados das fórmulas de verdade social.

Colocação em ação e colocação em questão se opõem sem fim, de um lado, como aquisição em proveito de um sistema fechado, do outro, como ruptura e desequilíbrio do sistema.

Posso imaginar uma colocação em ação tão bem agenciada que a colocação em questão do sistema em proveito do qual ela ocorresse não teria mais sentido: precisamente nesse caso, o questionamento só poderia ser infinito. Todavia, o sistema limitado poderia ser ainda uma vez posto em questão: a crítica incidiria então sobre a ausência de limites e as possibilidades de crescimento *infinito* da aquisição. De um modo geral, na medida em que ela é o riso, a poesia..., a colocação em questão vai de par com o dispêndio, a consumação das somas excedentes de energia. Ora, a soma de energia produzida (adquirida) é sempre superior à soma necessária para a produção (a aquisição). O questionamento introduz uma crítica geral que incide sobre os resultados de uma colocação em ação bem-sucedida, de um ponto de vista que não é mais o da produção, mas o seu próprio (o do dispêndio, do sacrifício, da festa). A colocação em ação corre o risco, a partir de então, de apoiar uma resposta qualquer com vistas a escapar do questionamento que contesta suas possibilidades de incremento. Ela seria, nesse caso, reconduzida ao plano confuso da interferência – à categoria do *culpado*. (Tudo se mistura incessantemente. Seria eu, aliás, esse teórico obstinado se nada subsistisse em mim da atitude *culpada?*)[121]

O que postulo não é o equivalente de uma *resposta*. A verdade de minhas afirmações está ligada a minha atividade.

Como afirmação, o reconhecimento da negatividade só tem sentido através de suas implicações no plano prático (está ligado a atitudes). Minha atividade contínua está ligada inicialmente à atividade comum. Vivo, realizo as funções habituais que fundam em nós as grandes verdades. A partir daí se desenvolve a contrapartida: o método da colocação em questão prolonga em mim o estabelecimento das verdades primeiras. Solto-me da armadilha das respostas e levo a suas consequências rigorosas a crítica das filosofias – tão nitidamente quanto distingo objetos entre si. Mas a colocação em ação de um pensamento negativo não se limita a prolongamentos da atividade geral: esse pensamento, por outro lado, realiza sua essência modificando a vida. Ele tende a desfazer amarras: desprendendo o sujeito do objeto posto em ação. Essa espécie de atividade, íntima e intensa, possui, aliás, um campo de desenvolvimento de uma importância elementar. A partir de operações intelectuais, trata-se de uma experiência rara, estranha, difícil de alegar (que não é por isso menos decisiva). Mas essa experiência, extática, não tem, no fundo, o caráter de exceção monstruosa que inicialmente a define. Ela é não apenas de acesso fácil (o que as tradições religiosas dissimulam de propósito), mas também tem, manifestamente, a mesma natureza que outras experiências comuns. O que distingue o êxtase é antes seu caráter intelectual, relativamente desenvolvido – ao menos em relação às outras formas –, suscetível em todo caso de desenvolvimento infinito. O sacrifício, o riso, o erotismo, ao contrário, são formas ingênuas, que excluem a consciência clara, ou a recebem de fora. A poesia se cerca, é verdade, de ambições intelectuais variadas – por vezes, até permite que se introduza uma confusão entre seus procedimentos e o exercício "místico" –, mas sua natureza a reconduz à ingenuidade (um poeta *intelectual* se agita entre a interferência – a atitude submissa, *culpada* – e a logomaquia: a poesia permanece cega e surda, ela é a poesia – apesar da maioria dos poetas).

Nem a poesia, nem o riso, nem o êxtase são respostas, mas o campo de possibilidades que lhes pertence define a atividade ligada às afirmações de um pensamento negativo. Nesse domínio, a atividade ligada ao questionamento não é mais exterior a esse (como nas contestações parciais, necessárias aos progressos da ciência ou da técnica). A ação negativa se decide livremente como tal (conscientemente ou não). Entretanto, o acordo com a pura atividade prática é facilitado nessa posição pelo fato da supressão da interferência. Assim, o homem chega a reconhecer *aquilo que ele era.* (Não se poderia dizer de antemão, porém, que não encontra seu maior perigo dessa maneira.) O acordo consigo mesmo é talvez uma espécie de morte. Aquilo que eu disse se aniquilaria como negatividade pura. O próprio fato do êxito suspenderia a oposição, dissolveria o homem na natureza. Acabada a história, a existência do homem entraria na noite animal. Nada é menos seguro. Mas a noite exigiria uma condição primeira: a de ignorar que é a noite? a noite que se sabe a noite não seria a noite, seria apenas a queda do dia... (a odisseia humana terminando como *Aminadab*).

(Dois fragmentos sobre o riso)

I

Temos de distinguir:

– a comunicação que liga *dois* seres (o riso da criança para a mãe, as cócegas, etc.);

– a comunicação, pela morte, com um além dos seres (essencialmente no sacrifício): não com o Nada, ainda menos com uma entidade sobrenatural, mas com uma realidade indefinida (chamo-a, às vezes, o impossível, e é: aquilo que não pode ser *apreendido (begreift)* de nenhuma maneira, que não podemos tocar sem nos dissolver, que é subordinante nomear Deus). Essa realidade pode ainda, se preciso, definir-se realmente (cair numa associação – provisória – com um elemento finito) num grau acima (acima do indivíduo, na escala da composição dos seres), na sociedade, no sagrado, em Deus, na realidade criada, ou permanecer no estado indefinido (no riso comum, no riso infinito, no êxtase – em que a forma divina derrete como açúcar na água).

Essa realidade indefinida supera a natureza (o humanamente definível) como indefinida, não como determinação sobrenatural.

A autonomia (em relação à natureza), inacessível no estado finito, se realiza se renunciamos a esse estado (sem o qual ela não é *concebível*), ou seja, na supressão daquele que a quis para si: ela não pode, portanto, ser um *estado*, mas sim um *momento* (um momento de riso infinito, ou de êxtase...). A supressão se efetua – provisoriamente – no tempo de uma comunicação fulgurante.

II

Correlação da ruptura no riso
com a comunicação e o conhecimento
(no riso, na angústia sacrificial,
no prazer erótico, na poesia, no êxtase)

No riso, em particular, é dado o conhecimento de um objeto comum (que varia segundo os indivíduos, os tempos, os povos, mas as diferenças não são de grau, são apenas de natureza).[*] Esse objeto é sempre conhecido, mas, de costume, exteriormente. Uma difícil análise é necessária a quem se esforça por conhecê-lo intimamente.

Dado um sistema relativamente isolado, percebido como um sistema isolado, uma circunstância que sobrevém me faz percebê-lo ligado a outro conjunto (definível ou não). Essa mudança me faz rir sob duas condições: 1º que ela seja repentina; 2º que nenhuma inibição atue.

Reconheço num transeunte qualquer um amigo...

Uma pessoa cai no chão como um saco: ela se isolava do sistema das coisas, ela cai nele...

Percebendo sua mãe (ou qualquer outra pessoa), uma criança sofre de repente seu contágio: reconhece-a como semelhante a si, passa de um sistema exterior a si ao sistema que lhe é pessoal.

O riso das cócegas se equipara ao precedente, mas o *contato* agudo – a ruptura do sistema pessoal (na medida em que se isola dentro) – constitui o elemento acentuado.

Em toda *pilhéria*, um sistema que se dá por isolado se liquefaz; cai bruscamente em outro.

A *degradação*, em sentido estrito, não é necessária, mas, por um lado, a aceleração da queda atua no sentido da subitaneidade; por outro, o elemento da situação infantil, a passagem repentina (a queda do sistema adulto no pueril) sempre se encontra no riso. O riso é redutível – em

---

[*] Deslize do autor? Por certo, a formulação inversa seria mais compreensível: "[...] mas as diferenças não são de natureza, são apenas de grau". (N.T.)

geral – ao riso do reconhecimento da criança – evocado no verso de Virgílio: *incipe, parve puer, risu cognoscere matrem.*[*] De repente, *aquilo que dominava a criança cai em seu domínio.* Não é uma aprovação, mas uma fusão. Não se trata do triunfo do homem bem-constituído sobre as formas degradadas, mas de uma intimidade comunicada de ambas as partes. Essencialmente, aquilo de que o riso procede é a *comunicação.*

Reciprocamente, a comunicação íntima não utiliza as formas exteriores da linguagem, mas luminosidades dissimuladas análogas ao riso (os transes eróticos, a angústia sacrificial, a evocação poética...). A comunicação estreita da linguagem tem por objeto a preocupação com as coisas (nossas relações com as coisas), a parte que ela exterioriza é de antemão exterior (a menos que a linguagem seja perversa, cômica, poética, erótica... ou acompanhe uma atitude contagiosa). A comunicação plena é comparável às chamas, à descarga elétrica no relâmpago. O que atrai nela é a *ruptura* que a estabelece, que, quanto mais profunda, mais aumenta sua intensidade. A ruptura que a cócega é pode aparecer à vontade sob um aspecto penoso – o dilaceramento e o mal-estar são mais ou menos sensíveis dependendo das formas. A ruptura é violenta no sacrifício, ela o é por vezes no erotismo. Voltamos a encontrá-la no riso de Virgílio: a mãe provoca o riso de seu filho por meio de uma mímica que tende ao desequilíbrio das sensações. Ela aproxima de repente seu rosto, entrega-se a jogos de expressões surpreendentes ou solta bizarros gritinhos.

O essencial é o instante de violento contato, em que a vida desliza de um a outro, num sentimento de subversão feérica. Esse mesmo sentimento se encontra nas lágrimas. Em outro plano, olhar-se rindo pode ser uma forma de relação erótica (nesse caso, a ruptura se produziu no nascimento da intimidade amorosa). De modo geral, o que atua no erotismo, carnal ou moral, é o mesmo sentimento de "subversão feérica", associado ao deslizamento de um ao outro.

Nessas diversas formas, em que a união de dois seres é a base, a ruptura pode intervir apenas no início, o contato a seguir permanece

---

[*] Numa reunião do Collège de Sociologie, Roger Caillois, citando esse verso a respeito do riso, mantinha uma reserva sobre seu sentido. É possível traduzir: "Começa, criancinha, a reconhecer tua mãe por teu riso", mas também: "pelo riso dela". (Nota de 1960)

estabelecido: a intensidade é então menor. *A intensidade do contato* e, portanto, do sentimento feérico *é função de uma resistência.* Por vezes, a derrubada de um obstáculo é sentida como um contato delicioso. Daí deriva um caráter fundamental: esses contatos são *heterogêneos.* Aquilo que a fusão introduz em mim é uma existência *outra* (ela introduz esse *outro* em mim como *meu,* mas, ao mesmo tempo, como *outro*): na medida em que é passagem (o contrário de um estado), a fusão, para se produzir, exige a heterogeneidade. Quando o aspecto da passagem não atua mais (a fusão, realizada, não sendo mais que um estado), subsiste apenas uma água estagnada, em vez das águas de duas torrentes que se misturam barulhentamente: a supressão de uma resistência transformou a fusão em inércia. Daí este princípio: os elementos cômicos (ou eróticos) se esgotam com o tempo. No momento em que as águas se misturam, o deslizamento de umas nas outras é violento: a resistência – a mesma que um ser opõe à morte – é violada. Mas dois seres semelhantes não podem rir ou se amar sem fim da mesma maneira.

O riso, aliás, só responde ao esquema da compenetração raramente. O que ele costuma colocar em jogo é um objeto cômico, diante do qual uma pessoa rindo basta (teoricamente). Regra geral, os que riem são dois ou vários: o riso repercute e se amplifica de um ao outro, mas aqueles que riem podem se ignorar, podem tratar sua própria compenetração como um elemento negligenciável ou não ter consciência dela. Não é entre os que riem que tem lugar a ruptura e que atua a alteridade, mas no movimento do objeto cômico.

A passagem do riso a dois ao riso de vários (ou de um só) introduz no domínio do riso a diferença que geralmente separa o domínio do erotismo daquele do sacrifício.

O debate erótico pode *também* (no teatro) oferecer-se em espetáculo, a imolação de uma vítima pode *também* se tornar o meio-termo entre o devoto e seu deus: o amor não está por isso menos ligado à *compenetração* (de dois seres), como o sacrifício está ligado ao *espetáculo.* O *espetáculo* e a *compenetração* são duas formas elementares: sua relação é dada nesta fórmula: o *contágio* (a compenetração íntima de dois seres) *é contagioso* (suscetível de uma repercussão infinita). O desenvolvimento das duas formas no interior do domínio do riso contribui para seu caráter inextricável. É fácil discernir sua articulação de outra maneira: na diferença entre o amor e o sacrifício, no fato de que um pode ter o valor do outro – e vice-versa (interesse espetacular do amor, elemento de compenetração íntima no sacrifício).

Se há *contágio contagioso*, é porque um elemento espetacular é da mesma natureza que sua repercussão. Mas o espetáculo é *para outrem* aquilo que é, *para os dois seres*, a compenetração que o contágio põe em jogo. No espetáculo e, mais geralmente, em cada tema proposto *à atenção de outrem* (nos jogos de palavras, anedotas, etc.), os elementos que se compenetram não buscam seu interesse próprio, mas aquele que os propõe está à procura do interesse de outrem. É mesmo inútil que dois seres estejam em jogo. O mais das vezes a compenetração (o contágio) opõe dois mundos e se limita à passagem, à queda de um ser de um no outro. A queda mais significativa é a morte.

Esse movimento se reporta ao esquema intermediário, em que a compenetração coloca ainda dois seres em jogo: um, o ser contemplado (*o ator*) pode morrer. É a morte de um dos termos que confere à comunicação seu caráter humano: ela não une mais, desde então, um ser ao outro, mas um ser ao além dos seres.

No riso das cócegas, aquele que as recebe passa do estado plácido ao estado convulsivo – que o aliena, que lhe é infligido, que o reduz ao estado impessoal de substância viva: ele escapa de si mesmo e, assim, abre-se ao outro (que lhe faz cócegas). Aquele que recebe as cócegas é o espetáculo daquele que as faz, mas eles comunicam; entre eles, a separação do espetáculo e do espectador não é efetuada (o espectador é ainda ator, não é "contemplador", etc.).

Introduzo esta suposição: alguém bêbado, recebendo cócegas, mata – para rir e por jogo – seu perseguidor. Não apenas a morte inibe o riso como também ela suprime entre os dois a possibilidade de comunicar. Essa ruptura da comunicação não é apenas negativa: ela é, num plano distinto, o análogo das cócegas. O morto se unira, pelas rupturas renovadas das cócegas, àquele que as recebia: do mesmo modo, o assassinato agora une este ao morto – ou, antes, como ele está morto, ao além do morto. Por outro lado, pelo próprio fato da morte, aquele que fazia as cócegas é separado daquele que as recebia como um espetáculo de um espectador.[122]

A aleluia:
Catecismo de Dianus

I

Deves saber, em primeiro lugar: cada coisa que tem uma figura manifesta possui ainda uma oculta. Teu rosto é nobre: tem a verdade dos olhos em que apreendes o mundo. Mas tuas partes peludas, sob o vestido, não têm menos verdade que tua boca. Essas partes, secretamente, abrem-se à sujeira. Sem elas, sem a vergonha ligada a seu uso, a verdade que teus olhos ordenam seria avara.

Teus olhos se abrem para as estrelas, e tuas partes peludas se abrem para... Esse globo imenso onde te agachas se eriça na noite de sombrias e altas montanhas. Muito acima dos cumes nevados está suspensa a transparência estrelada do céu. Mas de um cume ao outro permanecem escancarados abismos onde, às vezes, a queda de uma rocha repercute: o fundo claro desses abismos é o céu austral, cujo brilho responde à obscuridade da noite boreal. Da mesma forma, a miséria das sentinas humanas um dia será para ti o anúncio de alegrias fulgurantes.

Está na hora de que em cada coisa conhecida por ti tua loucura saiba perceber o avesso. Hora para ti de inverter no fundo de teu ser uma imagem insípida e triste do mundo. Eu gostaria de já te ver perdida nesses abismos onde, de horror em horror, entrarás na verdade. Um rio fétido tem sua nascente no oco mais doce de teu corpo. Evitas a ti mesma, afastando-te dessa imundície. Seguindo, ao contrário, por um instante, a triste esteira, tua nudez abandonada se abre às doçuras da carne.

★

Não busques mais a paz nem o repouso. Este mundo de que procedes, que és, só se dará a teus vícios. Sem uma profunda perversão do coração, tu te assemelharias ao escalador para sempre adormecido perto do topo, não serias mais que pesadume abatido, cansaço. O que deves saber, em segundo lugar, é que nenhuma volúpia merece ser desejada, senão o próprio desejo da volúpia. A busca a que te ligam tua juventude e tua beleza difere tanto da representação dos voluptuosos quanto da dos padres. O que seria a vida de uma voluptuosa se não estivesse aberta a todos os ventos, aberta desde sempre ao vazio do desejo? De uma maneira mais verdadeira que o asceta moral, uma cadela ébria de prazer sente na carne a vaidade de todo prazer. Ou, antes, o calor que ela sente ao saborear na boca um horror é o meio de desejar horrores ainda maiores.

Não que devas te afastar de uma busca sagaz. A vaidade do prazer é o fundo das coisas, que não atingiríamos se ele fosse percebido desde o início. A aparência imediata é a doçura a que precisas te abandonar.

★

Devo te explicar agora que a dificuldade suscitada pelo segundo ponto não é de natureza a desencorajar. Era a falta de sabedoria ou, antes, a indigência moral dos homens de outrora que os levava a fugir daquilo que lhes parecia vão. É fácil hoje perceber a fraqueza dessas condutas. Tudo é vão, tudo é engodo, Deus ele próprio é a exasperação de um vazio se nos empenhamos nas vias do desejo. Mas o desejo permanece em nós como um desafio ao próprio mundo, que lhe furta infinitamente seu objeto. O desejo está em nós como uma risada; zombamos do *mundo* nos desnudando, entregando-nos sem limite ao desejo de desejar.

Tal é o ininteligível destino a que nos votou a recusa de aceitar o destino (ou o caráter inaceitável do destino). Só podemos nos lançar na busca dos signos a que se ligam o vazio e, ao mesmo tempo, a manutenção do desejo. Só podemos subsistir no cume, içando-nos tão somente sobre destroços. Ao menor relaxamento sucederiam a insipidez do prazer ou o tédio. Só respiramos no extremo limite de um mundo onde os corpos se abrem – onde a nudez desejável é obscena.

Em outras palavras, nossa única possibilidade é o impossível. Estás em poder do desejo ao abrires as pernas, exibindo tuas partes sujas. Caso deixasses de sentir essa posição como interdita, logo o desejo morreria, e com ele a possibilidade do prazer.

★

Não buscando mais o prazer, renunciando a ver num engodo tão evidente a cura dos sofrimentos e a saída, deixarias de ser desnudada pelo desejo. Sucumbirias à prudência moral. Não subsistiria de ti mais que uma forma apagada, retirada do jogo. É na medida em que a ideia do prazer te engana que te abandonas às chamas do desejo. Não deves mais ignorar agora que crueldade te é necessária: sem uma decisão de uma audácia injustificável, não poderias suportar o sentimento amargo que a sedenta de prazer tem de ser a vítima de sua sede. Tua sabedoria te diria para renunciar. Só um movimento de santidade, de loucura, pode manter em ti o sombrio fogo do desejo que ultrapassa de todas as maneiras os furtivos clarões da orgia.

Nesse dédalo resultante de um jogo, onde o erro é inevitável e deve ser indefinidamente renovado, necessitarás da ingenuidade da criança. Decerto, não há razão para seres ingênua nem para seres feliz. Precisarás, no entanto, ter a audácia de perseverar. O esforço desmedido que as circunstâncias exigem de ti é, evidentemente, esgotante, mas não podes te dar ao luxo de ficar esgotada. Caindo no poder da tristeza, não serias mais que um dejeto. Uma singular alegria, em nada fingida, em nada falsa, uma alegria de anjo é necessária nas angústias do prazer.

Uma das duras provas reservadas àqueles que nada detém é sem dúvida a necessidade em que se encontram de expressar um horror indizível. Quando desse horror não podem senão rir, tendo-o encontrado apenas para dele rir ou, antes, melhor: para dele gozar. Aliás, não deves te espantar se eles parecem sucumbir à infelicidade no momento mesmo em que o venceram. É essa em geral a ambiguidade das coisas humanas. A certeza sem reserva do horror é a que leva mais rápido à alegria. Tudo em mim se dissolve numa fulgurante e voluptuosa fúria de vida que só o desespero exprime suficientemente. Essa impotência definitiva de apreender, essa inexorável necessidade de não encerrar nada seriam suportadas sem uma ingenuidade de criança?

★

O que espero de ti supera desse modo a resolução sagaz, assim como o desespero ou o vazio. Precisas tirar do excesso de lucidez a criancice, que o esquece (o capricho, que aniquila). O segredo de viver é, decerto, a destruição ingênua daquilo que devia destruir em nós o gosto de viver: é a infância triunfando sem rodeios sobre os obstáculos opostos ao desejo, é a agitação desenfreada do jogo, o segredo dos esconderijos onde te aconteceu, menina, de levantar a saia...

II

Se teu coração bate forte, pensa nos minutos de obscenidade de uma criança.

Na criança, diversos momentos estão separados,
>
> ingenuidade
> jogo jovial
> sujeira.

Um adulto liga esses momentos: atinge na sujeira a alegria ingênua.

A sujeira sem a vergonha pueril, o jogo sem a alegria da criança, a ingenuidade sem o movimento desvairado da infância são as comédias a que a seriedade dos adultos reduz. A santidade, por outro lado, mantém o fogo com que a infância queimava. A pior impotência é a seriedade consumada.

A nudez dos seios, a obscenidade do sexo têm a virtude de operar aquilo com que, menina, não pudeste mais que sonhar, nada podendo fazer.

III

Arrasado pelas tristezas geladas, pelos horrores majestosos da vida! No cúmulo da exasperação. Hoje me encontro na beira do abismo. No limite do pior, de uma felicidade intolerável. É no ápice de uma altura vertiginosa que canto uma *aleluia*: a mais pura, a mais dolorosa que possas ouvir.

A solidão da infelicidade é um halo, uma veste de lágrimas, com que poderás cobrir tua nudez de cadela.

Ouve-me. Falo no teu ouvido, em voz baixa. Não ignores mais minha doçura. Vai por essa noite cheia de angústia, nua, até o desvio da vereda.

Enfia teus dedos nos recônditos úmidos. Será doce sentir em ti a acridade, a viscosidade do prazer – o odor molhado, o cheiro maçante da carne feliz. A volúpia contrai uma boca ávida de se abrir à angústia. Em teus rins, duas vezes desnudados pelo vento, sentirás essas arestas cartilaginosas que fazem deslizar entre os cílios o branco dos olhos.

Na solidão de uma floresta, longe das roupas abandonadas, te agacharás como uma loba.

O relâmpago de cheiro forte e as chuvas de temporal são os companheiros de angústia da obscenidade.

Levanta-te e foge: pueril, desvairada, risonha de tanto medo.

IV

Chegou o tempo de ser duro, preciso me tornar de pedra. Existir no tempo da desgraça, ameaçado...; inabalado, fazer face a eventualidades desarmantes, para isso abismar-se em si mesmo, ser de pedra, alguma coisa responderia melhor ao excesso do desejo?

A volúpia excessiva, que incendeia o coração, devasta-o e obriga-o à dureza. O braseiro do desejo dá ao coração a audácia infinita.

Gozando a mais não poder ou morta de bêbada, desvias a vida dos retardos pusilânimes.

As paixões não favorecem a fraqueza. A ascese é um repouso comparada às vias febris da carne.

Imagina agora, sem abrigo concebível para ti, a vastidão se abrindo à desgraça. O que deves esperar: a fome, o frio, os suplícios, o cativeiro, a morte no desamparo... Imagina o sofrimento, o desespero e a penúria. Pensavas que ias escapar dessa degradação? Diante de ti, o deserto maldito: escuta esses gritos a que nunca ninguém responderá. Não esqueças: de agora em diante és a cadela que o furor dos lobos atormenta. Esse leito de miséria é teu país, teu único autêntico país.

De qualquer jeito, as fúrias de cabeleiras de serpente são as companheiras do prazer. Elas te levarão pela mão – te inundando de álcool.

A calma de um convento, a ascese, a paz do coração se oferecem àqueles infelizes assombrados pela preocupação com um abrigo. Nenhum abrigo é imaginável para ti. O álcool e o desejo abandonam às violências do frio.

O convento retiraria do jogo, mas um dia a religiosa ardeu por abrir as pernas.

Por um lado, a busca do prazer é covarde. Ela persegue o apaziguamento: o desejo, pelo contrário, é ávido de nunca ser saciado.

O fantasma do desejo é necessariamente mentiroso. O que se dá por desejável está mascarado. A máscara cai um dia ou outro, nesse momento, desmascaram-se a angústia, a morte e o aniquilamento do ser perecível. Na verdade, aspiras à noite, mas é necessário passar por um desvio e amar figuras amáveis. A posse do prazer que essas figuras desejáveis anunciavam logo se reduz à posse desarmante da morte. Mas a morte não pode ser possuída: ela despossui. Por isso o lugar da volúpia é o lugar da decepção. A decepção é o fundo, a verdade última da vida. Sem a decepção esgotante – no instante mesmo em que o coração falta – não poderias saber que a avidez de gozar é a despossessão da morte.
Longe de ser uma covardia, a busca do prazer é o avanço extremo da vida, o delírio da audácia. É a astúcia que o horror de ser saciado utiliza em nós.

Amar sem dúvida é o possível mais longínquo. Sem fim, os obstáculos furtam o amor à fúria de amar.

O desejo e o amor se confundem, o amor é o desejo de um objeto à altura da totalidade do desejo.
Um amor insensato só tem sentido se for em direção a um amor ainda mais insensato.

★

O amor tem esta exigência: ou seu objeto te escapa ou tu lhe escapas. Se ele não fugisse de ti, fugirias do amor.

Amantes se encontram sob a condição de se dilacerarem. Ambos têm sede de sofrer. O desejo deve neles desejar o impossível. Senão, o desejo se saciaria, o desejo morreria.

Na medida em que prevalece a parte do insaciado, convém saciar o desejo e se perder no seio de uma felicidade indizível. Nesse momento, a felicidade é a condição de um desejo ainda maior; a saciedade, a fonte da juventude do desejo.

V

Tens de compreender *quem tu és*. Como te querer humilhada, obrigada a abordar os outros com uma figura que não é a tua?

Poderias respeitar as conveniências e gozar da estima dos humilhados. Seria fácil apreciar em ti os aspectos pelos quais trabalharias para a falsificação sem medida. Importaria pouco saber se mentes. Responderias através de uma atitude servil à servidão da grande maioria, furtando a existência à paixão. Sob essa condição serias a Sra. N... e eu ouviria elogios a ti...

Deves escolher entre dois caminhos: ser "recomendada" como uma deles aos membros de uma humanidade que o horror do homem fundou; – ou te abrir à liberdade de desejos que excedem os limites admitidos.

No primeiro caso, cederias ao cansaço...

Mas como esquecer o poder que te pertence, de pôr em ti o próprio ser em jogo? Avalia o excesso de sangue que te aquece sob o *cinza do céu*: poderias por mais tempo dissimulá-lo sob o vestido? Sufocarias por mais tempo esse grito de raiva e de excessiva volúpia – que outros teriam reduzido às picuinhas que a decência exigia? Embriagada de vergonha, serias menos fascinante que a nudez da noite?

Só a insuportável alegria de tirar teu vestido está à altura da imensidão... onde sabes que estás perdida: a imensidão, como tu, não tem vestido, e tua nudez, que se perde nela, tem a simplicidade dos mortos. Nela, tua nudez te expõe imensamente: estás crispada, desmantelada de vergonha, e é imensamente que tua obscenidade te põe em jogo.

(Silenciosa e nua, não é à intimidade do universo que te abre uma vertigem intolerável? e não é o universo mal-acabado que se entreabre no meio de tuas pernas? Pergunta sem resposta. Mas tu mesma, aberta sem vestido à risada infinita das estrelas, duvidarias de que o vazio longínquo seja no mesmo instante mais pesado que essa inconfessável intimidade que se dissimula em ti?)

Deitada, a cabeça para trás, os olhos perdidos nas vagas leitosas do céu, abandona às estrelas... o mais doce corrimento de teu corpo!

Aspira o odor sulfuroso e o odor de seio nu da Via láctea: a pureza de teus rins abrirá teus sonhos à queda no espaço inconcebível.

As conjunções de lagartas nuas dos sexos, essas calvícies e esses antros rosas, esses rumores de levantes, esses olhos mortos: esses longos soluços de raiva risonha são os momentos que respondem em ti à fissura insondável do céu...

Os dedos deslizam na fenda onde a noite se dissimula. A noite cai no coração, e quedas de estrelas riscam a noite onde tua nudez como o céu está aberta.

Aquilo que flui em ti no prazer – no horror adocicado da carne – os outros o furtam à imensidão da morte... Furtam-no à solidão do céu! É por isso que precisas fugir, esconder-te no fundo das matas. Aquilo que na volúpia dilacera convoca a vertigem da solidão: a volúpia exige a febre! Só teus olhos brancos podem reconhecer a blasfêmia que ligará tua ferida voluptuosa ao vazio do céu estrelado.

Ninguém está à altura de tuas fúrias senão a imensidão silenciosa da noite.

Negando os seres limitados, o amor devolve-os ao infinito do vazio, cinge-os à espera *daquilo que eles não são.*

VI

No suplício de amar escapo de mim mesmo. E, nu, atinjo a transparência irreal.

Não mais sofrer, não mais amar, limita-me, ao contrário, a meu pesadume.

O amor-eleição se opõe à lubricidade. O amor, que purifica, torna repugnantes os prazeres da carne. À suja curiosidade da criança sucedem transportes, ingenuidades cheias de armadilhas.

Se observamos as células simples assexuadas, a reprodução de uma célula provém, ao que parece, de uma impotência de manter em sua integridade o sistema aberto. O crescimento do ser minúsculo tem por resultado o cheio-demais, o excessivo dilaceramento e a perda da unidade.

A reprodução dos animais sexuados e dos homens se divide em duas fases, cada uma delas tendo esses mesmos aspectos de cheio-demais, de excessivo dilaceramento e de perda. Dois seres comunicam, na primeira fase, pelo canal de seus rasgos. Nenhuma comunicação é mais violenta. O rasgo escondido (como uma imperfeição, como uma vergonha do ser) se desnuda (se confessa), cola-se gulosamente ao outro rasgo: o ponto de encontro dos amantes é o delírio de rasgar e de ser rasgado.

★

A fatalidade dos seres finitos abandona-os ao limite de si mesmos. E esse limite é rasgado. (Daí o sentido dilacerante da *curiosidade*!) Só a covardia e o esgotamento mantêm a distância.

Debruçada sobre o vazio, aquilo que adivinhas em suas profundezas é o horror.

De todos os lados aproximam-se outros corpos dilacerados; doentes contigo do mesmo horror, doentes da mesma atração.

A fenda é peluda debaixo do vestido. No vazio aberto à desordem dos sentidos, os jogos de luz excedentes do prazer fazem tremer.

O vazio desesperante do prazer, que sem fim nos leva a fugir, para além de nós mesmos, na ausência, seria irrespirável sem a esperança. Em certo sentido a esperança é enganosa, mas ninguém sentiria a atração do vazio se a aparência contrária não se misturasse a ele.

No transe, o vazio ainda não é verdadeiramente o vazio, mas a *coisa*, ou o emblema do Nada que é a sujeira. A sujeira cria o vazio na medida em que repugna. O vazio se revela no horror que a atração não supera. Ou que ela supera mal.

A verdade, o fundo do desespero da orgia, é seu aspecto imundo, que repugna.

★

A imagem da morte que é a sujeira propõe ao ser um vazio que repugna; a sujeira ao redor dela cria o vazio. Fujo com a energia do desespero: mas não apenas minha energia, meu medo e meu tremor também fogem dela.

O Nada, *que não é*, não pode se separar de um signo...
Sem o qual, não sendo, não poderia nos atrair.

O asco, o medo, no momento em que o desejo nasce daquilo que mete medo, e dá náusea, são o ápice da vida erótica: o medo nos deixa no limite de desfalecer. Mas o signo do vazio (a sujeira) não tem por si só o poder de provocar o desfalecimento. Precisa, ligando-se às cores sedutoras, combinar seu horror com o delas a fim de nos manter angustiados na alternância do desejo e da náusea. O sexo está ligado à sujeira: é seu orifício; mas só é o objeto do desejo se a nudez do corpo maravilhou.

★

Jovem, bela, tuas risadas, tua voz, teu brilho atraem um homem, mas ele espera apenas a hora em que o prazer em ti, imitando a agonia, o levará ao limite da loucura.

Tua nudez, bela, oferecida – silêncio e pressentimento de um céu sem fundo –, é semelhante ao horror da noite, cujo infinito designa: aquilo que não pode se definir – e que, sobre nossas cabeças, ergue um espelho da morte infinita.

Espera de um amante os sofrimentos que o apagam. Ninguém é mais que um poder de abrir em si o vazio que o destruirá. Aquilo que exige a raiva, a revolta e a obstinação cheia de ódio, ao mesmo tempo cínica, terna, jovial, sempre no limite da náusea.

Esse jogo da sedução e do medo, em que, sem fim, o vazio, furtando o chão, abandona ao excesso de alegria, em que a bela aparência assume, ao contrário, o sentido do horror, é de natureza a ligar esses contrários que ele junta. Os seres de carne, alternadamente vestidos, desnudados, condenados a servir um ao outro de miragem, mais adiante, a arruinar essas miragens, a revelar a angústia, a sujeira, a morte, que estão neles, são perdidos pelo jogo que os joga e os entrega ao impossível. Teu amor é tua verdade se te abandona à angústia. E o desejo em ti só desejou para desfalecer. Mas se é verdade que um outro diante de ti carrega nele a morte, se o poder que ele tem de te atrair é aquele de te fazer entrar na noite, por um instante, entrega-te sem limite à raiva pueril de viver: não tens mais doravante senão vestidos rasgados, e tua nudez suja está prometida ao suplício dos gritos.

Dois seres se escolheram com vistas ao naufrágio sexual, seguindo as atrações mais fortes. Só neles o possível está inteiramente em jogo.

A força exigida é maior; a beleza, a força e a coragem são os signos de um desfalecimento. Mas a coragem é a virtude superficial, trata-se no fim de soçobrar no horror do ser.

O desejo vai do vazio da beleza à sua plenitude. A perfeita beleza, seus movimentos vivos, imperiosos e irrefutáveis têm o poder de incendiar o rasgo, ao mesmo tempo de retardar, de reter. O rasgo dá à beleza seu halo fúnebre. Liga, em condições favoráveis, à pureza das linhas uma possibilidade de perturbação infinita.

Os dois amantes se dão juntando sua nudez. Rasgam-se assim e permanecem ambos muito tempo ligados a seus rasgos.

A beleza é do outro mundo, é o vazio, é o arrancamento que falta à plenitude.

O Nada: o além do ser limitado.

O Nada é, em última instância, aquilo que um ser limitado *não é*; é, em última instância, uma ausência, a ausência do limite. Considerado de outro ponto de vista, o Nada é aquilo que o ser limitado deseja, o desejo tendo por objeto *o que aquele que deseja não é*!

Em seu movimento inicial, o amor é a nostalgia da morte. Mas a nostalgia da morte é ela própria o movimento em que a morte é superada. Superando a morte, ela visa ao além dos seres particulares. É isso que desvela a fusão dos amantes, confundindo seus amores com aquele que um tem pelo sexo do outro. Assim, o amor ligado à eleição desliza sem fim no momento da orgia anônima.

O ser isolado, na orgia, morre, ou ao menos, por um tempo, cede lugar à horrível indiferença dos mortos.

No deslizamento de um ser ao horror da orgia, o amor atinge sua significação íntima, no limite da náusea. Mas o movimento inverso, o momento da reversibilidade, pode ser o mais violento. Nesse momento, o eleito (o ser particular) se reencontra, mas perdeu a aparência apreensível ligada a limites certos. De qualquer jeito, pelo fato de ser escolhido, o objeto da eleição é a própria fragilidade, o próprio inapreensível. A pequena chance que houve de encontrá-lo, a *ele*, a pequena chance que há de mantê-lo suspendem-no, de maneira a tornar intolerável o desejo, acima do Nada daquilo que ele não é. Mas ele não é apenas a partícula ínfima, de antemão entregue ao vazio imenso: precisamente o excesso de vida, de força, fez dele o cúmplice daquilo que o aniquila. A insubstituível particularidade é o dedo, que aponta o abismo e indica sua imensidão. Ela própria é a revelação provocante da mentira que ela é... A particularidade é a de uma mulher que mostra a seu amante suas *obscœna*. É o indicador designando o rasgo, se quisermos, o estandarte do rasgo.

A particularidade é necessária a quem busca avidamente o rasgo. O rasgo não seria nada se não fosse o rasgo de um ser, e justamente de um ser eleito por sua plenitude. O excesso de vida, a plenitude nele são os meios que teve de sublinhar o vazio: essa plenitude e esse excesso são tanto mais os *seus* na medida em que o dissolvem, que suspendem a grade de proteção que separa o ser desse vazio. Daí este paradoxo profundo: não é o simples rasgo que nos rasga intensamente, mas a particularidade rica, absurda, delirante, que abandona à angústia.

A particularidade do ser eleito é o topo; ao mesmo tempo, o declínio do desejo. O fato de atingir o topo quer dizer que será preciso descer dele. Por vezes, a particularidade, por si mesma, esvazia-se de sentido, desliza para a posse regular, reduz-se lentamente à insignificância.

VII

Para além de impulsos ligados à obscenidade perdida, atingirás a vastidão onde reina a amizade. Essa vastidão onde, de novo, estarás desarmada é tanto mais pesada na medida em que nela está suspenso esse longo e frágil clarão: a consciência de uma aflição igual à tua. O que nessa consciência completará tua penúria é esta certeza: que o clarão torna a penúria desejável. A aflição partilhada é também uma alegria, mas só é doce sob a condição da partilha. O fato de soçobrar a dois nas volúpias da penúria a altera: a penúria de cada um dos amantes é então refletida no espelho que o outro é para ele. É uma lenta, uma deliciosa vertigem prolongando o dilaceramento da carne. A figura do ser amado tira daí seu caráter pungente e sua sedução insensata.

Quanto mais inacessível o objeto do desejo, mais ele comunica a vertigem. O que dá a maior vertigem é a unicidade do ser amado.

A vertigem da unicidade não é a simples vertigem, mas a alegria que decuplica uma vertigem intolerável. E, decerto, para terminar, a particularidade (a unicidade) se perde, o vazio se faz total e a alegria se transforma em aflição (o amor morre, ele que não pode exceder nem a unicidade nem a alegria). Mas, para além da unicidade que se perde, começam unicidades diferentes, para além de uma alegria transformada em aflição, novos seres transformam em alegria novas vertigens.

O ser isolado é um engodo (que reflete, invertendo-a, a aflição da multidão), o casal finalmente se tornando estável é a negação do amor. Mas aquilo que vai de um amante para o outro é o movimento que põe fim ao isolamento, que, no mínimo, o faz vacilar. O ser isolado é *posto em jogo*, aberto ao além de si mesmo, mesmo, para além do casal, à orgia.

VIII

Quero agora te falar de mim. As vias que mostrei são aquelas por que passei.

Como representar as angústias em que afundo. Deixa em mim falar o cansaço. Minha cabeça está tão acostumada ao medo, meu coração está tão lasso, a ruína o ganhou tantas vezes que poderia antes me contar entre os mortos.

Esforçando-me a cada dia por apreender o inapreensível, buscando de orgia em orgia... e roçando o vazio a ponto de morrer: eu me encerrava em minha angústia. Para melhor me rasgar aos rasgos das putas. Mais tinha medo e mais divinamente aprendia aquilo que um corpo de prostituta tinha para me dizer de vergonhoso.

A bunda das putas aparecia ao final cercada por um halo de luminosidade espectral: eu vivia diante dessa luminosidade.

Ao buscar numa racha a longínqua extremidade dos possíveis, tinha consciência de me romper e de exceder minhas forças.

A angústia é a mesma coisa que o desejo. Vivi esgotando-me com numerosos desejos, e, toda minha vida, a angústia me quebrou as pernas. Menino, esperava o rufo de tambor que anunciava a saída da aula; e espero hoje, com impaciência ainda maior, o objeto de minha angústia. Um terror me habita que se apodera de mim sob um pretexto. Nesse momento, aquilo que amo é a morte. Gostaria de fugir, escapar do *estado presente*, da solidão, do tédio da vida trancafiada sobre si mesma.

Acontece-me, na angústia, de me confessar minha covardia, de me dizer: outros têm mais motivos do que eu para se queixar e não estão como eu, ofegantes, batendo com a cabeça nas paredes. Levanto tomado pela vergonha: descubro então em mim mesmo uma segunda espécie de covardia. Era covarde evidentemente estar na angústia *por tão pouco*, mas é covarde também fugir da angústia, buscar a segurança e a firmeza na indiferença. No extremo oposto da indiferença (o fato de sofrer "por um nada") começa uma *subida do monte Carmelo*: embora convenha também, em plena aflição, erguer-se e enfrentar o horror.

A lei severa aceita por aqueles que não têm a nostalgia do ápice é doce e desejável. Mas quando se trata de ir mais longe (o mais longe possível), *a doçura faz falta*.

Desejo tirar os vestidos das putas, insaciável de um vazio, para além de mim mesmo, onde soçobrar.

IX

Um desespero de criança, a noite, os túmulos, a árvore com que farão meu caixão agitada num vento violento: o dedo enfiado em tua intimidade, tu vermelha e o coração batendo forte, a morte entrando longamente nesse coração...

Transposto o limiar além do qual reinam o silêncio, o medo..., numa obscuridade de igreja, tua bunda é a boca de um deus, que me inspira uma tristeza diabólica.

Calar-se e longamente morrer: tal é a condição do dilaceramento sem fim. Nessa silenciosa expectativa, o mais suave toque desperta para o prazer. Que teu espírito se reencontre na alegria da indecência. Dali, deslizando num silêncio e num recuo sem fundo, saberás de que abandono, de que morte o mundo é feito. Tu o imaginarás, e aquilo que teu vestido velava sofrerá a consequência: tantas nudezes lúcidas à beira de um mesmo abismo, convulsionadas pela mesma alegria, angustiadas da mesma maneira.

Estás marcada. Não tentes mais fugir. Certas facilidades são engodos. Nem tua má-fé nem tua ironia podem substituir a força. A impudência de uma cadela uma vez tornada tua possibilidade, de qualquer maneira que tentes escapar, volta a te encontrar. Não que estejas presa pelo prazer. Mas não podes evitar ir, aberta, feliz, ao encontro do pior. Aquilo que leva ao além da pobreza das horas, as tristezas que fizeram de tua vida o limite da morte não podem deixar o espírito vacante. Não voltarás a descer, mesmo querendo.

Não te enganes: essa moral que escutas, que eu ensino, é a mais difícil, não permite esperar nem sono nem satisfação.

Peço-te a pureza do inferno – ou, se preferes, da criança: nenhuma promessa será feita em troca, e nenhuma obrigação te prenderá. Escutarás, *vindo de ti mesma*, uma voz que leva a teu destino: é a voz do desejo, e não a de seres desejáveis.

O prazer, na verdade, quase não importa. Ele é recebido como um bônus. O prazer ou a alegria, a *aleluia* insensata do medo, é o signo de uma vastidão onde o coração se desarma. Nesse além semilunar, onde cada elemento é roído, as rosas úmidas de chuva se iluminam com o clarão da tempestade...

Revejo a desconhecida mascarada a quem sua angústia tirava o vestido no bordel, rosto dissimulado, corpo nu: o sobretudo, o vestido e as lingeries espalhadas no tapete.

É para alcançar essa região de sonho que nos servimos do trampolim do prazer. E, decerto, o prazer só é encontrado sob a condição de arruinar as disposições recebidas, de solicitar um mundo pavoroso. Mas a recíproca é inteiramente verdadeira. Não encontraríamos a iluminação infortunada sob a qual a verdade se desvela se o prazer não garantisse nossas insustentáveis atitudes.

Tua tarefa neste mundo não é nem de assegurar a salvação de uma alma sedenta de paz nem de propiciar a teu corpo as vantagens do dinheiro. Tua tarefa é a busca de um incognoscível destino. É para isso que deves lutar no ódio pelos limites – que o sistema das conveniências opõe à liberdade. É para isso que deverás te armar de um secreto orgulho e de uma insuperável vontade. As vantagens que a chance te deu – tua beleza, teu brilho e o arrebatamento de tua vida – são necessárias a teu dilaceramento.

É claro que esse testemunho não será revelado verdadeiramente: a luz que emanará de ti parecerá a da lua iluminando os campos adormecidos. Todavia, a miséria de tua nudez e o transe de teu corpo irritado por estar nu bastarão para arruinar a imagem de um destino limitado dos seres. Assim como o raio que cai abre sua verdade àqueles que atinge: a morte eterna, revelada na doçura da carne, atingirá raros eleitos. Contigo, esses eleitos entrarão na noite onde se perdem as coisas humanas: pois só a imensidão das trevas dissimula, a salvo das servidões do dia, uma luz de brilho tão fulgurante. Assim, na *aleluia* da nudez, ainda não estás no ápice onde se revelará a inteira verdade. Além de transportes doentios, deverás rir ainda, entrando na sombra da morte. Nesse momento se dissolverão em ti e se soltarão esses laços que obrigam o ser à solidez: e não sei se deverás chorar ou rir, descobrindo no céu tuas inumeráveis irmãs...

Notas da edição francesa
das obras completas de
Georges Bataille

Redigido, de acordo com os manuscritos, de setembro de 1939 a outubro de 1943 e publicado em 1944 pela Gallimard, O culpado *foi reeditado em 1961 como segundo tomo da* Suma ateológica, *acrescido de uma Introdução e de um texto de 1947,* A aleluia.

Vamos nos referir nestas notas aos seguintes textos:

Cad [Cadernos 1 e 2] = dois cadernos de 32 e 45 páginas, datados de 14 de setembro a 8 de dezembro de 1939 e de 26 de maio a 14 de agosto de 1940.

(Esses dois cadernos são quase inteiramente inéditos, as passagens destinadas à publicação tendo sido recortadas – ou recopiadas – para constituir as duas primeiras partes do manuscrito propriamente dito, descrito abaixo:)

A [manuscrito comprado pelo Sr. Louis Clayeux] = manuscrito original, composto de 480 folhas datadas formando quatro cadernos de formatos diferentes, anotado por Bataille nos anos 1950.

B [Ms. 2, 277 páginas] = cópia corrigida do manuscrito original.

C [Env. 65, p. 33-44, 61-65 e 83] = notas e fragmentos num caderno de 1943 para A oresteia.

D = primeira edição, Gallimard 1944.

Esta era a prière d'insérer *da primeira edição:*

Um homem amadurece – envelhece, se quiserem – de perto ou de longe se aproxima da morte. Parece-lhe difícil, sem combate, abandonar ao túmulo um ser que não compreendeu nada, que atravessa a terra como um sonho, uma fantasia desprovida de sentido e que falha, para terminar, com a fantasia. Luta desesperadamente na esperança de não afundar. Interroga assim, na angústia, as possibilidades últimas: o êxtase, a chance, o riso. Escala, com grande dificuldade, esgotado, escarpas vertiginosas. Chegado ao topo, percebe dessas possibilidades que elas não são o que são... Voltando-se então para aqueles de quem é a imagem e de que se acreditou o enviado, descobre-se, não sem ironia, separado deles. O fato de chegar ao topo é considerado por eles como uma falta de que ele se tornou culpado. Não seria o topo se não fosse assim: sem remissão possível, ele perdeu o repouso, a quietude dos outros.

E esta a da edição de 1961:

O tomo II da *Suma ateológica,* cujo tomo I, *A experiência interior,* foi publicado em 1954, é a reedição, por vezes modificada, de dois livros publicados, o primeiro em 1944, o segundo em 1947, cujo conteúdo corresponde à bizarrice do título da obra.

O culpado é o relato de uma experiência "mística" paradoxal, formado a partir das páginas de um diário redigido de setembro de 1939 ao verão de 1943. Essa experiência, a despeito das aparências perturbadas pelos acontecimentos, não pertence a uma religião de-finida. Paradoxal, não se opõe de modo algum ao erotismo: está em jogo, não obstante, no êxtase; imoral, sua única possibilidade é a chance. É uma sorte de jogo sem refúgio, extravio, angústia de início, essencialmente violência voltada para dentro.

Ao *Culpado* soma-se a *Aleluia,* convite ardente ao erotismo do amante à amante.

[1] *Essa Introdução foi publicada inicialmente em novembro de 1960, no número 95 da* Nouvelle Revue Française, *com o título: "O medo".*

Encontram-se nos papéis de Bataille diversos projetos de uma Introdução geral à Suma ateológica. *Entre eles, este*
Prefácio do Culpado
Deus seria um homem para quem a morte, ou antes, a reflexão sobre a morte seria uma diversão prodigiosa?

Maneira de falar bem incorreta? Decerto.

Maneira de rir, isso sim. Mas o riso e a palavra (refiro-me à palavra que, sem armadilha, não se esquiva diante de *todas* as consequências da palavra) não poderiam, no final, entrar em acordo?

Este livro é a gargalhada dissimulada, e por isso ainda mais vivaz, de um homem que se esforçou em circunstâncias favoráveis (ele o fez com grande dificuldade e, no conjunto, foi em vão) para se encerrar dentro da perspectiva da morte (a vida logo retomou seu domínio sobre ele, a vida mais aguda, mas, às vezes, mais dilacerada).

Essas circunstâncias (independentes da vida pessoal do autor) se devem à declaração da guerra de 1939. Na prática, o autor formou este livro a partir do "diário" que redigiu, decidido por um movimento que ele não poderia dominar, desde o dia em que a guerra estourou. O autor, então com 42 anos, nunca tinha redigido um diário antes. Mas, logo, encontrando-se diante das páginas escritas, percebeu que nunca tinha escrito algo que fosse tão importante para ele, algo que o exprimisse tão plenamente. Teve apenas de suprimir as passagens que falavam de terceiros (principalmente da morta [Laure] a que seu amigo, Michel Leiris, alude em *La Règle du jeu*): este livro é violentamente dominado pelas lágrimas, violentamente dominado pela morte.

Hoje, o autor fica surpreso ao perceber que *O culpado*, tanto quanto pelas lágrimas e pela morte, é dominado pela representação de Deus

[2] *Trata-se da carta a Alexandre Kojève (ver Apêndice). O livro começado é a primeira versão de* A parte maldita. *Estas linhas constituíam a Advertência de D. Em B elas são seguidas deste texto riscado, retomado de C:*

Gostaria que esta advertência se limitasse a [*riscado:* estas] poucas linhas: uma singularidade do texto publicado me incomoda.

No início de "As desgraças do tempo presente" – numa passagem datada de 27 de maio de 1940 – o autor evoca uma carta a respeito da "negatividade sem emprego" que resultaria do acabamento da história (essas fórmulas se referem a Hegel – para quem a negatividade era a ação, e a história acabada, a condição do saber). O autor dava então a carta por destruída ou perdida: ela se encontrava, no entanto, entre seus papéis "a publicar". A data escolhida para introduzir semelhante assunto dá à atitude do autor um caráter obscuro. Ainda mais que, no fim do livro, ele vai no sentido da ação. Essa contradição é, decerto, deliberada. Isso me leva a sublinhar o caráter *enigmático* da obra. Sob a aparência de uma confissão, por vezes provocante, o autor se esquivou. Para quem quer ver, é difícil levar mais longe o pudor, a moral agressivos. Seria tacanho se enganar a esse respeito.

O autor queria que o adivinhassem. Exprimiu a contradição das coisas humanas ora na angústia, ora através de uma desenvoltura risonha. Mas até onde sei, ninguém teve mais que ele a preocupação com as crianças, com as duras realidades desse mundo e com os problemas sociais.

Devo ainda oferecer aqui duas notas postas de lado (decerto, com vistas a algum preâmbulo):

Céus, em que masmorra! Ninguém se deixará enganar, não tenho sentimentos de miséria... como um pássaro, zombeteira, mágica, uma alegria divina me acompanha em meus suplícios. Mas... imaginava-o agora há pouco, bizarramente engenhoso, como quando se sonha: estarei morto. E só um livro restará (até ele pode se extraviar). A leitura de um livro – supondo-se que ele tenha sua "chance" (seu segredo) – é comparável aos vermes a que a cova abandona um corpo. Mesmo supondo-se... mais tarde, logo, logo (percebo, em sua transparência, a queda do mundo humano num nada), não restará de nós mais que uma *ausência de memória* de nossa impotência em conceber esse tempo que, a partir de então, terá nos ultrapassado: esse mundo inconcebível onde só posso entrar se me recuso a concebê-lo, rindo de mim mesmo, renegando-me.

Mas, desde agora? o que significa isto (este livro)? Seria ele para a inteligência humana – já – aquilo que é este mundo que a quebra? Uma traição! do homem pelo mundo ou do mundo pelo homem: teria eu deixado – já – de ser humano? ininteligível, traidor, mesmo para os menos pesados de nós: o arrancamento! Que sentido tem, para mim, nesse caso, o pesadume deles? Masmorra onde a angústia me mantém preso! Infeliz, não sou eu em cada ponto semelhante a vocês, cúmplice de cada equívoco?

Contra os fracos – aqueles que:

em geral precisam de um fundamento,

não têm audácia nem retidão morais,

só se mantêm de pé no possível e, no impossível, desabam,

não têm nenhuma regra de vida ou têm uma fundada sobre princípios,

quando sobre um abismo, não sabem rir nem se conduzir de maneira útil, são obrigados a confundir o abismo com uma ameaça moral (um imperativo), ou ser moralmente relapsos.

Em geral contra os "deixar a coisa ir" de todas as espécies, inclusive aquele que consiste em punir a si mesmo, em afundar na platitude sob uma aparência de tensão moral.

No sentido de uma amizade ousada do homem consigo mesmo,

com aquilo que ele é, ou seja:

enigma sem palavra, interrogação sem resposta,

elemento da natureza, mas que rompe com ela,

ser que vai ao fundo de todo o possível (não tendo mais nada a fazer, uma vez que é).

[*C traz ainda:*]

Advertência do editor (fim). – Por que ele não deixou nenhum sinal confessando a contradição (com o começo)? Imagino que viu na luta um perigo. Na luta, necessariamente, as razões de lutar deixam de ser puras razões. Para manter a integridade do fim – aquilo que diz sobre o riso – deixou o começo – a ausência de preocupação – em sua liberdade. Ele se contradisse sem embaraço e sem rodeios. Nessa liberdade impudente – em que leio a *esperança* e a embriaguez de viver – há com o que alimentar mal-entendidos: o que uma advertência busca prevenir.

(O início da advertência versando sobre a passagem de "Desgraças" em que a história é representada como acabada.)

[3] *Nos manuscritos de* O arcangélico, *essas duas estrofes são seguidas da data:* 13/9/1943.

[4] *A (e B, riscado):*

7 de setembro [1939].

Tudo isso – e meu desejo acima de tudo – se passa numa espécie de penumbra ardente sorrateiramente desprovida de sentido. O mal que se abate sobre o mundo me parece inapreensível. Tem algo de silencioso e de fugidio que exaspera e exalta. Ontem fui interrompido por um telefonema: pediam para eu carregar uma maca, mas pensei que se tratava de um exercício combinado havia muito tempo. A "falsa doente" estava sentada. Sorria ao lado da maca. Nós a deitamos tranquilamente e então a carregamos em dois até o meio de uma vasta sala com piso de mármore, cercada de espelhos e dourados. Ela se mantinha imóvel, com o chapéu na cabeça e um sobretudo de lã grossa muito simples, a bolsa a seu lado, a caixa da máscara de gás aos seus pés; fiquei sozinho com ela por um momento. Percebi um dos meus colegas: fui até ele e lhe disse rindo que, sendo mais pesado, ele substituiria vantajosamente a "doente" no exercício que fazíamos. Nesse momento, chegou uma senhora com uma folha de papel em branco. A "doente" lhe disse algo, acredito, mas não escutei nada. A senhora colocou a folha de papel debaixo do queixo da "doente": imediatamente, saíram de sua boca três ou quatro comprimidos de espuma branca que deslizaram sobre o papel sem se misturar. Meu colega saiu (disse-me depois, pasmo, que os comprimidos tinham saído da boca dela como de um distribuidor automático). A senhora também saiu, dizendo-me para falar o mínimo possível. Fiquei novamente sozinho com a "doente", andando para lá e para cá sobre o piso de mármore: volta e meia, percebia minha silhueta nos espelhos. Perguntava-me quando viriam me substituir, mas aquilo não durou muito. Esse erro me deprimiu, mas também me agradou, dando-me a consciência de viver um pesadelo que seria vão e inconveniente compreender.[*]

---

[*] *Nota de Bataille:* Esse episódio se seguiu ao alerta dado na manhã do dia 6. A "doente" tinha então descido na estação de metrô Palais-Royal. Fora na sequência

[5] *A:* [...] vale de Saint-Germain* [...].

[6] *Em A o texto continua:*

Algumas horas antes, ontem à noite, quando estava jantando com [*rasurado*] X. (X., mobilizado [*rasurado*], parte hoje, mas parte [*rasurado*]), eu já tinha tomado um bocado de vinho. Pedi a X. que lesse no livro que tinha comigo uma passagem, e ele a leu em voz alta (ninguém que eu conheça lê com mais dura simplicidade, com mais grandeza apaixonada que ele). Eu estava bêbado demais e não lembro direito da passagem. Ele também tinha bebido tanto quanto eu. Seria um erro pensar que semelhante leitura, feita por bêbados, não seja mais que um paradoxo provocante. Tudo o que posso dizer de mais verdadeiro a respeito de X. é que ele [*rasurado*] no momento de minha vida [*rasurado*]. Acho que estamos unidos por estarmos ambos abertos sem defesa − por tentação − a forças de destruição, mas não como audaciosos, e sim como crianças que uma covarde ingenuidade nunca abandona. Seu rosto de traços fortes, marcado por uma correção distante, ao mesmo tempo crispado, febril, ferido pelo dilaceramento constante de uma agitação interior impossível, seu crânio raspado (de cor quase uniforme, como se fosse de madeira ou de pedra), formam talvez o que já encontrei de mais contraditório: uma covardia evidente (mais evidente que a minha), mas tão marcada de gravidade, tão impossível de liberar que nada é mais pungente de se ver; ao mesmo tempo menininho culpado e venerável ancião, ingênuo marujo de folga e estúpida divindade perdendo uma cabeça de rochas na obscuridade das nuvens... Seres como X. e eu não podem em caso algum pretender à santidade. Sei lá eu ao que podemos pretender? se estamos mais perto dos santos que dos outros homens, é na medida em que somos "deusinhos esfolados". Por que eu não me tornaria um deusinho se é verdade que não se pode mais a um só tempo rir, embebedar-se, gozar com putas nuas e depois conhecer o êxtase sem ser um deus?

10 de setembro.

Um deus não se ocupa [...]

---

até a Biblioteca Nacional. Logo se sentira mal: apresentava, ao que parece, os sintomas de um envenenamento por fosgênio. Por toda manhã circulou o rumor de que bombas ou balõezinhos de gás tinham caído no leste de Paris. O mais estranho é que essa "doente" não parece, em tempos normais, inclinada às reações nervosas. A única certeza é de que não havia gás nenhum.

* *Nota de Bataille:* Substituí na edição o nome real por F..., que corresponde a Fourqueux, vilarejo situado do outro lado do vale, de frente para a casa onde morava.

[7] *A, na sequência, riscado:*

Entre [*rasurado*] e [*rasurado*] o combate está sendo travado, mas [*rasurado*] não é o igual [*rasurado*] para os quais nada há senão um homem.

As razões dos deuses [*rasurado*] se exprimem através de um desencadeamento de [*rasurado*]. Uma cólera incessantemente

[*Cad (riscado) completa:*]

desencadeada contra a pouca divindade demais de sua potência, semelhante cólera deve ser essencial para a natureza divina. Mas é evidente que o conflito atual não precisa dessas fórmulas: elas têm um sentido para aqueles que vivem na noite divina; não o têm para aqueles que nunca entram nessa noite. Lutarei de bom grado (mas por que me explicaria inteiramente a esse respeito? conheço meus sentimentos e meus meios; não brigo comigo mesmo, poderia dispor como um louco daquilo que me resta de vida – não teria mérito nisso – falta-me resolução quase tanto quanto covardia, é por isso que me sinto livre), lutaria de bom grado se fosse o caso, mas não estou obcecado pela guerra. [*Riscado:* Não vejo razão para fazer sobre isso reflexões à Clausewitz. Minha loucura, se "loucura" há, combina tão bem com os movimentos de forças atuais quanto as tensões arrazoadas e as ordens militares. Minha loucura é uma força divina, mas que gostaria] Não sinto necessidade de nenhuma declaração de princípio, mas antes uma necessidade oposta. Parece-me que o tipo de força de que disponho não tem maior dificuldade de encontrar um sentido no combate atual que as resoluções morais fundadas no direito e na razão. O direito e a razão só podem culminar na liberdade, ou seja, naquilo que exprimo, um amor juvenil. Uma liberdade divina é necessária à humilhação daqueles que subordinam seus esforços a vaidosas conquistas. Acho que um dia hei de introduzir, eu, uma nova "divindade". Mas ela não será mais aviltante, pois não subsistirá mais, então, nem Deus nem Bem. Semelhante "divindade" penetrará "como um ladrão".

[*E A retoma:*]

A divindade (no sentido de "divino" e não de Deus) [...]

[8] *Em A, na sequência:*

A insatisfação humana pode ser encontrada sob todas as formas. Hitler estava insatisfeito no dia em que entrou em guerra. Tal é a forma geral que a guerra representa: imagina-se que a satisfação exija conquistas e glórias, mas não se imagina que a satisfação seja impossível. Só além se percebe que a grandeza consiste em se reconhecer impossível de satisfazer e, nessas condições, em não ver nada na guerra daquilo que possa propiciar a satisfação, conquista ou desígnio qualquer: a guerra é apenas um momento mais carregado de sentido trágico que o tempo comum, ela exprime com força uma agitação que nada aplacará – nunca nada. Todas as reivindicações políticas – exteriores ou interiores – não são mais que o disfarce sob o qual se dissimula essa espécie de angústia ardente que exige incessantemente mudanças e destruições.

Parece-me [...]

[9] *Cad, na sequência*:
14 de setembro.

Fui ontem ao túmulo de Laure, e, assim que atravessei minha porta, a noite estava tão escura que me perguntei se conseguiria me orientar pela estrada; tão escura que sentia um nó na garganta, sem poder pensar em outra coisa: era-me, portanto, impossível entrar naquele estado de semiêxtase que começava cada vez que eu tomava o mesmo caminho. Depois de um bom tempo, lá pelo meio da encosta, cada vez mais perdido, a lembrança da subida do Etna me voltou à memória e me transtornou: tudo estava assim escuro e carregado de terror dissimulado na noite em que Laure e eu escalamos as encostas do Etna (essa subida do Etna teve para nós um sentido extremo; para fazê-la, tínhamos renunciado a ir à Grécia – tivemos de pedir o reembolso da travessia já parcialmente paga; a chegada ao amanhecer no topo da cratera imensa e sem fundo – estávamos esgotados e, de certo modo, exorbitados por uma solidão estranha demais, desastrosa demais: foi o momento de dilaceramento em que nos debruçamos sobre a ferida escancarada, sobre a fissura do astro onde respirávamos. O quadro de cinza e de chamas que André [Masson] pintou depois que lhe contamos isso estava perto de Laure quando ela morreu, e ainda está em meu quarto. No meio do percurso, quando tínhamos entrado numa região infernal, adivinhávamos igualmente ao longe a cratera do vulcão na extremidade de um longo vale de lava, e era impossível imaginar algum lugar onde a horrível instabilidade das coisas fosse mais evidente, Laure foi tomada de repente por tamanha angústia que, louca, fugiu correndo direto para frente: o pavor e a desolação em que entráramos tinham-na extraviado). Ontem, continuei a escalar a encosta da colina onde fica seu túmulo, transtornado por uma lembrança tão carregada de terror noturno (mas ao mesmo tempo de glória subterrânea, dessa glória noturna já rompida a que não chegam verdadeiros homens, mas apenas sombras tremendo de frio). Quando entrei no cemitério, estava emocionado a ponto de perder a cabeça, tinha medo dela e me parecia que, se ela me aparecesse, só conseguiria gritar de terror. Apesar da extrema escuridão, era possível distinguir (eles erigiam formas vagas relativamente brancas) os túmulos, as cruzes e as lajes; percebi também dois vaga-lumes. Mas o túmulo de Laure, coberto de vegetação, formava, não sei por que, a única extensão absolutamente escura. Ao chegar diante dele, abracei-me de dor sem nada mais saber, e, nesse momento, foi como se me desdobrasse obscuramente e como se *a* abraçasse. Minhas mãos se perdiam ao redor de mim mesmo e me parecia tocá-la e respirá-la: uma terrível doçura se apoderou de mim, e isso se passava exatamente como quando nos encontrávamos, de repente; como quando os obstáculos que separam dois seres caem. Então, diante da ideia de que, de novo, voltaria a ser eu mesmo, limitado a minhas pesadas necessidades, comecei a gemer e a lhe pedir perdão. Chorava amargamente e não sabia mais o que fazer, porque sabia muito bem que a perderia de novo. Estava tomado por uma vergonha insuportável diante da ideia do que ia me tornar, por exemplo: aquele que sou no momento em que escrevo, e pior ainda. Só tinha uma certeza (mas essa certeza era embriagante): que a experiência dos seres perdidos, quando se libera dos objetos habituais da atividade, não é limitada em nenhum sentido.

Aquilo que experimentei ontem não era menos ardente, nem menos verdadeiro, nem menos carregado de sentido para o destino dos seres que o encontro do *ininteligível* sob outras formas, mais vagas ou mais impessoais. O ser queima por ser um ser através da noite, e queima tanto mais já que o amor soube derrubar as paredes de prisão que enclausuram cada pessoa: mas o que pode haver de maior que a brecha através da qual dois seres se reconhecem um ao outro, escapando da vulgaridade e da platitude que o infinito introduz. Aquele que ao menos ama além do túmulo (ele, portanto, escapou também da vulgaridade própria às relações cotidianas, mas nunca os laços demasiado estreitos foram mais quebrados do que por Laure: a dor, o pavor, as lágrimas, o delírio, a orgia, a febre, depois a morte foram o pão cotidiano que Laure partilhou comigo, e esse pão me deixa a lembrança de uma doçura medonha, mas imensa; era a forma que tomava um amor ávido por exceder os limites das coisas, e, no entanto, quantas vezes, juntos, atingimos instantes de felicidade irrealizável, noites estreladas, riachos que correm: na floresta de [*Lyons?*], caída a noite, ela andava ao meu lado em silêncio, eu a olhava sem que ela me visse, alguma vez estive mais certo daquilo que a vida traz em resposta aos mais insondáveis movimentos do coração? Olhava meu destino avançar na escuridão a meu lado, é impossível que uma frase expresse a que ponto a reconhecia: tampouco posso expressar a que ponto Laure era bela, sua beleza imperfeita era a móvel imagem de um destino ardente e incerto. A transparência fulgurante de semelhantes noites é igualmente indizível). Ao menos aquele que ama além do túmulo tem o direito de liberar em si o amor de seus limites humanos e de não hesitar em lhe atribuir mais sentido que a qualquer outra coisa que lhe pareça concebível.

Faço questão de transcrever esta passagem de uma carta de Laure a Jean Grémillon em setembro (ou outubro) de 1937, quando da nossa volta da Itália:

"Realizamos, Georges e eu, a subida do Etna. É um bocado aterrorizante. Gostaria de contar, não posso pensar nisso sem ficar perturbada, e aproximo dessa visão todos os meus atos deste momento. Assim, é mais fácil para mim apertar os dentes... tão forte – de quebrar os maxilares."

Transcrevo as frases, mas não compreendo mais verdadeiramente o que elas encerram de verdade. Sequer busco mais, pois só posso buscar propondo-me atingir aquilo que é quase inacessível, e isso só pode ser tentado raramente.

[*A retoma:*]

15 de setembro.

Aquilo a que chamam *substância* [...]

[10] *Cad:*

Segunda parte

O desejo satisfeito

19 de setembro.

Não é um sentimento que experimentei sozinho. Um nervosismo que só podia resultar num cataclismo já existia há um mês...

20 de setembro

... mas existe agora uma nova contração dos nervos: desde 17 de setembro ela piorou. Escapo dela esta manhã. Reencontro a *mim mesmo* esta manhã: num acordo angélico com a realidade mais... Esta manhã, neste quarto que em breve terei de abandonar, onde tudo se consumou. Todas as venezianas foram bem abertas. O céu está um pouquinho brumoso, mas sem nuvens, a tília em frente à janela mal se movimenta. Esta casa, em meio às grandes árvores, a única onde Laure encontrou, antes de nela morrer, um curto repouso, a floresta próxima, seu túmulo, o corvo e o deserto... tanta maldição, tanta miraculosa obscuridade, mas esta manhã, um sol atenuado por uma bruma luminosa e, daqui a pouco, a partida definitiva. O segredo transparente da luz, da desordem e da morte, toda a majestade da vida que finda, minha sensualidade feliz, minha perversão, não abandonarei o que sou e que se confunde com a imensa doçura deste mundo fissurado: fissurado pela irascibilidade, pelas sórdidas fúrias das massas, pelas misérias carregadas de horror pela chance; a que ponto amo o que sou! mas permaneci fiel à morte (como uma apaixonada).

[*Além disso: D apresenta numerosas variações na disposição dos parágrafos deste capítulo. Bataille se explica numa nota, em A:*]

Não consigo me lembrar hoje por que mudei a ordem de minhas notas. Talvez por engano, em consequência de um embaralhamento que pode ter acontecido numa cópia feita sobre folhas soltas sem nenhuma data. [...] A ordem correta será restabelecida na próxima edição, que deve sair em 1959.

[11] *Cad (o que foi substituído pelos pontos):*

Isso tem lugar como uma dança em que cada presença aniquilada estaria imediatamente alhures, cada vez mais ardente de vida. A presença de L., suave como a cintilação de um machado na noite, intervém de repente "como um ladrão" e introduz um abraço de um frescor tão profundo, tão arejado quanto o hálito da noite. Mas *é preciso* também que eu *saia* dessa presença com vontade firme: essa presença ela própria o exige com uma vontade firme.

[12] *A*:

[...] como o rufo de tambor... como o gemido mais atual das sirenes. Há seis anos, aconteceu-me de associar o Obelisco e a praça a uma sequência de explosões noturnas; aquele barulho entrava em combinação com meus soluços: a lembrança que guardei dele é tão obscura quanto um sonho (não sei como essa dupla associação pôde assumir para mim a simplicidade de uma guilhotina que se abate). Escrevi por volta de 1933 uma página exprimindo a emoção que sentira. Devo ter destruído o manuscrito a que me tornara hostil (simples literatura atolada). Mas nunca deixei de ser atraído pelo Obelisco. Em 1936, projetei com três amigos espalhar uma grande poça de sangue em sua base (íamos tirar o sangue de nós mesmos, um de nós, estudante de medicina, tinha previsto as condições necessárias). Queríamos enviar um comunicado à imprensa. Esse comunicado, que levaria a assinatura do Marquês de Sade, teria guiado alguns jornalistas curiosos (apesar da aparência de maquinação) até o lugar "onde a vítima estava enterrada". Tínhamos pensado em abandonar nas proximidades de Paris um pacote contendo um crânio humano que possuíamos. Mas esse crânio passaria antes por uma preparação: ficaria curtindo num produto que lhe daria em algumas semanas uma consistência mole, mais próxima daquela das esponjas que da dos ossos. O aspecto estranho do despojo assim tratado seria capaz de reter absurdamente a atenção sobre o conteúdo do texto que teríamos colocado junto dentro do pacote: tínhamos encontrado o autêntico crânio de Luís XVI; era fácil inventar as circunstâncias do achado. Nenhum seguimento foi dado a esse projeto, que, aliás, teria perdido na execução a maior parte de um atrativo discutível. Ofereço-o aqui apenas para atestar uma obsessão duradoura.

24 de setembro.

Assisti ontem, no Concert Mayol, ao primeiro espetáculo aberto em Paris desde o início das hostilidades: exibição, por vezes hábil, de belas garotas nuas ou melhor que nuas. Só uma cena evocava a guerra: num abrigo onde alguns personagens típicos dão livre curso a facécias de baixo nível. Há ali belas garotas que não têm máscara. Uma enfermeira distribui entre elas maços de algodão e, bem baixinho, explica como devem usá-los em caso de "alerta: gás". O alerta soa – por engano. As garotas correm para os bastidores a fim de fazer pipi nos maços. Quando voltam, com a boca e as narinas cobertas, o chefe de bairro acorre: ele se enganou. Grandes gritos: a cortina cai. Um bêbado interpela o chefe de bairro: ele as perfumou; agora que beije as infelizes.

[13] *ELIADE, Mircea.* Yoga, essai sur les origines de la mystique indienne *[Yoga, ensaio sobre as origens da mística indiana]. Paris-Bucareste, 1936.*

[14] *A:*

[...] infinita do homem. O que dirige a experiência ardente da nudez é a busca de um ponto de êxtase – ponto sempre exterior e que extasia no momento em que nos perdemos em nossa exterioridade.

26 de setembro

A criança (o mundo) que nasce do barulhento parto a que assistimos não se preocupa com os cálculos que dispõem dela. Quem quer que seja, aquele que permanecerá quando a maré de ferro tiver se retirado não se assemelhará a seu ridículo pai. Não será possível em caso algum restaurar o mundo ausente de 1900. Vencedores, os homens da velha democracia não teriam mais chance de restaurá-la do que os inimigos de Napoleão tiveram de restaurar a monarquia divina. O vasto destroço humano [...]

[15] *A:*

[...] de interrogar as trevas de minha sina. Por que, criança, eu tinha diante dos olhos um tão repugnante asceta?

[*Cad completa:*]

O que me aterrorizou igualmente: o rosto de Laure tinha uma obscura semelhança com o desse homem tão pavorosamente trágico: um rosto de Édipo vazio e meio demente. Essa semelhança se intensificou durante sua longa agonia, enquanto a febre a roía, talvez particularmente durante suas terríveis cóleras e seus acessos de ódio contra mim. Tentei fugir daquilo que encontrei assim: fugi de meu pai (vinte e cinco anos atrás, abandonei-o à sua sina durante a invasão alemã, fugindo com minha mãe: ele permaneceu sozinho em Reims, confiado aos cuidados de uma faxineira; estava cego e paralítico e quase incessantemente sofria a ponto de gritar*); fugi de Laure (fugi dela moralmente, aterrorizado, frequentemente enfrentava-a, assisti-a até o fim e teria sido inconcebível deixar de fazê-lo no limite de minhas forças, mas à medida que ela se aproximava da agonia eu me refugiava num torpor doentio; por vezes bebia..., tornava-me também por vezes ausente).

[*E A retoma:*]

É natural que um homem, ao encontrar o destino que lhe pertence, tenha primeiro um movimento de recuo. Encontro-me hoje no cruzamento dos caminhos em que me agito: para além de meus êxtases e de minhas orgias, continuo detido diante da perspectiva da austeridade. Esta manhã [...]

[16] *A:*

29 de setembro.

Posso me propor uma primeira forma de ascese: uma inteira simplicidade. Depois de um dia de exaltações e de depressões, minha extrema mobilidade tinha privado tudo de sentido: a incoerência de uma sucessão rápida demais de movimentos ardentes e de imagens deixa no espírito um vazio odioso. Devo reconhecer aí uma miséria a que minha própria vida está abandonada e que se desenvolve ao extremo numa solidão moral. Não basta que eu me proponha uma simplicidade [*tão?*] fácil à maioria: preciso ainda dispor das condições sem as quais ela não é possível. No entanto, a ascese poderia consistir em que eu me comportasse simplesmente antes mesmo que as condições necessárias me sejam dadas.

[*Cad completa:*]

A condição natural da simplicidade é a ação. Ora, à ação é necessário um imperativo cruel que afaste as contradições aparentes. Como me seria

---

*   Bataille acrescentou esta folha ao caderno 1:

Às vezes imagino que morrerei abandonado ou mesmo que permanecerei sozinho, vivo e sem força. Por que evitaria a sina de meu pai, que eu, voluntariamente, abandonei sozinho, meu pai, o cego, o paralítico, o louco, gritando e esperneando de dor, pregado numa poltrona escangalhada? Minha mãe e eu (eu tinha 17 anos, e minha mãe ficaria louca dali a poucos dias), minha mãe e eu o deixamos lá com uma faxineira e um pouco de dinheiro e fugimos diante da invasão de agosto de 1914. A cidade onde meu pai estava foi invadida, depois liberada, depois a linha de fogo se estabeleceu a dois quilômetros dela. A catedral e muitas casas queimaram ou desabaram durante os bombardeios. Eu queria voltar; minha mãe enlouqueceu justamente por isso. Na primavera, ela sarou, mas se recusou [riscado: ainda a voltar], ela não quis também que eu a deixasse, e eu esperei. Meu pai morreu em novembro de 1915. Meu pai morto, minha mãe aceitou ir enterrá-lo. Naquele mesmo ano, em ja [janeiro?]

possível agir se os imperativos de que sou presa não são outros senão: os pânicos súbitos e a agonia de Laure; a noite retumbante de gritos de dor em que meu pai [*riscado:* soçobrou diante dos meus olhos] entrou diante de mim.

30 de setembro e 1º de outubro.

Entre os escritos que enviei a diversas revistas, aquele que intitulei *O sagrado* e que foi publicado pelos *Cahiers d'Art* é a meus olhos o único em que a resolução que me anima aparece com certa clareza. Esse texto talvez esteja distante: a "comunicação" não está nele menos desajeitadamente longínqua nem menos incômoda que na maior parte de meus escritos publicados. A parte demonstrativa tocou, no entanto, alguns daqueles a quem me endereçava realmente.* Acho que a ignorância ou a incerteza que permanecem importam pouco; não é mais possível limitar agora a esperança: para homens cuja vida é necessariamente idêntica a um longo temporal – que só pode ser liberado pelo raio – aquilo que é esperado não pode ser menos delirante que o sagrado.

Se uma mudança essencial ocorre, não se deve atribuí-la a escritos. Se frases têm um sentido, elas não fazem mais que reunir aquilo que se buscava. Aquelas que gritam livremente morrem com seu estrondo. O que é necessário: apagar um grito situando-o na sombra da realidade que ele exprime. Essa honestidade não poderia se impor em nenhum caso mais que ela se impõe a mim em relação a esse artigo.

[*Riscado:* Eu o escrevi ano passado, de agosto a novembro, tendo combinado que o faria com [Georges] Duthuit, encarregado do número de *Cahiers d'Art* em que ele foi publicado. E sobre as circunstâncias em que isso se deu, devo relatar aqui um detalhe essenc]

Essencialmente, acho importante relatar aqui uma das circunstâncias em que o escrevi. Nos dois últimos dias da doença de Laure, na tarde de 2 de novembro, eu chegara à passagem onde exprimo a identidade entre o "graal" em busca do qual nos encontramos e o objeto da religião. Eu a terminei com esta frase: "O cristianismo *substancializou* o sagrado, mas a natureza do sagrado, em que reconhecemos hoje a existência ardente da religião, é talvez aquilo que se produz de mais inapreensível entre

---

* *Nota de Bataille, em A, riscada:* O acordo, não menos vago, não menos longínquo que a própria comunicação, correspondia ao que eu podia desejar. No entanto, seria pueril esperar muito mais que sinceras imprudências, logo seguidas de reticências (enquanto a ferida não se aprofunda, enquanto não se trata de ferir *mortalmente*). Éluard me surpreendeu dizendo-me que temia encontrar ali um novo caminho de "salvação".

os homens, o sagrado não sendo mais que um momento privilegiado de unidade comunial, momento de comunicação convulsiva do que ordinariamente é sufocado". Acrescentei imediatamente à margem para indicar claramente, ao menos para mim mesmo, o sentido das últimas linhas: "identidade com o amor".*

Lembro que mais ou menos nessa hora, surgiu um curto raio de sol de uma beleza deslumbrante sobre as árvores, então avermelhadas, que formavam uma linha muito alta cem passos à frente de minha janela. Tentei ainda começar a passagem seguinte, mas mal consegui esboçar duas frases. Estava chegando o momento em que poderia me juntar a Laure em seu quarto. Aproximei-me dela e percebi imediatamente que estava muito pior. Tentei lhe falar, mas ela não respondia mais a nada, pronunciava frases sem seguimento, absorvida num imenso delírio; não me via mais, não me reconhecia mais. Compreendi que tudo estava terminando e que nunca mais poderia lhe falar, que ela morreria assim dali a algumas horas e que nunca mais nos falaríamos. A enfermeira disse em meu ouvido que era o fim: explodi em soluços; ela não me ouvia mais. O mundo desabava impiedosamente. Minha impotência era tão grande que sequer consegui mais impedir sua mãe e suas irmãs de invadirem a casa e seu quarto.

Ela agonizou quatro dias. Por quatro dias permaneceu ausente, dirigindo-se a uns e outros segundo um capricho imprevisível, súbito ardente e logo lasso; nenhuma palavra a atingia mais. Em curtos instantes de trégua, suas frases se tornavam inteligíveis: ela me pediu para buscar em sua bolsa e em seus papéis alguma coisa que era preciso absolutamente encontrar; mostrei-lhe tudo o que estava ali, mas não consegui encontrar o que ela queria. Só nesse momento foi que vi, e lhe mostrei, uma pequena pasta de papel branco que levava um título: O sagrado. Tive a esperança de que ela ainda falaria comigo, para além da morte, quando eu pudesse ler os papéis que ela deixava. Sabia que ela tinha escrito muito, mas não me deixara ler nada, e eu nunca tinha pensado encontrar no que ela abandonava uma resposta a essa questão precisa que se esconde em mim como um bicho sofrendo, faminto.

Tive de renunciar a encontrar o que ela queria; o "tempo" estava pronto para "ceifar sua cabeça" e a ceifou, e eu fiquei ali diante do que acontecia, pesado de vida, mas incapaz de apreender qualquer outra coisa

---

* *Nota de Bataille:* Eu tinha escrito essas palavras à margem, como faço com frequência, com a intenção de voltar àquilo um pouco mais adiante. Não o fiz. Além do mais, já tinha lido os manuscritos de Laure quando continuei a escrever.

que não sua morte. Não digo agora como sua morte chegou, embora a necessidade de dizê-lo exista em mim da maneira mais "terrível".

Quando tudo terminou, encontrei-me diante de seus papéis e pude ler as páginas que percebera durante sua agonia. A leitura de todos os seus escritos, inteiramente desconhecidos para mim, provocou sem dúvida alguma uma das mais violentas emoções de minha vida, mas nada podia me tocar e me dilacerar mais que a frase que terminava o texto em que ela fala do Sagrado. Eu nunca tinha conseguido exprimir para ela esta ideia paradoxal: que o sagrado é *comunicação*. A essa ideia eu só tinha chegado no momento mesmo em que a exprimi, alguns minutos antes de me dar conta de que Laure tinha entrado na agonia final. Posso afirmar da maneira mais precisa que nada do que eu lhe exprimira podia se aproximar dessa ideia: essa questão era tão importante para mim que sei exatamente o que disse ou não disse a seu respeito. Além do mais, quase nunca tínhamos "conversas intelectuais" (ela chegou mesmo a me censurar por isso; ela era inclinada a temer o desprezo: na verdade, o que eu desprezava era a impudência inevitável das "conversas intelectuais").

No final do texto de Laure, consegui a muito custo decifrar estas frases garatujadas:

"A obra poética é sagrada na medida em que é a criação de um acontecimento tópico, "comunicação" sentida como a *nudez*. Ela é violação de si mesmo, desnudamento, comunicação a outros daquilo que é razão de viver, ora, essa razão de viver se 'desloca'." O que não difere em nada das últimas linhas que citei do meu próprio texto. (A ideia "de unidade comunial" é ela própria essencial ao que Laure exprimia[*])

---

[*] *Cf. (Écrits de Laure, Jean-Jacques Pauvert, 1971, p. 208-209) no final da coletânea dos manuscritos de Laure publicada por Bataille e Leiris em 1939, esta nota que eles forneciam para* O sagrado:

A representação do "sagrado" expressa nesse texto atesta uma experiência vivida: ela não se opõe à noção que os sociólogos tiram do estudo de sociedades menos desenvolvidas que as nossas – mas é manifestamente distinta dela. Trata-se do que a palavra evoca – acertada ou equivocadamente – na consciência. Equivocadamente significaria nesse caso sem relação com a experiência comum que fundou a existência do sagrado.

Parece na verdade que essa representação conduz a uma definição nunca antes expressa (nem por Laure nem por outros), mas que pode ser deduzida a partir do próprio texto.

Essa definição ligaria o sagrado a momentos em que o isolamento da vida na esfera individual é de repente quebrado, momentos de comunicação não apenas dos homens entre si, mas dos homens com o universo no qual estão ordinariamente como estrangeiros: comunicação devia ser entendida aqui no sentido de

Interrompo esse longo relato para

[*A completa:*]

anotar esta imagem, exprimindo uma visão, cativante – no limite de um grito extático – que acabo de ter: "um anjo longínquo e tão imperceptível quanto um ponto, perfurando a espessura enevoada da noite, mas sem nunca aparecer senão como a vacilação inapreensível de um raio: esse anjo ergue alto diante dele uma espada de cristal que se quebra no silêncio".

2 de outubro.

Esse anjo talvez não seja mais que o "movimento dos mundos" [...]

[17] *A:*

[...] amá-lo como um anjo, nem como uma divindade reconhecível, a representação que faço dele de um cristal que se quebra libera em mim esse amor interiormente gritante que dá vontade de morrer.

[*Cad completa:*]

Sei [*riscado:* que falando desse cristal rachado, é à crista espumante] que semelhante vontade de morrer se situa na extremidade impossível do ser, mas não poderia falar de nenhuma outra coisa depois de ter enunciado as duas frases que ligam a vida de Laure e a minha através da terra que recobre seu caixão. De fato, essas frases, elas próprias, só podem se situar no mesmo ponto.

Frequentemente acreditamos, Laure e eu, que a divisória que nos separava se quebrava: as mesmas palavras, os mesmos desejos nos atravessavam o espírito no mesmo instante, e ficávamos ainda mais perturbados, já que a causa daquilo podia ser dilaceradora. Laure chegou a ficar revoltada com aquilo que ela sentia por vezes como uma perda de si mesma aniquiladora. Minha memória não reteve nada dessas coincidências, mas nenhuma delas tinha o caráter extremo dessas frases sobre a "comunicação".

Sobre o sentido das duas frases idênticas, sinto uma grande dificuldade de dizer o que penso. Tenho necessidade de mostrar o que elas decidem, mas deveria falar, para começar, de tudo aquilo que entra em jogo no que elas exprimem [*Riscado:* Hoje me contentarei em acrescentar que uma publicação quase simultânea dos textos me obrigava, para com aqueles que poderiam sofrer da mesma sede que Laure e eu, a dizer que]

Quando comecei a escrever, no começo desta guerra, era ao ponto onde estou que queria chegar. Era impossível que chegasse a esse ponto

---

uma fusão, de uma perda de si mesmo que só se consuma inteiramente através da morte e da qual a fusão erótica é uma imagem. Tal concepção difere daquela da escola sociológica francesa, que só considera a comunicação dos homens entre si; ela tende a identificar aquilo que a experiência mística apreende e aquilo que os ritos e os mitos da comunidade colocam em jogo.

de outro modo. E isso, eu o sabia há muito tempo. O que estou fazendo agora já tinha decidido várias semanas antes de estourar a guerra. Mas não terminei, estou mal começando, e diante do que ainda quero dizer, tenho "a língua cortada".

(Por outro lado, o que me acontece hoje é tão indizível e, ao mesmo tempo, tão estranho às condições do real quanto um sonho. Sem uma austeridade animal, nada de mim poderia passar através desse conto de fadas: uma ilusão tão frágil se dissiparia diante da menor preocupação, do menor relaxamento da *desatenção*.

Nunca senti, senão junto a Laure, uma pureza tão fácil, uma simplicidade tão silenciosa. No entanto, dessa vez, trata-se apenas de cintilações num vazio, como se uma mariposa, ignorante de sua beleza feérica, tivesse vindo pousar sobre a cabeça de um homem adormecido).

3 de outubro.

Prosseguir se torna difícil para mim: teria de entrar no "reino" onde os próprios reis só entram fulminados. Mas não apenas teria de fazer isso: desse "reino" terei de falar sem traição; mais ainda, terei de encontrar as palavras que atinjam seu coração. A conquista que preciso levar a cabo é a mais longínqua que possa se propor à obscura necessidade de se perder. No "deserto" onde avanço, existe uma solidão total, que Laure, morta, torna mais deserta.

★

Faz quase um ano agora, encontrei, no limiar desse "deserto", um raio de sol enfeitiçado: fendendo com dificuldade a bruma de novembro, através de uma vegetação apodrecida e das ruínas feéricas, esse raio de sol iluminava à minha frente uma velha vitrine atrás da janela de uma casa abandonada. Eu estava, naquele momento, num estado de extravio extático – na extremidade perdida das coisas humanas: tinha acabado de atravessar uma floresta depois de ter abandonado o caixão de Laure aos coveiros. Essa vitrine, coberta da poeira de quase um século, eu a via de fora (eu tinha me esgueirado ao longo de uma comprida saliência da alvenaria até uma janela caruchenta). Se alguma visão de putrefação e degradação tivesse me aparecido nesse lugar abandonado à lenta devastação da morte, eu a teria visto como a imagem fiel de minha própria infelicidade. Eu mesmo errava desertado. Esperava, esperava infinitamente que o mundo de minha desolação se abrisse diante de mim, talvez maravilhoso, mas insuportável. Esperava e tremia. O que vi pela janela para perto da qual meu extravio tinha me conduzido era, ao contrário, a imagem da vida e de seus caprichos mais risonhos. Ao alcance da minha mão, atrás do vidro, encontrava-se uma coleção multicolorida de pássaros das ilhas. Não podia imaginar nada de mais doce sob a poeira, atrás dos galhos mortos e das pedras arruinadas que aqueles pássaros silenciosos esquecidos ali pelo dono morto daquela casa (visivelmente, nada tinha sido tocado desde uma morte ocorrida havia muito tempo; debaixo da poeira, os papéis estavam dispostos em semidesordem sobre uma escrivaninha, como se alguém fosse voltar). Percebia, ao mesmo tempo, não longe da vitrine, a fotografia do dono da casa: um homem de cabelos brancos cujo olhar me deixou a impressão de uma bondade e de uma nobreza angélicas; estava vestido como um burguês ou, decerto, mais exatamente, como um letrado do Segundo Império.

Naquele momento, do fundo de minha extrema miséria, pareceu-me que Laure não tinha me abandonado e que sua doçura inaudita continuaria a transparecer na morte como transparecia enquanto estava viva até em suas violências mais cheias de ódio (aquelas que não posso recordar sem horror).

4 de outubro.

Hoje é o primeiro dia verdadeiro, frio e cinzento, do outono ou do inverno. Volto assim, de repente, ao mundo deserto do outono passado: vejo-me uma vez mais gelado e transido, tão longe de qualquer costa e não menos estrangeiro para mim mesmo que um ponto qualquer perdido no meio dos mares. De novo uma espécie de êxtase monótono e ausente se apodera de mim, os dentes contraídos do mesmo jeito que ano passado. Assim, de repente, a distância se dissipou, entre minha vida e a morte de Laure.

★

Andando nas ruas, descubro uma verdade que não me deixa descansar: essa espécie de contração dolorosa de toda minha vida, que se liga para mim à morte de Laure e à tristeza despojada do outono, é também para mim o único meio de me "crucificar".

Escrevia em 28 de setembro: "percebo que, para renunciar a meus hábitos eróticos, teria de inventar um novo meio de me crucificar. Esse meio teria de ser tão embriagante quanto o álcool". Aquilo que entrevejo nesse momento poderia me dar medo.

★

[*A retoma:*]
É aviltante reduzir a volúpia da mágoa [...]

[18] *A, riscado, na sequência*: O que é doloroso e desarmante na experiência mística (já o disse de outra forma) é que ela nunca quebra, é que ela não conduz a uma culminação, a um paroxismo. É sua inserção numa extensão de tempo que representa nela a parte do impossível.

6 de outubro.

Deus, diz Ângela de Foligno [...]

[19] *A:*

[...] condição humana: é evidente que o homem não pode chegar à glória do sacrifício sem ter escapado de uma impressão de instabilidade intolerável. Aquilo que resta contra ele é que ele está à altura daqueles que sucumbem a essa impressão e que, em consequência disso, o trabalho de fuga é nele mais ativo: nivelação, ódio por toda fissura (erotismo, embriaguez, luxo, festa ou glória) e, acima de tudo, nostalgia do "repouso eterno". Pertence à vida encontrar o além dessa adequação. Esse retorno à simplificação militar é um não-sentido, e o ponto onde o cristianismo não pode ser *abandonado* se situa no ponto de exuberância atingido e descrito por Ângela de Foligno (detenho-me aqui sem fazer mais que tocar nesse *além*).

7 de outubro.
Há o universo [...]

[20] *A fornece para os dois últimos parágrafos:*

[...] que um ser amado. Eu poderia morrer agora mesmo por esse destino. E amaria também – a ponto de morrer – que outros estivessem prontos pra morrer por ele.

9 de outubro.

Aquilo a que aspirei e que encontrei é a possibilidade do êxtase. Chamo esse destino evidente de DESERTO e não temo impor um mistério tão árido. Ora, esse *deserto* a que chego deve se tornar acessível a cada um daqueles a quem ele *faz falta*. Chega o tempo em que as *crianças* terão de buscar *seu* país, não o dos outros, não o de seus pais.

Neste livro, é-me difícil falar claramente do acesso a esse *deserto*. Mas quero me explicar o mais simplesmente que puder sobre a questão do *êxtase*. Faço questão de retraçar as vias pelas quais cheguei a ele, de modo que outros tenham a possibilidade de chegar a ele depois de mim.

10 de outubro.

A vida é um efeito [...]

[21] *Cad, na sequência:*

Durante a agonia de Laure, encontrei no jardim, então abandonado, no meio das folhas mortas e das plantas murchas, uma das mais lindas flores que já vi: uma rosa, "cor de outono", começando a abrir. Apesar do meu extravio, colhi-a e levei-a para Laure. Laure estava então perdida em si mesma, perdida num delírio indefinível. Mas, quando lhe dei a rosa, saiu de seu estranho estado, sorriu para mim e pronunciou uma de suas últimas frases inteligíveis: "Ela é encantadora". Então levou a flor a seus lábios e beijou-a com uma paixão insensata, como se quisesse reter tudo aquilo que lhe escapava. Mas isso só durou um instante: ela jogou fora a rosa como as crianças jogam seus brinquedos e voltou a se tornar alheia a tudo que estava ao seu redor, respirando convulsivamente.

12 de outubro.

Ontem, no escritório de um colega de trabalho, enquanto este telefonava, eu sentia angústia e, sem que nada pudesse ser percebido, encontrei-me absorvido em mim mesmo, os olhos fixos no leito de morte de Laure (o mesmo onde me deito agora cada noite). Esse leito e Laure se encontravam no próprio espaço do meu coração, ou, mais exatamente, meu coração *era* Laure deitada nesse leito – na noite da caixa torácica – Laure estava quase morrendo no instante em que ergueu uma das rosas que tinham acabado de colocar diante dela, ergueu-a diante de si com um movimento excedido e gritou com uma voz ausente e infinitamente dolorosa: "A rosa!" (Acho que foram suas últimas palavras.) No escritório e durante uma parte da noite a rosa erguida e o grito ficaram longamente *em meu coração*. A voz de Laure talvez não fosse dolorosa, talvez fosse simplesmente *dilacerante*. No mesmo instante figurava aquilo que tinha experimentado naquela mesma manhã: "pegar uma flor e olhá-la até o acordo..." Estava ali uma *visão*, uma *visão interior* mantida por uma necessidade padecida em silêncio; não era uma reflexão livre.

[*A retoma:*]

13 de outubro.

O caminho do êxtase passa por uma região necessariamente desértica
[...]

22 *A:*

É o inacabamento, a ferida, a miséria e não o acabamento que são a condição da "comunicação". Ora, a própria "comunicação" não é acabamento.

14 de outubro.

Expresso-me mal. Mas tenho mais esperança de me abrir um caminho desde que – em vez de esperar – resolvi me expressar mal. A organização (aquilo que tentava outrora) culminava no compromisso, no mal-estar, numa estagnação sem ar.

Aquilo que Löwith exprimiu a propósito de Nietzsche. Imagino até algo mais livre, mais informe, a partir de hoje. A preocupação de facilitar as coisas e de convencer se torna cada vez menor em mim.

15 de outubro.

A comunicação exige uma falha [...]

23 *Cad, na sequência:*

21 de outubro.

Uma carta de ruptura* enviada ontem àqueles com quem não deveria ter contado (tive muitas vezes a sensação de que estava errado; [*riscado:* muitas vezes contradisse as violentas imprecações de Laure, mas suportava com dificuldade, apegando-me àquela miséria como a uma possibilidade de vida. Hoje, percebendo tudo o que encontrei e que amo, sei que tudo me faltaria sem minha inexplicável paciência. Mas aqueles que triunfaram sobre essa paciência não podem mais destruir aquilo que fundei com eles.])

Por outro lado, estou determinado a oferecer de uma doutrina um aspecto tão pobre, tão reduzido à simplicidade quanto possível. Essa determinação terá uma consequência imediata: não consagrarei mais que uma parte do meu tempo a esse livro.

Assim, estou abandonado, abandonado com uma brutalidade inexplicável. Esperava o abandono; não protesto, sinto mesmo sua necessidade, mas a cegueira e a brutalidade me chocam: percebo, é verdade, que não gostava praticamente de nenhum deles, que não tinha neles mais que uma confiança sempre pronta a se recusar. É estranho que, pouco depois de uma conversa decisiva com [Patrick] Waldberg que culminou na ruptura, [Raymond] Queneau tenha vindo me ver: foi a primeira vez que ele veio me ver espontaneamente desde o abandono (a palavra não é nada inexata) de 1934. Queneau foi o primeiro a me abandonar. [*Riscado:* Que ele tenha vindo me ver é realmente o que podia haver para mim de mais inesperado, já que] Ele está mobilizado desde o fim de agosto e não tinha voltado a Paris desde então. Fiquei muito surpreso quando o reconheci me esperando. Fomos a um café perto dali; depois de algum tempo, reconheci [Théodore] Fraenkel de uniforme atravessando a rua, o que também era muito desconcertante, já que Fraenkel está mobilizado como Queneau longe de Paris: ele se sentou com a gente. Aparições, amizades longínquas, toda uma vida obscurecida de transtornos, esquecidos nesse mundo novo e sorrateiramente devastado, três velhos amigos ao redor de uma mesa de café: há mais de 11 anos Fraenkel me esperou na Rua Richelieu com um revólver no bolso (eu tinha saído mais cedo que de costume e devo a vida a esse acaso, pois Fraenkel não teria errado o tiro).

[*A retoma:*]

À medida que o inacessível [...]

---

* Trata-se, ao que tudo indica, da ruptura da "comunidade" *Acéphale.* (N.T.)

[24] *Este trecho, a partir de* "Se uma imagem de suplício...", *aparece desta maneira em A (B e D):*

Assim: recalco uma imagem de suplício e, pelo recalque, fecho-me; o recalque dessa imagem é uma das portas que ajudam a fechar minha particularidade. Se volto a colocar a imagem diante de mim, ela abre a porta ou, antes, arranca-a.

Mas não se segue daí que eu possa atingir o exterior. Imagens dilacerantes se formam continuamente na superfície da esfera onde estou enclausurado. Alcanço apenas os dilaceramentos, não faço mais que entrever uma possibilidade de fulguração, e as feridas voltam a se fechar. A *concentração* é necessária: um dilaceramento profundo, um raio duradouro deve quebrar a esfera; o ponto de êxtase só é atingido *em sua nudez* com uma dolorosa insistência.

Supondo-se a decisão de escapar dos limites da particularidade, é natural buscar a saída multiplicando as imagens "transtornadoras", entregando-se a seu jogo. Essas imagens fazem aparecer uma luminosidade numa irrealidade penosa e fugidia. Elas provocam nostalgia: mas não permitem chegar ao ponto onde o raio se abate.

24 de outubro.

Em primeiro lugar, é preciso opor aos movimentos habituais um estado de calma equivalente ao sono. É necessário se recusar a qualquer imagem, tornar-se uma absorção em si mesmo tão completa que toda imagem fortuita deslize em vão na superfície. No entanto, essa absorção precisa ainda de uma imagem para se produzir: uma única imagem imprecisa de paz, de silêncio, de noite.

26 de outubro.

Esse primeiro movimento tem algo de falacioso e de irritante [...]

[25] *A (e B, riscado):* [...] humor selvagem (aquilo que senti no último dia em que bebi: para "me temperar").

[26] *Três páginas do Cad substituem essas duas linhas:*

Quinta parte
O cúmplice

4 de novembro

Hoje faz cinco dias que minha vida mudou. Isso tinha começado, aliás, no dia em que bebi demais (aquilo que disse por último); tinha começado desde o dia 2 de outubro: "a ilusão frágil" em que entrei naquele dia nada tinha de frágil ou de ilusório. Basta que eu me aproxime do vitral de uma porta: o que vejo, o quarto que pensei ter de deixar, através da janela desse quarto o velho telhado do priorado, sobre o morro e a floresta, e no meio do quarto, ao comprido, e não me vendo, bela como um inseto de mil cores, cega como um céu... ela entrou nesse quarto há um mês, nenhuma outra mulher teria sido suficientemente silenciosa, suficientemente bela, silenciosamente inviolável o bastante para entrar nele: ao menos sem que eu sofresse tanto quanto um espelho claro sofreria ao ser embaçado.

★

O que existe hoje ao meu redor poderá se dissipar em algumas horas: ao menos eu poderia ser separado corporalmente desse lugar de sonho. Mas a necessidade de me deslocar num mundo carregado de sentidos secretos, onde uma janela, uma árvore, uma porta de armário não podem ser olhados sem angústia, uma tão *bela* necessidade estava inscrita em mim como estava inscrita no destino de Laure. Nem ela nem eu fizemos nada (ou muito pouco) para que esse mundo se formasse ao nosso redor: ele simplesmente apareceu quando a bruma se dissipou, pouco a pouco: ele não se devia menos ao desastre que ao sonho. Pois nunca um homem que deseje a beleza pelo que ela é entrará em tal mundo. A loucura, a ascese, o ódio, a angústia e a dominação do medo são necessários, e o amor deve ser tão grande que a morte no limiar pareceria risível. Uma janela, uma árvore, uma porta de armário nada são se não testemunham movimentos e destruições dilacerantes.

5 de novembro.

Uma vez mais, esta noite, tive a "língua cortada". Acontece que o estado de guerra até aqui só me trouxe a chance extrema: uma espécie de liberação sem piedade. Do mesmo modo que a fortuna chega durante o sono, insuperáveis obstáculos vencidos tão facilmente quanto num sonho. Aquilo que acontece sem que se o tenha buscado: parece que bastou achá-lo desejável durante uma hora em que só a facilidade estúpida permitia esquecer a impossibilidade. *Vi*, ao passo que até aqui *me esforçava*: havia sempre um sentimento de luta, de penosa necessidade, de mal-estar. Esse sonho caiu na armadilha de meus desejos tão simplesmente quanto escrevo este livro. Mas uma chance tão enfeitiçada num mundo que se tornou medonho me faz tremer: tremer de alegria, pois em poucos dias a escuridão do céu se rasgou para mim, *vi* aquilo que olhos podem ver de maior; reencontrei, eu, perdido de vício, a pureza e a inocência. Não morrerei sem ter saído de meus infernos: se morresse hoje, meu corpo inerte seria o de um ser liberado.

7 de novembro.

Hoje faz um ano que Laure morreu.

Transcrevo esta carta de Leiris que recebi domingo. Ele nunca tinha se expressado assim:

Colomb-Béchar, 29 de outubro de 1939.

Caro Georges,

Eis-nos bem perto desse momento do ano em que poderemos olhar para trás e considerar com pavor tudo o que terá ocorrido em um ano...

Não quero te dizer nada de preciso (qualquer precisão seria aqui sortilégio), simplesmente que há algumas lembranças a que automaticamente me remeto quando estou de fossa e que são, pensando bem, mais razões de esperar que de desesperar.

É impossível que tudo aquilo que nos une a alguns não seja a única coisa humanamente válida, capaz de sobreviver a quaisquer vicissitudes.

Uso aqui uma linguagem bem solene – muito distante de meus hábitos –, linguagem que me envergonha um pouco, por razões de pudor, ou de respeito humano (para sacrificar uma vez mais à minha mania de tudo rebaixar). Penso que me perdoarás e descobrirás através de minhas palavras tudo aquilo que gostaria de te dizer de tão espontâneo quanto uma crise de lágrimas ou uma gargalhada.

Zette talvez tenha te contado que me apelidaram aqui de "o Marabu". Vejo nesse apelido devido ao acaso uma espécie de reconhecimento objetivo daquilo que tu, eu e alguns outros representamos mais ou menos. Na dificuldade dos tempos, tomo isso para nós todos como sinal de bom augúrio...

Não deixe de me manter a par dos progressos da publicação. Na medida em que isso me for materialmente possível, estou à tua inteira disposição.

Mais uma vez, desculpa este bilhete tão empolado e desajeitado; e acredita em minha mui fiel e mais que fraternal afeição.

Michel.

[*A retoma:*]
As circunstâncias de minha vida [...]

[27] *A:*

[...] A inocência, o capricho e essa espécie de esplendor desabado que me exalta lentamente. Não *quis* aquilo que me acontece. Mas com tamanha magnificência da vida estou de acordo até o arrebatamento.

A má-sina passou esta manhã debaixo da janela: uma multidão de soldados em marcha, dificultada pela encosta. Cantos e barulhos de voz de uma melancolia outonal mais angustiante que qualquer outra coisa. Alguns deles cantavam num tom triste e lento:

> J'emmerde les gendarmes
> Et la maréchaussée[*]

Eles poderiam ter me visto de pé perto da janela vestindo um roupão (invisível para eles, uma mulher feliz e bela me esperava deitada na

---

[*] "Detesto os policiais/e a jurisdição dos marechais da França". Versos da canção popular "La Tour de Londres" (A torre de Londres). (N.T.)

cama). A chance é um vinho que embriaga, mas deixa mudo: aquele que a adivinha, no cúmulo da alegria, perde o fôlego.

11 de novembro.

Sou roído pela imagem do carrasco [...]

[28] *A e B trazem na sequência esta passagem riscada, retomada em* La Tombe de Louis XXX:[*]

Uma das minhas primeiras "meditações" – no momento do torpor e das primeiras imagens: bruscamente, sinto-me transformado num membro em ereção, com uma intensidade irrecusável (na véspera, tinha me transformado do mesmo modo, sem ter querido nada, na escuridão, em árvore: meus braços tinham se erguido sobre mim como galhos). A ideia de que meu próprio corpo e minha cabeça não eram mais que um pênis monstruoso, nu e injetado de sangue me pareceu tão absurda que achei que fosse desfalecer de tanto rir. Pensei então que uma ereção tão forte só podia terminar com uma ejaculação: uma situação tão cômica ia se tornando literalmente intolerável. Aliás, já nem podia rir de tão forte que era a tensão do meu corpo. Como o supliciado, eu devia estar com os olhos exorbitados, e minha cabeça estava lançada para trás. Nesse estado, a representação cruel do suplício, do olhar extático, das costelas ensanguentadas e expostas me deu uma convulsão dilacerante: um jorro de luz me atravessou a cabeça de baixo a cima, tão voluptuoso quanto a passagem do esperma pelo membro.

★

De outra feita (mas isso só ocorreu um ano depois, pois nunca tentei renovar deliberadamente essa espécie de transformação), a mesma coisa me aconteceu, mas em seguimento a uma excitação sexual que eu não tinha como esgotar. Já contei isto: fiquei pelado, de pé, e comecei a evocar as imagens eróticas mais perturbadoras que conseguia imaginar. Entrei num estado impossível de descrever, que parecia mais um pesadelo que uma orgia, mas sustentado por movimentos de cólera violenta. Cólera e torpor ligaram-se em mim obscura e dolorosamente. Fui até a latrina e me sentei no trono, esperando que uma defecação violenta me liberasse: retorci-me convulsivamente, teria podido gritar, mas quando voltei ao meu quarto continuava tão tenso, tão sedento quanto antes. Foi então que meu corpo nu se arqueou de novo – como um ano antes – de novo houve a imagem convulsa do suplício, e caí no chão agitado por bruscos sobressaltos.

Fiquei quebrado, mas, quando caiu a noite, fui até a floresta [...]

---

[*] *O túmulo de Luís XXX*, livro de Bataille não publicado em vida (cf. *Œuvres complètes*, t. IV, p. 151-168). (N.T.)

[29] *A:*

Um, dois – três, quatro – cinco – seis, sete: estou no café, no Café du Critérion. Os números são cabeças, cabeças de alfinete, acasaladas, não acasaladas.

Um cachimbo [...]

[30] *A, na sequência:*

[*Riscado:* O que é preciso ensinar aos "marabus":
A mostrar a bunda na rua.
A morder.
A beber sem sede.
A rir: o riso-vitríolo.
No poço onde caem cada noite.]
3 de dezembro.
Conduzir-se como senhor [...]

[31] *A, na sequência:*

O soberano só se submete às leis comuns se assim quiser.
8 de dezembro.

Uma boa administração exige a atenção *distraída* daquele que a dirige. Uma inteira consagração se assemelha a uma mania: é boa para os subalternos. Da mesma forma, os políticos devem ser de certa maneira indiferentes às coisas públicas. Sem um profundo desapego interior em relação à linguagem que empregam, eles não são concebíveis. Não poderiam viver se acreditassem ingenuamente: ora, não há convicção verdadeira sem ingenuidade, em matéria de convicção só a criança é aceitável. É por isso que os políticos só podem ser medíocres de cérebro vago, penosamente elegante e cético; ou – mais raramente – seres selvagens sedentos de ações, a tal ponto que sua sede confere um acento de convicção indiscutível a suas palavras (mas quanto, nesse caso, tal convicção parece fantasmática perto daquela dos homens que acreditam neles). Na verdade, os distraídos medíocres são necessários para a administração sossegada, e os distraídos sedentos de vingança, de grandes mudanças ou de poder, para as guerras e para as revoluções. Nos dois casos, a ação conduzida ao ápice reserva o lugar da soberania, ou seja, a subordinação, a negação tácita dos valores de utilidade.

À medida que aqueles entre os homens que estão subordinados por causa de suas funções tomam maior parte no debate, a soberania do homem (sua ingênua e selvagem necessidade de glória) é negada em benefício dos valores de utilidade. Mas tal movimento nunca pode prevalecer: as preocupações das massas se dissolvem na atmosfera de *distração* do ápice, onde se responde sem acreditar aos princípios estritos que elas prescrevem. Só resta dissimular – ou justificar – a saudável indiferença ao bem público estritamente dito de qualquer pessoa nas mãos da qual caiu a direção.

Assim, a direção supõe homens vivendo para si mesmos – que justificam ou dissimulam isso. Os *santos* que vivem do desejo de desnudar o homem neles próprios – e de exaltar essa nudez – deverão da mesma forma tornar visível a que ponto estão *distraídos* das preocupações pesadas da massa. Visível, ao menos de perto, numa espécie de penumbra onde a presença do *santo* terá a maldade feliz de uma gargalhada.

A santidade exige [...]

[32] *A:*

A amizade do *santo* é uma confiança que sabe que será traída, encantada em ser traída, que aspira a sê-lo. A amizade que se pode ter por si mesmo sabendo-se o que será feito desse si-mesmo, que a gente morrerá: e é embriagante, é desejável morrer (sob a condição de não se sepultar no orgulho da morte: melhor seria faltar a ele...).

Só o que há no ápice é um riso lúcido e leve que abre para um abismo sem trevas sob os pés.

[*Cad, na sequência:*]

Escrevo tudo isto na minha cama com uma saia de flanela cinza sobre a cabeça. Sinto-me mais perto assim daquela que a tirou para me abraçar. Todos estes dias, vermute, gim e dois corpos nus: ou brinco com o bebê dela, ou ele chora e fico aterrorizado e excitado diante das crises de lágrimas, ou de raiva, sem fim, ou as ocupações inevitáveis. Foi necessária uma insônia duradoura para que eu conseguisse escrever longamente de novo. Por vezes, no entanto, deslizo ainda furtivamente para o êxtase: uma espécie de jorro corre num além cujo não apaziguamento deslumbra (não apaziguamento tão intenso que minha turbulência interior se vê por um *instante* saciada).

Inacabado, não apaziguado, tal é o além onde minha personalidade e até meu nome se extraviam: esse além só transcende meus limites, os *frágeis* limites com a ajuda dos quais sobrevivo-me. [*Fim do primeiro caderno.*]

[33] *A:*

[...] antes de ter tocado a coluna central consagrada à "consciência infeliz".

O nome do "bicho do bom deus" está justamente carregado de tudo aquilo que a "infelicidade da consciência" acrescenta à linguagem.

O bichinho me humilha [...]

[34] *A:*

21 de janeiro [1940].

Li duas "conversas" do Swâmi Siddheswarananda sobre a *Meditação segundo o Vedanta*. Fiquei deprimido por essa literatura adaptada ao pensamento moral dos ocidentais.

Fevereiro.

Isso poderia ser claramente expresso [...]

[35] *A:*

[...] Piedade! Eu gemia perto daquela ao lado de quem estava deitado: ela me abraçava suavemente para me acalmar. Um alerta nos acordou, ficamos muito tempo misturados. Quando desci ao jardim ensolarado [...]

[36] *Cad, na sequência:*

26 de maio, Les Aubrais.[*]

Mais tristemente hoje do que nunca, sinto em mim o jogo da chance: quão cruel a chance extrema se torna. Tormentos, alegrias e sentimentos de milagre irromperam em minha vida como um vento de tempestade batendo as janelas e a porta (e, no entanto, Denise [Rollin], que eu tinha desejado como a resposta mais longínqua, mais improvável à minha angústia, Denise entrou no meu quarto com a doçura cega de um destino). Um dia, a mulher cuja existência mais me tocava, mas que eu não tinha razão para encontrar, estava sentada diante da minha mesa, esquecendo minha presença, como se, há muito tempo, tivéssemos o costume de viver assim: ela se abandonou junto a mim, não por uma noite, mas por meses. Nunca tínhamos nos falado antes. Ela quis ficar até o último dia: partiu hoje para a única região a que algo da minha infância permanece ligado. No carro que a levava para a Auvérnia, acompanhei-a até a ponte que cruza o Loire, e lá nos separamos chorando. O carro voltou a partir, e eu fiquei de pé na calçada: no mesmo instante, como se a partida do carro a tivesse acionado, a sirene começou a gritar, a encher um céu muito baixo. No estado em que estava, os mais covardes pressentimentos se apoderaram de mim – por mim mesmo –, como se fatalmente a chance, com Denise, devesse me abandonar ou se tornar seu contrário – a máchance encarniçada. Mas não tive muito tempo para permanecer nessa angústia pusilânime: a sirene anunciava o fim e não o começo de um alerta. Este, tocado meia-hora antes, não tinha perturbado ninguém e não fora escutado por nós enquanto rodávamos pelo campo.

---

[*] Estação ferroviária em Orleans. (N.T.)

E o quão pouco importa o que acabo de escrever. Coincidência? E se fosse? Ainda assim não me restaria mais que a certeza da angústia. Se não sinto raiva, é porque não me detenho. Não sei de nada, aliás. Haverá algo no universo que seja mais pesadamente ignorante do que eu? Não sou mais, talvez, que uma queixa: e mesmo essa queixa perdeu sua verdade. Mas não é o encontro com Denise, é nossa separação que se parece com o vento numa casa cujas portas e janelas batem todas de chofre.

★

Estou pesado demais: não sei que peso de horror me esmaga. Gritei a alegria, e o que estou pesadamente é angustiado. Um nó de nervos que a angústia aperta. Minha única coragem é a de não perceber nenhuma saída, de preferir a angústia à descontração de que tenho sede. Isso significa que a descontração não pode aplacar em nenhum caso a sede que a angústia é.

27 de maio.

Ontem à noite, desespero de criança, soluços perdidos, tais que mesmo o retorno de Denise, assim me parecia, não poderia fazer parar. Como se eles não devessem mais cessar. Toda uma vida bela demais, mas como um vestido magnífico que, no entanto, estaria em farrapos, rasgado em toda parte. E não digo isso no sentido do brilho que atrai: ontem, se o trabalho dos soluços tivesse sido prosseguido em mim por aquele da agonia, esse teria sido o único meio de pôr fim ao horror. Sinto-me próximo demais da morte, isso quer dizer que não posso mais ser abalado sem que a morte como única saída suba à minha cabeça. A crueldade quase insensata de Denise, sobre a qual demorei a compreender que ela se devia ao amor mais inteiro que não suporta uma aparência de mornura – tudo é sem saída: o amor se parece com a felicidade quando se tem a perspectiva de longos e mornos apaziguamentos; senão, é uma raiva.

[*A retoma:*]

Não faço profissão de romantismo [...]

[37] *A:*

[...] A santidade deve se fazer lúcida e reconhecer nela a necessidade de destruir, ou seja, de libertar os seres separados de seu isolamento, mandá-los de volta à torrente misturada da existência. Da atividade política ou da guerra (que não é mais que seu prolongamento) volta-se à religião, não por alguma escapatória, mas pela lucidez resultante da ausência de ação.

Admitindo que haja algum dia na história uma espécie de acabamento, esse acabamento não poderia se encontrar no ser. A confusão entre o trabalho da história forjando o ser e a fabricação de um ser perfeito e satisfeito é *o maior não-sentido*. Pode ser que o homem, tendo acabado de negar agindo, não tendo mais para a ação qualquer possibilidade nova, deva em algum ponto se tornar Deus, mas Deus é mais que a maior angústia? É o animal de sacrifício, que não seria atingido na garganta apenas pela faca, mas pela consciência lúcida da faca e da necessidade de que ela corte. Aquilo que Hegel não sabia, por ter tentado jogar a negatividade para fora de *sua* vida: ele viveu *razoavelmente*. A santidade quer que sejamos comidos vivos pela paixão.

Esse princípio da lucidez e da paixão levadas ao mais alto grau só representa uma possibilidade para poucos seres.

Tal é, no entanto, a condição sem a qual a pavorosa interrogação do eterno retorno – "reviverias tudo?" – não teria sentido. Que importa se ela é colocada às cegas ou mornamente? A grandeza de agonia de um *sim* depende dos olhos escancarados, do coração sangrando até morrer.

30 de maio, de Paris a Riom-ès-Montagnes.

Eu mesmo, volto hoje para passar algumas horas na região [...]

[38] *Cad, na sequência:*

O mais insensato: já que cheguei a esse ponto, não ter mais a força de representar o papel que me cabe: inerte no instante mesmo em que tudo deveria forçosamente se tornar candente. Denise, em que grau do braseiro já estamos! Não! As chamas mais devastadoras, como não estariam elas entre mim e você? Era o medo que me fazia pensar que eu não era mais nada.

1º de junho, Riom-ès-Montagnes.

Só me resta morrer. Tenho minhas razões, e seria vão fornecê-las. Elas são fechadas e complicadas, como minha vida. De modo algum maldigo a vida. Amo-a muito, mas se as coisas começam a ir mal demais (se a gente não consegue mais se justificar aos olhos de uma mulher desvairadamente amada, mas perdida), mas quanto essa frase é simples perto daquilo que é, pelo que me sinto acossado por todos os lados, que não suporto mais. Ainda por cima, é preciso saber adivinhar, há circunstâncias que convidam, por exemplo, quando a determinação torna calmo, é provável que se tenha acabado de interpretar o destino de maneira correta.

[*A retoma:*]

2 de junho, de Drugeac a Paris.

Quando se avança longe no impossível, torna-se difícil saber o que significam a calma ou a angústia sentidas. Uma espécie de véu. Nada mais que uma aridez brumosa e brilhante [...]

[39] *Cad, na sequência:*

3 de junho.

Paris acaba de ser bombardeada [*riscado:* e me disseram que uma bomba caiu na clínica da Rua Boileau, onde Laure passou dois meses antes de ir comigo, no dia 15 de julho de 1938, para a casa de Saint-Germain, onde morreu. Não sei que parte da clínica foi destruída. A casa de Saint-Germain também desmoronará? Numa carta destinada aos Leiris, Laure, ela própria, tinha escrito que a casa que ela chamava com desprezo de a "freira" deveria acabar num desastre. Escrevo isso hoje quando tudo passou ao "caos sonoro, absurdo e violento" a que ela via o mundo condenado.]

★

No momento em que escrevo, um soldado entra na sala de espera onde me sentei e pergunta com ar desvairado, com um sotaque quase ininteligível: "Tem alguém aqui de Pas-de-Calais?". Ninguém responde, ele balbucia: "Porque minha mãe... está em Pas-de-Calais". E vai embora: era um rapaz novo, loiro e bonito, mas bobo, como são os camponeses. Várias vezes, nestes últimos dias, chorei imaginando com precisão o sofrimento sem apelo dos refugiados.

Saio do Helder, onde assisti a *O morro dos ventos uivantes*: Heathcliff vivendo com o fantasma de Cathy – como eu quis viver com o fantasma de Laure... Em La Vaissenet, sábado, tinha pensado no *Morro dos ventos uivantes*. Pensei nele mesmo em Ferluc. Suponho que tenha sido necessária essa peregrinação por casas de montanha para me fazer esquecer minha aversão por "comédias". Mas apenas suponho. Afinal, cada vez mais, estou ignorante.

Parei de lembrar de Laure com alguma força. O pensamento de Denise, *viva*, possui-me inteiramente. No meio do caos, permaneço *vivo*, embriagado por essa pureza pesada de Denise, mais bela que eu poderia ter sonhado (bela, parece-me, como um bicho). Não amar Denise assim, até sentir esse mal-estar do coração que tem o frio da morte, seria para mim tudo trair: é tão inconcebível quanto, para a planta, parar de brotar e crescer.

[*A retoma:*]

3 ou 4 de junho.

Grandes e terríveis acontecimentos [...]

[40] *A:*

Às vezes me sinto pusilânime. Cada eventualidade ruim me impede de respirar. Foi Henri Michaux o primeiro, agora há pouco, a me falar dos estragos que viu na periferia próxima. As bombas caíram quando ele estava perto.

Maurice Heine morreu, de quem eu gostava muito [...]

[*Esse parágrafo e o seguinte são aqui reescritos em sua versão definitiva. Falta o* raccord *com* Cad, *onde se lê:*

[*À margem:* Ele deve ter morrido por volta de 28 de maio.]

gostava muito dele e o vi muitas vezes aparecer mais ou menos como um espectro que desliza: nas mais graves circunstâncias. Encontrava-o ao acaso, os acontecimentos o roíam como um rato. Penso que ele não suportou ser roído. Ele tinha ódio demais, que falseava seu julgamento, contra a realidade [*riscado:* da guerra] cortante da força.

4 de junho.

Na cabeça de Maurice Heine, tudo aquilo que está acontecendo agora era alucinação, sonho ruim. O horror o pegou pela garganta: ele não teria encontrado mais estranha vítima a seu agrado. Nem mais sarcástica. Mas.

Atravessei a Praça da Concórdia diversas vezes: é o lugar do Terror. Admito que um povo tenha todos os direitos! Que ele imole cada vida à necessidade, gloriosa ou não, que leva em si! Resta-lhe até o direito de ignorar o mal que faz. [*Riscado:* A vida está na tormenta e não na lassidão do indivíduo ávido de paz.] É rude, é nu que Maurice Heine tenha acabado hoje de viver.

Em dezembro de 1937, Maurice Heine nos conduziu, Laure e eu, como tínhamos lhe pedido, ao lugar que Sade tinha escolhido para ser enterrado. "Serão semeadas glandes em cima..." Comido pela raiz dos carvalhos, aniquilando-se na terra de uma capoeira... Nevava aquele dia, e o carro se perdeu na floresta. Havia sobre a Beauce um vento selvagem. Na volta, tendo deixado Maurice Heine, Laure e eu organizamos uma ceia: esperávamos Ivanov e Odoïevtsova. Como previsto, a ceia não foi menos selvagem que o vento. Odoïevtsova nua começou a vomitar.

Em março de 1938, voltamos ao mesmo lugar com Michel Leiris e Zette. Maurice Heine não nos acompanhava desta vez. Nessa ocasião, Laure viu em Épernon os últimos filmes de sua vida: estava passando *Voyage sans retour*,* que ela não tinha visto. Ela andou durante o dia como se a morte não a minasse, e chegamos em pleno sol à beira do pântano designado por Sade. Os alemães tinham acabado de entrar em Viena, e o ar já estava carregado de um odor de guerra. Na noite em que voltamos, Laure sonhava arrastar Zette e Leiris para a via que nos agradava. A ceia que encomendamos, foi voluntariamente que a encomendamos, Laure e eu, lá onde tínhamos encomendado a ceia dos Ivanov. Mas assim que voltamos, Laure sentiu o primeiro ataque do mal que a matou: teve uma febre alta e ficou de cama sem saber que não se levantaria mais. Desde

---

* *Viagem sem retorno*: título francês do filme *One way passage* (1932), de Tay Garnett. Conhecido em português como *A única solução*. (N.T.)

que reviu o "túmulo" de Sade, Laure só saiu uma vez, no fim do mês de agosto. Levei-a de carro da casa de Saint-Germain à floresta. Ela só desceu uma vez: diante da árvore fulminada.* Na ida, atravessamos a planície de Montaigu, onde ela ficou ébria com a beleza das colinas e dos campos. Mas assim que entramos na floresta, ela percebeu à sua esquerda dois *corvos* mortos, pendurados nos galhos de uma pequena árvore...

> *Teria desejado que ele sempre me acompanhasse*
> *e me precedesse*
> *como a um cavaleiro seu arauto***

Não estávamos longe da "casa". Vi os dois corvos alguns dias mais tarde, ao passar pelo mesmo lugar. Disse para ela: ela teve um arrepio, e sua voz se estrangulou a tal ponto que tive medo. Só depois de sua morte compreendi que ela tinha visto o encontro dos pássaros mortos como um sinal. Laure não era então mais que um corpo inerte: eu tinha acabado de percorrer seus manuscritos, e o que eu tinha lido já nas primeiras páginas era *O corvo*.

[41] *Cad, na sequência:*
Vencer! Morrer! o rosto queimado e endurecido de [Georges] Limbour, resolvido a sangrar: acantonado perto do deserto de Retz! O pássaro "vencer ou morrer" abre longas asas pretas. Como a vida poderia ser suportada se esse pássaro nunca escurecesse o céu?

No entanto, as condições em que a batalha está sendo travada me impedem de vislumbrar outro resultado que não a derrota.

[*Riscado:* Imagino hoje um "pacifista"*** executado e olho para um mundo onde a necessidade de sua morte está inscrita. Infeliz daquele que só soube desejar dormir! Imagino a vastidão de sua amargura, sua repugnância diante daqueles que se aproximam para matá-lo. Qualquer que seja a violência de seu grito, o silêncio que se estabelecerá será mais forte. Pois mesmo o grito de morte de um "pacifista" é uma mentira.

Não sei se teria colhões para morrer alegre.]

[*A retoma:*]

Aquilo que percebo bastante alegremente [...]

[42] *Cad, na sequência, riscado:*
6 de junho.
Não tenho emprego. O máximo que há em mim é uma terrível força *desempregada*. Ontem estava falando com [Pierre] Mabille: no sobressalto

---

* Onde eram realizados alguns dos rituais da "comunidade" *Acéphale*. (N.T.)

** *Cf.* Écrits de Laure, Le Corbeau, *p. 154.*

*** Ou seja, um desertor. (N.T.)

de energia de um povo em armas, quem não quer morrer, quem luta e sangra com uma resolução

[*A retoma:*]

6 de junho.

Teria desejado intitular a parte precedente [...]

43 *A:* [...] dialética do ser isolado e de sua perda.

Cad, na sequência:

O "velhote sentencioso" me disse que via essa guerra como uma espécie de "cursinho" para as crianças retardadas que são os brancos europeus. Ele se explicou:

Tinha lido que o barulho da batalha atingia às vezes tamanha violência que era necessário contrair os maxilares: para tanto era preciso ou mascar chiclete ou morder um pedaço de madeira. Dizia que os europeus tinham negligenciado essas técnicas dos rabinos e dos *yogis*. Mas que essa guerra as reintroduzia sob essa forma não desejada. De maneira que teriam avançado assim, involuntariamente, numa via exterior à organização mecânica.

Disse-lhe que eu mesmo tinha imaginado e tentado uma prática na qual o princípio primordial é que a gente tende a se fazer explodir a cabeça por meio de violentas imagens (suplícios, guerras); eu imaginava a eficácia em certos casos de desencadeamentos exteriores: raríssimos homens, durante a batalha, conhecem momentos de comunicação extática.

[*A retoma:*]

O "velhote" me disse ainda tudo o que esperava da França e que nenhum outro país poderia fazer.

11 de junho, 8 horas.

O "velhote" me falou ainda longamente no dia 5 de junho [...]

44 *A, na sequência:*

11 horas, cais da estação.

Cheguei à estação depois de várias peripécias, um pouco esgotado de fadiga: é o êxodo e a partilha entre a chance e a má-chance. Até aqui é a chance que me acompanha: tanto mais clara que uma hora atrás estava pensando em sair a pé pelas estradas.

12 de junho, 5 horas, de Châteauroux a Montluçon.

A fadiga extrema, que abate [...]

45 *A:*

13 de junho, de Montluçon a Drugeac.

Minha viagem de evacuado está terminando ou quase.

Abandonei sem volta a casa de Saint-Germain: talvez ela já esteja destruída.

O "velhote sentencioso": no momento em que escrevo, a morte se aproxima dele, é verossímil. [*Em nota:* A morte o atingiu – ele se suicidou – alguns meses depois.]

14 de junho, Ferluc.

Há no rosto humano [...]

[46] *Cad, na sequência:*

No caminho de Drugeac a Ferluc me lembrei de uma canção de opereta que Denise costumava cantar para a criança:

> *À cheval sur un gros nuage,*
> *Mon bon monsieur, où courez-vous?*
> *Pour vous reposer du voyage,*
> *Un instant entrez donc chez nous.*[*]

A lua diz isso para o sol, e o sol, interpelado, lembra-se de já ter encontrado a "criança morena"... Imaginar um astro embaraçado nas besteiras da condição humana tem algo de claro.

[*Essa última frase é recopiada em A, que continua:*]

Não conheço nada que me faça esquecer de rir [...]

[47] *A:*

15 de junho.

Eis-nos como pássaros depenados vivos. Tínhamos penas, sequer voamos, e agora perdemos tudo, asas e penas.

Imagina a que estado de nudez chegaremos: os corpos deixarão ver o esqueleto, e se adivinhará o coração entre os ossos.[**]

[*Cad continua:*]

[*Riscado:* Logo não restará mais que "a transparência do coração", não restará nada de outro.]

16 de junho.

Má-chance, vida difícil, doenças de criança, intervenções cirúrgicas e gritos. O momento em que a vida não escapa mais à diminuição: tudo se prostra. Cada coisa que toco está suja, a desordem se alastra. Isso não me incomoda, aceito-o sem recriminar, mas vou definhando.

[*A retoma:*]

---

[*] Montado numa grande nuvem,/ Meu bom senhor, aonde correis?/ Para descansar da viagem,/ Entrai um pouco em nossa casa. (N.T.)

[**] *Em B, riscado:* [...] e não voamos. "Única transparência incandescente: o esqueleto e a forma do coração."

Como evitaria a "profecia" de Kafka? Amanhã vou rever o "secretário da prefeitura" a fim de começar meu trabalho. O secretário da prefeitura é um homem gordo, bastante alto, que usa um panamá cinza bem pequeno, jogado para trás. Falo com ele. Explico-lhe que minha filha precisa ser operada de apendicite. Sua indubitável gentileza me dá a impressão de uma indiferença certa e de uma plácida crueldade. Uma espécie de espessura secular nos separa. Ele repete afavelmente: "Disponha" e, sem dúvida alguma, está ausente.

20 de junho.

Raramente as coisas me pareceram tão bagunçadas quanto dia 18. De cidade em cidade [...]

[48] *Cad, na sequência:*

Mal-entendidos e depois ódios, acusações: a vida se tornando nessa casa de Ferluc, onde acreditei ver um oásis, uma espécie de horror: cenas, gritos de mulheres. Uma mãe ama seus filhos, expõe suas doenças e as misérias que a fazem passar a fim de melhor se entregar ao ódio por todos os outros: de ódio, seus olhos saem das órbitas, ela se empertiga e se gaba de estar cheia de ódio. Alimenta-se do mal-estar e da desgraça ao redor dela: aqueles que a cercam, que estão presos por enquanto à sua sina, deveriam se sentir culpados. Os favores prestados aumentam, não atenuam a exigência: a vida se passa na expectativa do momento em que o ódio aparecerá de repente justificado por alguma falta e se exprimirá em cegas imprecações: tudo se passou na suja desordem de uma velha cozinha de montanha. (Eu mesmo? por que estou condenado a essa agitação que não para mais ao meu redor? como se minha presença atraísse o problema. Minha reação imediata: um sentimento de absurdez, de afastamento, e mesmo um revide de cólera. No entanto, fiz todo o possível para apaziguar. E aceito em definitivo que tudo se bagunce assim. A respeito dos horrores, uma espécie de benevolência cruel: o poder está sempre do lado das cóleras cegas, nunca da honesta boa vontade. É preciso portanto se resignar e não opor mais que a inabalável passividade quando não se tem iniciativa. O mais miserável: queixar-se, gritar por sua vez, revidar a acusação, acusar os *culpados* em vez de perceber a sombria soberania da angústia, que quer um estrangulamento e as condições do estrangulamento.)

[*A retoma:*]

Anteontem, o carro tomou a estrada das montanhas [...]

[49] *A:*

[...] Contudo, só a angústia que se liga à selvageria dessas montanhas nuas (que se confunde com a embriaguez causada pelas alturas) teria nos mantido ofegantes diante delas. Ofegantes, aderentes como no enlace.

Assim como uma garota nua é mais bonita se por sua maldade ela arrasa de angústia. A ANGÚSTIA É O ÚNICO CAMINHO.

"O senhor recenseador" ia ontem de casa em casa. Eu entrava nos quartos [...]

[50] *Cad fornece para esses dois parágrafos:*

Houve à noite um momento de descontração: André, Denise e eu comendo e bebendo vinho. André está começando a viver essa verdade de que Kafka é o profeta. Ele censurava Kafka, no entanto, por se resignar, preferia Kierkegaard, que, segundo ele, dá a Jó um direito: o de gritar até o céu. De minha parte, odeio os gritos, eles sempre clamam por justiça. Aceito as condições do "agrimensor": um *jogo* que, segundo André, introduz possível no impossível. Ao menos nada desse jogo é regulado pela palavra, pelas categorias da linguagem. Uma inapreensível fatalidade. A "profecia" de Kafka desnuda aquilo que as palavras teriam vestido.

Apesar de minha estranha vida nesse vilarejo, não queria que tudo me atolasse. Por gentileza? Por resignação? E, em definitivo, Kafka? Indiferença. Sinto-me rir. Sou *culpado* de ser *eu*, de não morrer. Se fizerem questão. Eu sou *eu*, é assim, e pago por isso, aceito pagar, por que não riria disso?

Minha alegria é como uma flecha atirada com uma força sem exemplo.

[*A retoma:*]

A catástrofe continua a se alastrar [...]

[51] *Cad, na sequência:*

Um rio de lava: foi preciso para que desabasse e desaparecesse na fumaça a "casa da mentira repugnante". No café do vilarejo onde escrevo, três soldados cansados da debandada; mais longe, bêbado, um homem do mato, peludo, barbudo, em suas roupas farrapentas. Escuto a conversa dos soldados: "a primeira vez que via uma estrada, por um trecho de 20 metros de comprimento, inundada de sangue. – Cavalos? – ... um silêncio: – cavalos! mulheres, de tudo.... eu sentia vergonha, não ousava mais olhar". Um homem viril, queimado de sol, sapatos lamacentos, casaco de couro. Como eu poderia ainda tolerar esse mundo de onde venho? Odeio-o, mas, sobretudo, suas facilidades verbais. É bom que cada coisa se torne árdua, exija força e prudência.

22 de junho.

Evitarei definir aquilo que pretendo fazer: aquilo que odeio na ação, a parte precisa, limitada, acessível a todos. No entanto, o que sobressai em mim com necessidade: o que é mole, fraco, o que não tem virtude eficaz, o que hesita, é o que não terá mais lugar aqui-embaixo.

Toda linguagem um pouco solene que não for sustentada por uma tensão extremamente intensa, será preciso vomitá-la.

Humanamente, as chagas ruins são aquelas onde as palavras altissonantes se metem: as grandes palavras são o pus e os vermes.

Aquilo que não se pensaria diante de um soldado exausto, cheio de ódio, é preciso abandonar aos jornalistas. A covardia intelectual: colocar aquilo que se pensa a salvo das verdades que cheiram mal a homem e a mulher, não ter mais colhões de pensá-lo assim que a verdade fica nua. Infeliz daquele que não encontrou em si mesmo necessidade mais cruel que a miséria dos outros!

[*A retoma:*]

23 de junho.

A angústia é a verdade de Kierkegaard [...]

[52] *Cad:*

[...] em meus infernos. Acabo de contar minha vida: *a morte* tinha assumido o nome de LAURE.

[*A retoma:*]

25 de junho.

Cobrir a fronte de cinzas? [...]

[53] *Cad, na sequência:*

No desmoronamento de uma potência, existem virtudes que não costumamos imaginar. A Grécia vencida, Roma derrubada tiveram o império espiritual. O destino desse país não é em nada comparável ao da Grécia ou de Roma. Mas, desabado, suas virtudes ignoradas, que são nele como a possibilidade do raio numa nuvem baça, parece-me que elas serão ardentes.

O que já exprimi: cada um dos mundos humanos se decompõe ao se desenvolver, isso quer dizer que ele escava os alicerces sagrados de sua existência. Mas deve encontrar novos alicerces não menos sagrados: o que deve ser feito antes que o mal seja grande demais. A força militar, lucidamente encarnada, desempenha o papel decisivo: ela reconstitui a fé comum na unidade da obediência e do combate, restaura as virtudes que fundam a organização da vida. Mas falta ao exército o sentido ardente da morte e do desmoronamento. Ele não sabe colocar o homem *de acordo* com aquilo que o mata: ele permanece estranho ao mistério do *sacrifício.*

O mundo que um sucesso militar restaura está votado à inquietação religiosa. Ele só se recompõe em dois tempos, que não são menos necessários um que o outro, e que podem ser contraditórios. Só Nietzsche soube conjugar os dois tempos da maneira mais estranha: muitas de suas contradições aparentes têm por causa essa conjugação profética.

Todas essas ideias que me são familiares (às quais, é preciso dizer, o desastre presente dá um curso simplificado), expliquei-as longamente a André.

De Nietzsche, André dizia que foi o primeiro a se expressar com uma força religiosa, e que, por essa razão, ele era visto de modo diferente de todos os outros. Se deu o sentido crucial à guerra e a suas leis cruéis, acima de tudo Nietzsche transtornou a verdade religiosa, aquilo que erige os homens sob os céus da mesma maneira que o excesso de vitalidade das flores: sem outro fim *presente* além da glória e do brilho.

[*A retoma:*]

28-29 de junho.

O que separa a religião da guerra. De setembro a junho [...]

[54] *Cad, na sequência:*

Terceira parte

Ferluc, 3 de julho.

Da última vez que escrevi, parei sem ter terminado a frase começada. Como que incomodado com minha atitude durante a guerra...

Sem ter desejado, deixarei a página precedente inacabada. Rio demais, profundamente demais para não permanecer na obscuridade.

Escrevo para aqueles que se parecem comigo: para eles, não preciso dar explicações. Se conhecem a angústia por causa de uma besteira ou de um esquecimento, se riem por serem um joguete, se estão felizes com suas fraquezas, fortes sem o deixar ver, decerto adivinharão.

Ou não adivinharão!

[*Riscado:* Escreverei ainda uma terceira parte: gostaria que ela fosse dificilmente acessível.

Desejo até que as duas primeiras não caiam nas mãos daqueles que elas não deixarão *doentes*; ainda menos: daqueles que se arranjarão com elas para legitimar sua *doença*.

Ensino a angústia e a dureza, a alegria e a exigência moral que atinge o êxtase em mim: a extrema angústia. A satisfação tem horror do êxtase, ela coloca o eu em equilíbrio dentro de sua prisão.]

Ferluc, 4 de julho.

Reticências: ontem deixei uma passagem inacabada, todavia... Reticências? Talvez, e mesmo provavelmente! A integridade em mim começa quando me tomo como sou: aberto, dissimulado, arrebatado, reticente. Importa-me, escrevendo, avançar o mais longe que puder: a miséria dos meios conta pouco.

Não falarei nem de metas desejadas nem de planos seguidos. Existe um limite para além do qual "comunicar" exige cólera, violência, expulsa a chicotadas a *explicação* como a um mercador do Templo.

[*A retoma:*]

Sobre as charnecas em pleno sol [...]

[55] *A:*

[...] a agitação humana. Eu era menino quando pela primeira vez encontrei neles aquilo que mais amo: uma grandeza que impunha uma espécie de silêncio sombrio.

Aos 15 anos, eu compreendia mal. Compreendo melhor hoje. É um silêncio interior que me projeta na frieza embriagante da vastidão: imensos dorsos herbosos, aquilo que a *mão* não encerra, as lentas convulsões de terra do planeta, é esse o mundo a que me liga minha forma humana, o argiloso pântano de que sou fruto. Cada vez que a eternidade se renova, a vertigem da vastidão de que a Terra e minha forma são presas me possui lentamente. Adoro que as montanhas sejam velhas, gastas pelas águas, para que a possessão seja lenta e ainda mais forte.

★

A angústia se insinua pelas vias mais miseráveis. Na charneca, agora há pouco, lembrei que o dinheiro, tudo o que temos, estava numa gaveta aberta: imaginei um roubo e extremas dificuldades materiais seguindo-se a ele. Livrei-me de uma preocupação mal-fundada, mas bastou que a sombra passasse: a angústia começou a feitiçaria. O mecanismo secreto das coisas não me escapa mais: a mais vã angústia... fazia de mim, sob os céus, uma espécie de chaga erótica, tudo o que queima a ponto de se tornar brasa se aproximava já de mim, penetrava-me, tornava-me humano.

Dirijo-me a "homens da angústia". Contudo, a angústia conduz a uma covardia definhada, só a vontade libera. Mas quem leria esse livro não tendo vontade?

Vichy, 28 de julho.

Se volto sobre dois meses de desabamento [...]

[56] *Cad, riscado:*

Vichy, 28 de julho.

Se volto sobre dois meses de desabamento: nunca uma montanha nua foi mais nua. O que mais odeio: esses pequenos seres ricos que apequenam tudo que olham. Infelizes! Homens-putas! Aquele que lhes fala está afônico. Nenhum silêncio de claustro, nenhum silêncio de túmulo seria grande o bastante, escuro o bastante para cortar suas línguas. Mas o desastre é explícito demais: faz gritar a impostura de suas vidas. Os cadáveres dos vencidos, os cadáveres dos vencedores ainda não estão totalmente decompostos.... Só a montanha perdida, a terra afastando os homens, está à altura do bem e do mal que lhes calhou.

Ano passado em La Baule, durante três dias, sofri com essa poeira humana de me deixar doente. Esse ano em Vichy... Acaso nefasto de uma passagem ou? que obscura atração! que necessidade de ódio!

Enquanto o homem for surdo ao relâmpago que estoura sobre a montanha...

[*A continua:*]

Escrevo na angústia; angústia a perder de vista [...]

[57] *A:*

[...] espantando-me com o excesso. Mas sei: conheço demais esses rapazes felizes, grosseiros, o suficiente para não ficar a cargo deles: se eles me vissem tal como sou, talvez vissem a si mesmos...

Clermont, 31 de julho.

Hipócrita! Escrever, ser sincero [...]

[58] *Cad, na sequência:*

O que André seria – o profeta das quatro-estradas! se soubesse desprezar mais, se tivesse sido capaz de pisar firme, se impor diante dos tolos. Já profetizei demais. Melhor calar a boca. Se falar ao semelhante é "comunicar", sangrar, perder-se; o resto do tempo: melhor se fechar. A prolixidade nos quebrou.

Aquilo com que me debato, a ascese, a luxúria. Aqui, neste liceu construído de lava, escuro, austero, a meus olhos ornado de uma sedução interior, imagem da possessão dura e dominante. O nome de Blaise Pascal está escrito em letras vermelhas sobre a coberta da minha cama (sobre meus pés).

Eu estava em Clermont em 1915, enquanto meu pai morria. Naquela ocasião, passei perto de La Garandie, vilarejo onde meu pai viveu, construído sem árvores, sem igreja, na encosta de uma cratera, simples amontoado de casas numa paisagem demoníaca.

[*Riscado:* A dominação é uma vingança exercida contra mim mesmo. Os sombrios pássaros do furor, não os chamarei mais. *Vivo.* Não quero me matar de luxúria a fim de melhor deslizar à sombra das asas malditas.

É preciso colher a angústia onde ela se encontra; por que cultivar as ortigas? É bom viver, amar, desejar.]

[*A retoma*]:

A força está no conhecimento [...]

[59] *A (B e D):*

[...] que as crianças se calem. Basta que o barulho da vida morra num único ponto: o grande número das cruzes é a confissão de uma impotência.

2 de agosto.

O abatimento. O vazio extenuante. A separação e o sofrimento [...]

[60] *A:*

De repente, vejo, eu gritaria. Não é nada mais que... Como se uma força me brutalizasse, me arrancasse o coração e rio disso, quase sem fôlego. Quando digo que vejo, é um grito terrível em mim que vê, o grito que solto diante da ideia de ser separado de Denise, separado pela morte, sufocado. Então vejo tudo, não estou mais separado daquilo que me mata. Mas se me imagino vivo, é minha degradação de estar novamente vivo, de não estar mais pego pela garganta, de não mais *ver...* aquilo que o ser feliz e calmo ignora, que corta a respiração não apenas como terrível, porém mais que belo, alucinante, deixando louco.

3 de agosto.

Risco o que escrevi há poucos dias, contra a ascese. Há na austeridade uma impudência [...]

[61] *Cad, na sequência:*

4 de agosto, 7 horas, de Bord a Drugeac.

No fundo de um abismo oprimido pela bruma – eu mesmo neste fundo me confundindo com o horror das coisas, humilde e triste fenda gretando o planeta, minha presença está ali como um grito, sem esperança, grito de bicho cego chamando o ser amado – Denise –, quebrando-se do desejo do inapreensível.

Drugeac, 9 horas.

Denise partiu ontem, na mesma hora em que eu partia para encontrá-la. Uma tão cruel, tão rara má-chance: em todos os sentidos, agora, meu grito é do fundo do abismo.

De Drugeac a Eygurande, 7 horas da noite.

Falei de minha viagem a André – ao menos de uma parte dela. Os diretores do ministério encontrados num pátio em Vichy. Minha chegada a Clermont, como fui alojado no liceu, a enfermeira-gnomo que me recebeu e me guiou na noite, de bar em bar para me arranjar uma janta. O velho professor de liceu, suas longas pernas nuas se erguendo e dobrando para entrar nos lençóis de uma cama vizinha. Mas, sobretudo, o longo, o interminável "processo" que sofri, que me dá náusea e desejo de morrer. A representação do golpe que mata, a impressão de que soltaria um grito terrível. Não disse a André: o grito que nesse último momento seria preciso que eu fizesse Denise escutar e que sei que ela não escutaria. Queria que André percebesse a que ponto a única verdade está nas lágrimas (pensava, eu, nessa espécie de desespero extático que fez com que no próprio instante em que o amor de Denise me levava a gritar de horror eu tivesse de todas as coisas uma visão tão bela, tão libertadora quanto a morte).

Ainda quis dizer a André que não sabíamos mais agora *quem éramos*. Mas eu me expressava num tom lasso, tão precisa, tão friamente quanto um cientista. André estava simples e aberto. Tinha seu aspecto habitual, desalinhado, recolhido, sua simplicidade de homem da periferia, que faz todos parecerem vulgares ao seu lado.

A ideia de não ver Denise antes de amanhã me rói, angustia-me – a ponto de gritar...

O amor por Denise se tornou tão grande em mim que me contém inteirinho como um túmulo...

Longo pesadelo, os trens lotados, a fadiga. Absurdas complicações, uma saída talvez, mas a que preço e sem nada poder decidir, é preciso esperar.

Contudo, só de ter ouvido Denise no telefone hoje de manhã já estou mais calmo [*Riscado:* Pensando bem, não tenho por que sofrer a ponto de... A única certeza é minha vontade de colocar minha cabeça debaixo do salto alto de Denise.]

Eygurande, 10 horas da noite.

Sozinho, deitado no sótão que tinha reservado para mim e Denise. Clermont, 8 de agosto.

Não escrevo mais quando respiro. E no entanto... a cada passo recomeça a angústia. Ir de Clermont a Paris, arriscar ser detido no posto de controle alemão: o horizonte escuro e o céu de chumbo...

Paris, 14 de agosto.

... não, a menos que tudo engane, uma facilidade que me ilumina e me deixa não arrebatado, mas perturbado. Desde o instante em que, no dia 2 de agosto, uma espécie de revelação como o sangue [*riscado:* correndo de uma], ferida mortal, a chance – inicialmente sob as aparências contrárias. O instante mais carregado, o raio doloroso que mata, como a destruição opressora e no entanto aurora, a menos que... Um roupão – a primeira vez que Denise me deixou deslumbrado – conto de fadas, passando diante da mesa onde eu escrevia este livro. Hoje o roupão está manchado, amassado, desbotado, mas Denise e eu, esta manhã, compramos outro ainda mais raro.

Um dos segredos mal conhecidos dessa vida de feras: que uma pelagem de sonho é sua água profunda. [*Fim do segundo caderno.*]

[*A retoma*]:

15 de agosto.

Uma espécie de irradiação de felicidade [... cf. p. 85]

[62] Segue o conteúdo de várias folhas que Bataille juntou ao Caderno 1:
1º de setembro.

[*Riscado:* O mundo da facilidade acaba de morrer, e tudo está nu: não sinto a mínima nostalgia.]

Que importa ignorar o mundo aonde entro: [*riscado:* tal como ele é – ignorado por mim – eu o quis, escolhi-o. Eu o quis como é, duro e brumoso, oprimindo-me. O que quero é arrancar o "homem" a seus sonos: que ele seja quebrado, sangrando, enojado com aquilo que ele é. Estrondo, força e tempestade são os risos que o liberam se ele entra comigo nesse deserto.] eu o quis como ele é, embrumado, incognoscível.

Por que escrevo um terceiro livro? Devo falar do "sentido" que tem a tormenta que "eu sou". Devo "revelar" a virada que se fez em mim: impõe-se a mim mostrar o que muda a vida, que desnudamento.

Minha vida, essa vida pessoal, não conta nada. Não me detenho em minhas fraquezas. Sequer falo de Nietzsche: o silêncio é, ao menos uma vez, a única maneira de amar que não trai.

Voltei uma última vez, dia 28, à casa de Saint-Germain: os trabalhadores da empresa de mudanças tiravam os móveis. Os vestidos e o resto das roupas de Laure, eu tinha de tirá-los do armário. Encontrei assim o que ela escondia: suas meias-calças furadinhas, suas longas meias pretas, suas longas meias brancas e o colarinho engomado que ela tinha comprado para usar com um avental de menininha. Eu tinha pegado a máscara de lobo de veludo preto em 10 de junho.

[*Riscado:* Outubro.
Em resposta a uma questão de [Jean] Bruno.

Eu tinha dito para ele: "O que faz com que o êxtase seja suportável (e não terrível) é que só podemos descobrir sua potência depois de termos nos tornado semelhantes a ele". Bruno me perguntou: "*Como* se tornar semelhante ao objeto do êxtase? O que *é* essa potência praticamente impossível de suportar?".

O objeto do êxtase é a negação do ser isolado. Ao menos do isolamento sem o qual o ser distinto que sou não subsistiria. E, no entanto, esse ser distinto quer se apropriar do êxtase como de um enriquecimento e uma conquista. Isso supõe a transformação extrema daquele que conhecer o êxtase. Ele não deixará de ser isolado e distinto na medida em que não morrerá. Mas dirá isto para si mesmo com aspereza e sem tergiversar: "Existo isoladamente, quero que seja assim, mas só na medida em que aquilo que é em mim candente e quebrante precisa não me quebrar ainda para se refletir e se reconhecer. Mas essa é apenas uma necessidade provisória. Pois, se morro por alguma outra razão, minha morte inevitável me faz saber que essa violência destrutiva reconhecida em mim transborda na certa meu isolamento miserável. Se ela me faltar, se morro sem ser por excesso, essa violência não deixaria de me atingir de fora. Aquilo que chamo assim de violência em mim é, na realidade, essa espécie de fulguração inquieta, imensa, de que sinto que o universo inteiro é o campo. É isso, é essa insuperável vertigem de todas as coisas que não deixa nada como está, que garante minha morte. Quero meu isolamento, mas sob a condição de que ele não seja mais que um ínfimo instante de sopro nesse jogo de que sou apenas o mais bizarro capricho". Como o êxtase seria possível a menos que deixássemos de nos agarrar medrosamente à vida. Mas isso supõe inicialmente uma fase de angústia. Pois se o objeto do êxtase transparece antes que a gente mude, embora isso "atraia", torna-se claro que isso não deixará nada subsistir do isolamento tranquilizador e confortável do ser: "isso" se propõe brutalmente como uma espécie de morte. A angústia só é suspensa quando o homem se torna cruel para com o universo, igualmente animado por seu movimento, encontrando sua alegria nessa precipitação perdida que angustia.

Podemos nos ater a isso – não nos ater a isso – mas não depende mais de nós que a crença em nós seja arruinada. A sobrevivência da fé cristã não é nem cômica nem chocante. Vemos a cada dia o quanto é fácil se esquivar a uma evidência que se fez: isso não quer dizer que a evidência não esteja dada, mas que uns levam mais tempo que outros para se render a ela. Pode mesmo haver]

27 de outubro.

Acordo às 5 horas lembrando do sonho seguinte: reencontro Roger Caillois (que deixei em junho de 1939, ele permaneceu na Argentina desde então). Caillois está irônico como muitas outras vezes, porém mais divertido que de costume: zomba visivelmente de mim. Fico feliz com isso e lhe confio que a existência, desde o início dos tempos, é uma *adivinha*. Rimos. Ele pede uma explicação. Prossigo: "E fui eu que adivinhei". – "Como assim?" Ele zomba da minha pretensão e quer a resposta. Rio e me esquivo, pois, nesse momento, não sei nada (fico inquieto, relativamente pouco). Retruco: "Eu sou Édipo". Ele me aperta contra a parede. Sinto que devo encontrar imediatamente e respondo sem hesitar que é a morte. Digo isso e sei que *adivinhei* (há muito tempo), mas não estou seguro em mim mesmo de ter dado a verdadeira resposta. Caillois se surpreende e visivelmente despreza. Replico falando de vida medindo-se com a morte. Sonhando não sinto a que ponto é lamentável: estou certo, de fato, de ter adivinhado, de ser Édipo. O que minha resposta tem de miserável me salva. Não vejo mais Caillois, meu irmão está ali, ele não despreza mas se indigna, não apenas está furioso mas sofre.

17 de novembro.

Imagino uma puta – bonita: ela dança diante das mesas sob brilhantes luzes. Seus seios nus saem de um bolero. No sentido mais delicioso e mais dilacerante da palavra, essa nudez é minha *festa*. A vida clara e tépida que emana de seus seios atrai e mantém meus olhos tanto quanto o sangue escorrendo vermelho de uma ferida: imagino [*riscado:* penso na ferida de um touro de *corrida*, penso também na aspereza de um fogo de enxofre, azulado e sufocante na noite.] um touro de *corrida*, o ombro e a perna escorrendo sangue. O que consuma: é a alegria, o belo desnudamento, a elegância de movimentos vivos: o luxo também. Tudo se passa como se ao jorro dos seios respondesse em mim um jorro mais acre que congela minha respiração entre meus lábios contraídos. A puta se avilta ao se desnudar, abandona-se, e eu também me torno vil e animal sedento. O bolero fechado, a puta estaria fechada, mas o bolero se abre, ela entrega seu segredo (sua animalidade bonita). A chama luz em qualquer sombra: queimo tão deliciosamente quanto se sofre. Em vez de sofrer – embora sofra – abro-me a uma alegria muda mas espasmódica.

A irrealidade aparente, o caráter artificial de meu "êxtase", não me incomoda. Adivinhar-me significaria apreender o jogo humano: esse jogo exige as miragens. A comunhão, a fusão, o êxtase exigem rupturas de paredes divisórias: a vida prática prescreve divisórias elas próprias artificiais. Pouco importa se a divisória (a roupa da dançarina) é quebrada pela venalidade. Pouco importa se é verdade que, olhando friamente, eu veria aquilo que veem o médico ou a "figurinista", mamilos tão indiferentes quanto cotovelos.

★

Estou cansado de escrever para surdos. De novo, quero me trancar no quarto quente onde minha vida só conhece a ebulição: minha liberdade quase louca e meus desvios. Se for preciso, chegará o dia de medir meu calor com o frio do exterior (de novo a miséria da demasiado pouca febre, do frio gelado). Mas hoje só quero me embriagar, viver. Por que perturbar seus longos sonos? Meus livros? meus projetos? Não quero mais ter outra paixão que não minha vida livre, minha dança áspera, espasmódica, indiferente a todo e qualquer "trabalho". Minha indiferença é meu Império.

★

Talvez, tudo o que posso acrescentar eu já o tenha dito. Queria rasgar o véu – rasgado para mim – o pesado movimento de minha vida me arrasta. Penso muitas vezes: por que quereria eu? talvez eu não seja *eu,* mas uma parte do homem: rio disso. Poderia ser assim parte do Oceano. Minha lassidão e minha pouca firmeza são adoração.

★

É preciso também que minha vontade seja como um grito fendendo a noite. Pouco me importa aonde me arrasta... o grito jorra de mim. Miséria de toda explicação: ser falso com os falsos. Tudo o que escreve em mim é amor, incendiário. Sob o peso que levanto, minhas forças se esgotam mas voltam. A verdade que carrego em mim grita, com a força de articular lentamente as palavras angulosas.

Tenho essa força na solidão onde têm lugar minhas festas desertas. Não a tenho se falo rápido demais a outros: não sei convencer, tudo o que posso é viver. Agora, escrevo para me lavar de minha mácula, sucumbi ao desejo de tocar de outro modo que não pelo fogo. Mas prosseguirei. Mesmo que ainda deva sofrer frases em que paciento, atingirei, serei paciente. Tudo é, em mim, mais forte que eu.

[63] *B, em epígrafe, riscado:*

"Odeio as leituras ociosas. Quem conhece o leitor não faz mais nada por ele. Mais um século de leitores e o próprio espírito federá... Não escrevemos máximas com sangue para sermos lidos, mas sabidos de cor..."

Zaratustra, I, Ler e escrever.

A fornece deste capítulo apenas as passagens seguintes:

23 de maio de 1941.

Todas as vontades, as expectativas [...p. 88...] Minha vida, o mais das vezes, permanece ausente.

26 de maio.

Indo mais longe [...] *entedio-me*, fico desencorajado, tendo de terminar um livro, por dever encadear tudo numa sequência de parágrafos de frases.

11 de junho.

Se observo a agitação das águas humanas sem parar e em seu conjunto – como uma imensa comunicação de vida – percebo que todo um movimento de luta corta a comunicação necessariamente num ponto de limite mais ou menos estável. Movimento e corte são necessários à agitação, mas se vivo não uma parte mas a total convulsão das águas, se preciso comunicar com essa convulsão ela própria mais do que com um dos movimentos contraditórios que a formam, não devo estar *preso* a nenhuma luta. Se existe em mim um combate [...p. 87...] são as minhas...

22 de junho.

Uma extensão grande demais de acontecimentos [...p. 87-88...] ainda que a terra lhe gire na cabeça como se morre – ele se esquivaria? Talvez não.

Se uma pessoa qualquer – que ainda não tivesse comigo se tornado "louca" – me perguntasse grosseiramente: "O que você afirma?", eu lhe mostraria o sol e lhe diria: "O que ele afirma?".

Isso não é uma pilhéria, e eu possuo uma vontade firme, duas grandes maxilas [...p. 88...] que seria a agitação sem minha solidão? Ontem peguei uma enciclopédia [...p. 88...] é a estrela esquecida – o álcool e o saber.

23 de junho.

Ou assumirei uma tarefa excessiva, ou minha vida se jogará e zombará [...] que eles se atolem.

14 de julho.

Encontro esta nota (reação sobre a quarta parte de meu livro, ela data provavelmente de janeiro ou fevereiro):

Pessoalmente, não amei a guerra. Falo dela com o sentimento de um homem que queria ir até o fundo de uma tarefa que exige muito dele. Meu desígnio não era magnificar a guerra – não teria achado ruim vê-la como odiosa –, mas frequentemente observei as coisas me espezinhando. Estava às vezes acabado de cansaço: voltava a me levantar, dizendo para mim mesmo: "não faz mal, esse cansaço". Eu era como aquele que ama uma mulher, buscando-a e buscando-a (eu buscava apenas um triunfo do homem sobre sua fraqueza). Um amor de fazer gritar me susteve: contudo, não grito. Quando morrer, tampouco gritarei, acredito: aquilo que amo é a chance do homem: no momento mesmo em que morrer, gostaria de poder dizer para mim mesmo, para o morto que já serei – que eu o amava – até morrer, e nesse momento, morrerei, poderei morrer.

Minha vida não é, não terá, espero, sido, mais que a longa e ardente devoção à chance – que terei amado demais para dar ainda que uma só parcela de amor à guerra. Mas ninguém poderia plenamente "pertencer à chance" sem ter conhecido a grandeza de tudo aquilo que os homens fizeram de grande. Do ponto onde estou situado, a guerra é o meio pelo qual o homem espalha sua má-chance como um monte de cadáveres pelo chão: a chance não pode se encontrar sem passar por uma prova desse gênero, mas essa prova não é ela própria a "chance e a glória excessivas" de que tenho sede.

Quando digo que não amei a guerra, quero dizer antes de tudo que nunca fui sensível a essa espécie de libertação de que ela é a busca. Das embriaguezes e dos arroubos de orgulho que ela dá a regimentos vencedores, acredito que, mesmo oferecida a ocasião, eles me seriam recusados. Tudo o que se assemelha a eles (ou tem afinidade com eles) se extingue em mim desde que sou pessoalmente solicitado. Falei deles para compreendê-los de fora.

Minha falta de atração pela guerra, posso facilmente torná-la sensível. Os combates vivos dos anos atuais me detêm menos que aqueles das trincheiras, mais aterradores. Aquilo que me detém na guerra é um meio de contemplação angustiada. Isso permanece ligado em mim a uma nostalgia de estados extáticos, ainda que essa nostalgia me pareça hoje suspeita e lúgubre: ela não teve, aliás, valor ativo. Não combati em nenhuma das guerras em que poderia ter sido metido.

9 de setembro.

Enigma derradeiro, em último lugar estar ali, interrogar, não ouvir resposta, mas "o silêncio eterno dos espaços infinitos". Mas não, é ainda outra coisa. O que importa um silêncio eterno ligado a meus soluços? Em contrapartida: se não tivesse sabido chorar, minha seca interrogação do silêncio, minha presença pequenamente minha, minha curiosidade ligada a meus "hábitos" teriam tornado mais espesso o insondável enigma. O que o mundo fez para culminar no [inabitado?] dessa interrogação impossível? toda a desordem humana das ocupações razoáveis, o esforço...

1º de dezembro.

Pude acreditar que de meus amigos não houvesse mais um só que não tivesse rompido comigo. Não estava apavorado.

[64] *B, em epígrafe, riscado:*

...assim o ser está ali – sou eu – não sabendo por que – de frio batendo os dentes.

Pierre Angélique[*]

[*A, na margem (A só retoma na página 98, com "O atrativo do jogo"):*]

"O pecado", que constitui o primeiro capítulo de "A chance", está em parte no manuscrito de *Madame Edwarda*.

[*O texto do manuscrito de* Madame Edwarda *foi recopiado em B sobre duas folhas deslocadas a seguir para um dossiê de esboços para* A parte maldita. *Eis o conteúdo das duas folhas:*]

Diferença com os fenomenólogos (Heidegger, Jaspers): minha objetividade.

Preciso insistir sobre isto: o riso não pode ser conhecido de dentro. Não se pode imaginar uma "fenomenologia" do riso que dê conta, ao mesmo tempo que da experiência vivida, da razão de ser do riso. A razão de ser de uma angústia talvez se esquive ainda mais da experiência que temos dela, mas menos subitamente: nós a percebemos, ou acreditamos percebê-la, como o rabo de um camundongo correndo para debaixo de um móvel. Não percebemos nada da razão de ser de uma risada senão

---

[*] Pseudônimo sob o qual Bataille publicou *Madame Edwarda*, em 1943.

ao refletir – e a reflexão nos desconcerta: a origem do riso, para aquele que a reflete, é dada de fora, é um dado objetivo claramente separado do resultado subjetivo, pois podemos facilmente reconhecer que um elemento cômico nos faz rir, mas não por que ele nos faz rir; falta um elo de uma corrente que levaria o sujeito ao objeto. Posso dizer, assim, que o riso não é menos que o sacrifício um dado exterior.

Não é por acaso que parto exclusivamente de dados exteriores – o sacrifício, a guerra, a economia de festa, o riso –, e não simplesmente de experiências vividas. Em todos os movimentos que descrevi, os estados vividos transcendem de algum modo os dados. Isso acontece em toda "comunicação" verdadeira, de maneira que não há fenomenologia da "comunicação": é impossível. Jaspers, sob esse nome, fala de relações diretamente apreensíveis, das relações que se estabelecem diariamente entre os homens.

O caráter grosseiramente objetivo de minha análise não tem, portanto, o sentido que se é tentado a lhe atribuir: não significa redução à ataraxia científica. Tratava-se de determinar a região obscura fechada à fenomenologia, de atingir a "comunicação". Fui o primeiro a descrever a "comunicação" e sua conexão com a angústia. Acrescento pouco, decerto, aos resultados de Heidegger e de Jaspers; pode ser que eu permaneça nos horizontes de Kierkegaard: mas, sobre eles, vi nascer o dia da "comunicação", da glória.

Método, contudo, não puramente objetivo, ao contrário, os olhos fixados sobre .... experiência vivida, renovada de todas as maneiras, mesmo e sobretudo esgotantes (pouco tempo para a cultura livresca).

Fenomenólogos (Kierkegaard e Hegel inclusive): o essencial escapa (as núpcias, quão secretas, da vida e da morte). Nietzsche é o *único* que se situa do lado da glória e do riso. A questão permanece da relação de Nietzsche com [*riscado: A parte maldita*] minha construção, assim como de Kierkegaard com Heidegger ou Jaspers. Nietzsche é menos explícito (sobre o riso) que Kierkegaard (sobre a angústia). Respondia ele a alguma exigência a que falto? Para que nascesse novamente a aurora da comunicação, da glória – assim como um dia se sucede a outro após a noite –, era necessário desta vez que ela nascesse numa consciência explícita.

Não quero de modo algum desprezar os aportes teóricos de Heidegger, de Jaspers, ainda menos a luz de angústia que os escritos de Kierkegaard projetam: essa luz também me ilumina, etc. Coincidência de resultados obtidos com métodos diferentes.

A vulgaridade do anatomista. O que eu disse. Quero me consolar: digo para mim mesmo que é só furtivamente que vemos o que tem lugar, como o sol (senão, ficaríamos cegos ou loucos).

Todavia:

Temos desculpa por não sermos cegos *e* loucos? sim, se olhamos do lado do *geral*, não, do lado do *particular*. O homem *em particular*, que quer ou deve se ver como tal, está condenado ao gênio. Eu não quereria *aceitar* nem a condenação nem a desculpa...

Faltaria a parte essencial se eu não falasse do pecado [...]

[65] *O manuscrito de* Madame Edwarda:

[...] Mas a angústia precisamente é a serpente, é a tentação. Diante daquele que – com uma atitude menos embaraçada que Kierkegaard – entra assim no santo dos santos, o mistério fica nu. Infeliz daquele que não é devastado por ele.

Para aquele que quer "avançar", três recursos são necessários: a ingenuidade jovial da criança, a força inútil e infeliz do touro, o amor, indo até a embriaguez, pelo frio, pela solidão, pelo silêncio.

Disse que a comunicação era o pecado, mas, não é evidente? é, pelo contrário, o egoísmo, é o isolamento que é o pecado. O que significa essa violenta desrazão?*

[*A continua (em B essa passagem está riscada):*]

Chegar ao conhecimento, introduzir um máximo de coesão no domínio herdado dos conhecimentos não é mais que uma brincadeira

---

* No *verso da mesma folha:*
Conversa com o padre jesuíta Daniélou.** Digo-lhe que a partir da tábula rasa (a meus olhos a única nitidez imaginável), sem falar da ideia de *salvação*, que pinto para ele expressamente como uma "impiedade" (pois a ideia de salvação implica um lugar onde o acordo seria feito, onde tudo o que é é admissível e na posição do repouso, no apaziguamento último), a ideia de *pecado* deve ser reconsiderada de cabo a rabo. Digo-lhe que não há "comunicação" que não *seja* em sua essência pecado. Assim se dá com o sacrifício, sobre o qual ele, como padre, não pode negar que esteja na base da comunicação entre Deus e o homem (ele tampouco pode negar que se trata aí de um movimento essencial, que funda), o sacrifício é para a Igreja não apenas pecado, mas o próprio pecado, se posso dizer, em estado de perfeição, de pureza completa. Do mesmo modo em outras "comunicações" (riso, erotismo, sem falar do sagrado não cristão). Enfim, aludindo à "experiência" que tenho pessoalmente, digo que ela implica o pecado, que não imagino que possa ser diferente para outrem.
[*Riscado:* Mas me encontrando sozinho o jesuíta objeta]
** Jean Daniélou participou também da "Discussão sobre o pecado", conferência feita por Bataille na casa de Marcel Moré em março de 1944 (que publicaremos no volume III da *Suma, Sobre Nietzsche*). (N.T.)

de supliciado (quero dizer, uma brincadeira necessária). A comunicação sempre é única, finalmente não esclarecível, e sempre é preciso dizer inviolável e não tendo de responder por nada. A relação do conhecimento comunial com o conhecimento discursivo não é mais que um estágio; depois é preciso derrubar tudo e dizer: só os levei ali em razão da miséria herdada (o homem, essa noite que se crê lúcida!). Da lucidez noturna passa-se ao dia da comunicação, mas não se pode voltar: a lucidez primeira aparece como a noite espessa. O próprio riso perde aqui seus direitos (em razão da absorção). Mas enfim: voltaste, dizem-me. Precisamente, isto é que é estranho: eis-me de volta: explico ainda. Mas como não voltaria (é verdade que um dia não voltarei, estarei *morto*), já que o homem que vocês são é eu, que eu sou *vocês*, que *vocês* são *eu?*

E quando digo que *o homem* está em nós, é porque a *comunicação* está em nós, pois o homem existe na medida em que *os* homens *comunicam* entre si. Ora, como comunicar sem falar? Ou senão: como eu poderia cortar minha palavra sem *ter falado?* Ou ainda: como eu poderia *puxar a cadeira* se alguma cadeira convidativa não tivesse se encontrado entre mim e vocês?

O pior do *explicável* é talvez a meia-luz [...]

[66] *Em B esse parágrafo e o precedente estão datados: 3/6/1942. Na sequência, riscado:*

[24/5/1942.

A propósito da teoria do esforço de Janet. – Só posso ligar o esforço ao *comando*. Quando um carreteiro bate num cavalo carregado, o animal se retesa e dá a impressão do esforço. Mas o carreteiro pode obter um resultado da mesma ordem com gritos, a um só tempo ameaça de golpes e esboço de comando. No comando humano participa um elemento que parece estranho inicialmente à ameaça, a força de comunicação (simpatia, contágio), mas o que é comunicado no comando é sempre uma "dramatização": percebe-se, contudo, dessa maneira, duas espécies de comando distintas. Na primeira, aquele que comanda exerce ele próprio uma ameaça sobre aquele que é comandado (o comando substitui o golpe do amo a fim de provocar o esforço). Na segunda, o amo evoca uma ameaça exterior, independente dele, frequentemente mesmo pesando sobre ele como sobre os outros. Em princípio, os comandos diversos entre os homens implicam sempre esses dois elementos: o mais típico é o comando militar. É claro, na sociedade, o comando não é apenas uma espécie de ato que se produz eventualmente, é antes de tudo uma instância. O mesmo se dá no indivíduo, mas o indivíduo é melhor centralizado.

É importante para mim fazer tudo depender de uma distinção entre os dois tipos de ameaça, ou, para falar uma linguagem inteira, de dramatização.

O primeiro pertence ao par amo-escravo, carreteiro-cavalo, em que a solidariedade é a menor imaginável. O segundo, ao par orador-auditório, em que o condutor só comanda sob a condição de *saber dramatizar.*]

O que os cristãos não querem compreender [...]

[67] *B:*

[...] (ou no rádio), mas em menor grau.

[*Riscado:* Numa teoria do esforço, é necessário remontar além do comando, ao combate animal. Encontramos o esforço desde o combate animal, e é somente o esforço voluntário que começa a partir do comando, o esforço voluntário, ou seja, a faculdade de deslanchar o esforço no momento escolhido (em geral, aliás, só se chama de esforço essa última forma). É claro, o comando individual, social – obtém esforços uma vez que ele é constituído, mesmo sem dramatizar nada – no jogo, por exemplo (ainda que o jogo implique sua dramatização, mas não profunda). Mas a "cultura física" não é nem jogo nem dramatizada: ou ela representa um verdadeiro *training* do esforço, ou o esforço é ao mesmo tempo fim e meio; resta que a cultura física nasceu do exercício militar e que está longe de ter se liberado dele.]

Nada que não seja pobre [...]

[68] *B:* [*Riscado:* Absolutamente] nada que não seja [*riscado:* emporcalhado] pobre em matéria de pensamento, de moral, se não se pode glorificar a nudez de uma bela puta ébria por ter um membro na boca: desviar-se dessa glória evidente é desviar os olhos do sol.

[69] *A (e B, riscado):* Por não ter ou não buscar o acordo da chance, a multidão faz a beleza soçobrar na prostituição. Uma espécie de beleza nefasta ilumina ainda a sentina das prostituições.

[70] *A (e B, riscado):*

[...] tensão da vontade. A experiência interior é como uma dança e exige a coincidência dos desejos.

11 de dezembro.

O debate travado no fundo de nós mesmos culmina – sempre de maneira sub-reptícia – em alguma decisão maior, compromete a vida. O mais das vezes, é negativamente, por deixar a coisa ir. Frequentemente, também, é uma decisão provisória sobre a qual se pode voltar atrás meia dúzia de vezes por dia. Ao contrário, tais determinações menores são objeto de uma atenção rigorosa. Um historiador levará anos pesquisando antes de estar seguro de que um rei que ele estuda, que viveu 700 anos atrás, estava em tal dia em Étampes, não em outro lugar. Raramente se passa o mesmo com as "decisões maiores". O erudito determinará o sentido de sua vida por um esquecimento, por um jogo de palavras que ele ignora.

As decisões menores eram tomadas outrora sem mais preocupação que as maiores, mas um método se introduziu. Alguém se cercaria dos mesmos rigores no momento de decidir sua vida que para fixar alguma insignificante verdade científica? Mas é necessário reservar, por outro lado, a aplicação do rigor à insignificância. Aquilo que conta profundamente frustraria cálculos precisos. Uma determinação decisiva exige a desatenção que se tem por vezes quando se trata de calçadas à direita ou à esquerda: só se chega por chance ao estado de graça, o cálculo, deslocado, daria resultados contrários.

Hoje, percebi na frente da minha janela, sobre um telhado [...]

[71] *A:* [...] ao homem, em geral a qualquer coisa, desde que o gancho não seja o rei.

[72] *A, em vez do parágrafo que segue:*
"[...] que uma palavra dissipa."

O riso é a dupla inversão da chance, sua imagem invertida refletida no espelho de uma hostilidade: as duas negações, nesses casos, valem a afirmação.

O elemento cômico (que deslancha o riso) tem o caráter (invertido) da chance, a pessoa cômica é, ao contrário, designada por uma ausência de chance (e de má-chance).

Nas lágrimas, uma pessoa considerada como chance é tocada por uma desgraça qualquer.

(A dor se comporá de três partes:

1. A chance
2. A dor de Nietzsche
      introd. a 3 onde contarei as circunstâncias da risada de Nietzsche, [*sua?*] ligação e, se der, a leitura de Aminadab
3. O teto do templo

ou talvez quatro: 1. o ângulo
2. a chance
etc.)

[73] *A:*

V

19/12/1942.

As religiões estão ligadas à *colocação em questão* da experiência interior, mais geralmente à colocação em questão da própria existência. E, para terminar, à colocação em questão de si mesmo. Elas constituem edifícios de *respostas*, edifícios no seio dos quais a colocação em questão prossegue; a alma cristã no abrigo da Igreja continua a estar ela própria em questão. Da confusa história das religiões diferentes [...]

[74] *Em A (e B), este parágrafo precede:*

VI

21/12.

A busca de chances menores tem o interesse de colocar o intelecto de férias (nas expectativas de coincidências). Assim que começava a busca da chance, esse objeto que se podia, *que era preciso* desconhecer, era revelado, todavia, pela totalidade da aposta: era inconcebível, angustiante dar à própria aposta um ínfimo limite. O caráter de totalidade no objeto exigia essa totalidade na aposta, onde o ser devia se colocar sem reserva, tanto por obstinação quanto por esquecimento. A intenção necessária deve, decerto, ser *esquecida* por sua vez, mas o jogo que não toma o essencial da intenção humana a seu cargo é ainda jogo no sentido de uma reserva feita; a *seriedade* ela própria deve enfim entrar em jogo, é preciso jogar sem deixar a mais ínfima parte, mesmo que pareça desprezível, de fora.

[75] *A (e B):*

O fato de que só se possa chegar a esse ponto ferido, esgotado, a quase impossibilidade de manter a vida a uma tal altura, sempre o chão retirado de debaixo dos pés de salto em salto, a dúvida se isso é a chance ou a pior má-chance. O homem de pés que se queimam.

(relação com a experiência pura
passei da ideia de valor àquela de chance pura
a chance na paisagem)
23/12.

"... o mundo perdido se entrechoca com um barulho de reinado, enquanto os Oceanos brutais me elevam entre os olhos do Anjo.

Fugi agora há pouco.

Estou no centro do equilíbrio.

Regulo a balança no delírio de um gesto jovem.

Terei vergonha de negar a força de minha posição. Todos os humanos enfim me contemplam; invejam minha abastança satisfeita, ignoram que luto com o prestígio enfim célebre da Morte, de minha morte que quis

MINHA; ignoram que os astros são definitivos, que hei de ser morto entre pesadas estátuas divinas.

Que não sofrerei, deixando o MUNDO em silêncio, sem gesticular, retendo ainda meu Coração, minha febre e minha felicidade com uma mão que faz tremer a queda.

MILAGRES! Gritos de MILAGRE dispuseram de meu fim; gritos de MILAGRE me sustentam ainda.

NÃO POSSO MAIS TRAPACEAR, arrebatei o grande prestígio, ele é perigoso demais, prestigioso demais para mim. Não se pode argumentar com a morte e sua simplicidade. Não se pode definir seu segredo puro e claro dissimulado no diamante. Pode-se apenas contar o grande vento de vida que nos percorre no último grau, enquanto as crenças, as PAIXÕES, os desejos, as súplicas, as cóleras, os estudos, as dores, as penas, as volúpias, as artes, as escrituras se destroem num relâmpago noturno e turbilhonam para o fundo das purezas enquanto tudo se anima num desígnio que se imagina de si mesmo e que apenas começa a misteriosa criação do VAZIO."

Jacques Cartier.[*]

O bem não seria mais que o instrumento de abatedouro do juiz [...]

[76] *A:*

[...] a meu ver, a mais rica. A chance é o além do ser. Ela não é redutível à aparência, já que a aparência é a noção ligada ao sentimento de inferioridade diante do ser. A noite não é uma noção menos rica que a chance, já que ela é a condição da chance. Se houvesse na noite outra coisa além da noite, não haveria chance, mas apenas traições ou as conveniências dessa outra coisa, e para trair e convir seria o caso de *ser* – firmemente –, não de se jogar.

A verdade dessas proposições se exprime no fato de que elas combatem: elas mesmas se jogam como chances e apostam na mentira do ser (mentira de seu próprio ponto de vista). Elas se jogam, mas, se ganharem, deverão se jogar de novo. Assim como verdades concernentes ao ser deveriam ser fixas e imutáveis, estas outras combinam com a intolerância do homem para com seu próprio pensamento. Através delas, a linguagem recebe a chance de sobreviver a si mesma numa agressiva perversão de si mesma, ao passo que o ser assegurava sua morte.

Se Deus existisse, não seria má-chance não ser ele?

---

[*] Segundo Michel Surya, trata-se de uma citação apócrifa. O autor destas linhas é o próprio Bataille, e não o navegador francês Jacques Cartier (1491-1557). (N.T.)

NOTAS DA EDIÇÃO FRANCESA DAS OBRAS COMPLETAS DE GEORGES BATAILLE

Verdade pelo fato do êxtase.

De boa com Deus.

Absolutamente nenhuma infelicidade.

Verdade de proposições que alargam o possível do espírito: esse possível é ampliável, não é verdadeiramente possível senão no impossível. Pois o possível fixado como tal está morto.

Rejeitar os escritos passados.

Um santo teve a possibilidade do ser – *catolicamente* – no tempo em que o dogma o escolhia.

Acordo com a ciência. Tudo o que não está de acordo com a ciência é repugnante.

Única desculpa... necessidade de redução das questões religiosas a proposições elaboradas.

Relação entre a dor e o jogo da chance. Por um lado, posição favorável, deve-se ganhar ao jogar, mas se pode perder, estamos sobre o abismo, a dor 17/1/1943.

Um teólogo dificilmente imagina até onde vai a profundeza das reflexões. Não, Deus não pode ser aquilo que a teologia faz dele – um garante da repartição dos seres. Entendam-me. O que significa: "eu teria podido ser um tal..." [...].

[77] *A (e B, riscado):*

Enredar as pernas do *eu* nos fios das frases: nada responde ao desejo com mais íntima penetração que a queda estabanada de um eu. A queda do eu de Deus, a mais suave.

Não existe nada que não revele Deus, sua essência é incomparável. Deus *é* a queda do eu de Deus. Deus está tão morto que só se pode fazer ouvir sua morte com uma machadada.

Nunca houve eu.

O movimento natural [...]

[78] *A (e B, riscado), na sequência:*

Um lance de dados – é o calhar – um cachorro está ali. Mas não um outro.

O calhar – e sobre isso inventamos mil firulas. Havia todas as chances para que *eu* nunca existisse. Basta ver a história das horas, dos minutos da minha família [...]

[79] *A (e B, riscado), na sequência:*

Deus não seria mais que um calhar?

Mas, ainda mais cômico: que o homem, tendo-o concebido, tenha-o, sem matá-lo, carregado dessa necessidade que sentimos que nos falta – sem perceber que como calhar ela nos destrói.

Seja dito *ad majorem gloriam* do dado, cujo rolar, adivinhado *a posteriori*, é muito mais angustiante que o ribombo, de aparência mais pesada, do trovão. Querer de Deus [...*cf. nota seguinte*].

[80] *A (B e D):*

Querer de Deus que ele tenha um eu distinto sem por isso resultar de um calhar não é mais que ampliar à escala do todo a ideia que gostaríamos de ter de nós mesmos. Vê-se que, em definitivo, Deus foi a hora de loucura em que nos lançava o deslizamento do eu ao mundo que o anula. A essa hora de loucura o homem permanece preso para sempre. É *sua* hora. É nesse lampejo, no deslumbramento, nos gritos que o eu desliza para onde ele não é mais. Mas ele confunde o deslumbramento de não ser mais com o sonho de um ser consumando aquilo que lhe escapa.

Deus não é mais que a girândola, a apoteose do calhar.

Só podemos falar dele loucos: assim que voltamos à razão, ele não é mais que um ponto opaco, uma imagem em que se inscreve o horror de ser jogado (a nostalgia de uma vida retirada do jogo).

[81] *A (B e D):*

[...] Como a chuva ou o relâmpago suspensos, à espera nas nuvens, há apenas ser em potência. A existência calha de novo na conjunção. Assim, de calhar em potência e de potência em calhar.

Desejo tudo da morte sob a condição de apreender, indo do ser em potência – não calhado – a mim mesmo, o calhar feito, um caminho por onde o temporal me retira da estagnação do calhar. A comunicação até na morte está implicada pelo calhar, e, se ela faltasse, o calhar detido sobre si mesmo se reduziria à substância.

Eu falava do ódio de Deus por si mesmo: é preciso a Deus cair no calhar, colocar-se em questão, de tal modo que ele não é, mas nós somos – abandonados por ele. E quando nos acreditamos *com ele*, faltamos à soberana vontade que ele tem de não ser, de se jogar, de cair como uma multidão de dados de um copinho sobre nossa miséria.

No sacrifício há este tema: uma má-chance "consome a chance tempestuosamente" [...]

[82] *A (e B, riscado), na sequência:* Um rapaz e uma garota que se amam, designados ambos para isso pela chance, entre dois corpos felizes e nus introduzem uma prostituta, servem-se dela para atingir, através dela, o excesso de alegria (que sempre se esquiva). A prostituta, os órgãos do prazer [...]

[83] *A fornece na sequência estas linhas, riscadas, a seguir utilizadas na* prière d'insérer *da primeira edição de* A experiência interior:

24/1/1943.

Somos talvez a ferida, a doença da natureza.

Nesse caso, seria para nós necessário – e, além do mais, possível, fácil – fazer da ferida uma festa, uma força da doença. A poesia em que se perdesse mais sangue seria a mais forte. A aurora mais triste? Anunciadora da alegria do dia.

A poesia seria o signo que anuncia dilaceramentos interiores maiores. A musculatura humana só estaria inteiramente em jogo, só atingiria seu mais alto grau de força e o movimento perfeito da decisão – o que o ser é

[84] *A, B e D:*

[...] O homem interroga, não pode fechar a chaga (aberta nele pela angústia). Aquilo que sou no mundo se exprime em forma de interrogação: "quem sou eu?". Em outras palavras, o homem é a colocação em questão do ser (ou o ser da colocação em questão).

Todo calhar [...]

[85] *Na sequência do manuscrito do poema* Time is out of Joints *(8 páginas de caderno, datadas de 25 e 26 de fevereiro de 1943 – cf. "Terceira parte: Diário" em* Sobre Nietzsche*), encontram-se estas linhas riscadas:*

Continuação de *A divindade do riso*

1º de março.

Sempre recuei diante do calhar: tinha medo. Tinha medo de ser... *aquilo que sou*, o riso em pessoa! O RISO EM PESSOA!

O que se segue a respeito do *desejo* de Zaratustra

desaceleração do movimento de Nietzsche

[*Em A:*]

[*Riscado:* 3ª parte da Divindade do riso] A vontade de rir

Vézelay, 18 de março.

Sempre recuei [...]

[86] *A (B e D):*

[...] (eu o desejava de tempos em tempos, mas minha esperança me repugnava). Adivinho a angústia por toda parte, uma rede de angústia, uma trama de cordas apertando lentamente as goelas.

A chance do um [...]

[87] *A:*

[...] mantido pela chance. Se a miséria me poupa e deixa...

Fim de março.

A respeito de um soberano no império da noite (meu pai).

Estrela do sul-solo, esponja de barril, pesada caneca de chope de estanho, para-raios espantalho ao sul ao centro da esperança, um odre de vinho negro, um seco saco do hospital Bicêtre, como comer uma ostra de vinho branco sem biscoito na colher, depor armas, ficar de quatro bem branco, barbudo de azul, ainda que através da roséola, enfio-me de ponta em branco na terra de Javel.[*]

2 de abril.

Ah, pudesse eu morrer disso [...]

[88] *A:*

[...] O que mais tenho a dizer? Num semissono: "faço amor com o barril" (entrego-me à engenhosidade dos analistas).

Outro dia, tinha começado a escrever "*blarbu*". A "*blarbebleue*"[**] era meu pai. A roséola: minha mãe tinha um eczema (meu pai, sífilis); quanto à terra de Javel, minha mãe cuidava da faxina.

Poe e Baudelaire fizeram face ao impossível como crianças [...]

[89] *A, na sequência:*

Continuação da análise:

Estrela do sul-solo. – [*várias palavras rasuradas*] uma pequena mesa de cabeceira coberta de um mapa redondo sob o vidro: o mapa do céu austral, estrela do sul e do subsolo. A morte sob os pés cobre a estrela do sul. O olhar do cego.

Esponja de barril: papel higiênico.

Caneca de chope de estanho: um castiçal no porão, apagado; caneca: segura na mão.

Pesada: sempre no porão, meu pai identificado com um urso vestido de guizos e penduricalhos coloridos, com uma vela na mão: ele entra num estábulo onde estou deitado com meu irmão.

A partir da estrela do sul-solo há a descida para a adega, em relação com este sonho de criança, tão frequente, tão ansiosamente repetido: este sonho associado aos fogos de artifício de 14 de julho – estrela de morte. A lembrança de ter descido à adega com meu pai: a mais remota de minhas lembranças provavelmente. Falsa lembrança? meu pai era cego, contudo, devia ir à adega; com 2 anos e meio, 3 anos, eu podia guiá-lo. Íamos buscar vinho.

---

[*] Javel, bairro de Paris onde era fabricada a *eau de Javel*, uma espécie de água sanitária. (N.T.)

[**] *Blarbu*, mistura de *bleu* (azul) e *barbu* (barbudo). *Blarbebleue* seria portanto algo como "barbazulazul". (N.T.)

Essa adega, em Reims, era profunda; chegava-se a ela por escadas e corredores à Piranesi: lembro-me de ter tremido de medo na porta.

Para-raios: provocando o trovão, na angústia, debaixo de um céu cinzento; na casa onde morava em Reims, um dos pontos, além da adega, onde minha angústia se condensava.

Meu pai explorava a adega, mas ao ficar paralítico tornou-se um castiçal apagado. Nem por isso era menos para-raios nas nuvens provocando o céu, dando angústia.

Espantalho: a que ponto!

Ao sul ao centro da esperança: o para-raios sob o céu sombrio, e penetrando no centro, mas a esperança é o raio que destrói: ele não tinha perdido os olhos, a própria força de se manter de pé? A esperança é aquilo que destrói.

roer com dentes lúcidos a vizinha do Éon

o paralipômeno peida nas pernas de Bucéfalo

abatedouro abatedouro execrável relativo

Luís de Tencin, abade de piretro

Quem quer comer? o papa, a orelha, Baltasar, o beija-flor.

Quem sou eu? e o que eu pesado? Parafraseio uma torrente. A sombra – cheiro de Javel, ah, mecônio, soltar a vela de Abrentas (Abraxas), para sempre mãe de minha mulher sem *sêtre* (sem cabeça, sem sexo). Hulha do Labrador, gemerei sobre teus lençóis laboreanos. Minhas malas. Meu sexo piedoso. Molho meus recenseadores, testiculo minhas cambalhotas. Oh, meu deus: isso é merda? Saiote malicioso, soldados de [*sainhas?*] de poltrona, com saia de... não me doem os dentes de Henri Michaux. Javelizo[*] o apostolado. Eu iria mais longe que esse labrador mexicano, ultrapassando o Tibete dos outros? Tirar o cinto, as faixas do caixão, uretra de labirinto, vapor amoniacal. Alexandre Porfirogênito, o labor dos teus, a lavadeira de pano, o que farás dela? o que farás dela? Livros, leões? Aonde isso te leva? Michel? a lua? o Labrador? as estrelas? Extingue-te no cometa do que fazer. Sepulta tua matéria nas nádegas do devir fecal: é bastante divertido: devir voluntário, o nariz em rostro do orador, diverte-te com isso, em ensaiotar morangos marítimos, ninhos de bispos, guarda-chuvas de seda crua. És bem magro para tanto. Seria melhor fazeres renda, apanhar um resfriado de fenos, torcer a mosca. Coitado... cobaia. Junta do chão tua vontade que os ratos roem. Acaba com essa interrogação mendiga, salitre, [*lachanal?*].

---

[*] Ver nota anterior sobre Javel. (N.T.)

Ainda. Soberano? Não, juntador de guimbas.

Perigoso? nefasto? Abolição de aurora, latido de morango de vitelo.

Útil? nas cerimônias das hecatombes.

Reergo-me, minha força? olhar as raposas, olhar as raposas, [*fixar?*] os cegos.
Já vi demais essa cola, escola de vapor de asno.
Romenizar Lassolas?
Dormir 18 mil horas, [*neurótico? eriçado?*] de Abraxas, de perda, de mênstruo, de sílfide pitonisa. Oh, salitre, meu furor, imitação malsã, com dentes de fulvo pobre e cometa de mata-mouros. Meu pai esse zero ao sorriso. Meu pai isto, meu pai aquilo, eu só de javel, de javel. Vamos lá, à barba de empunhadura.
3 de abril.
"Junta tua vontade [...]

[90] *A:* [...] redigir [*riscado: A parte maldita*] um livro [...]

[91] *A:* [...] como em Saint-Germain). [...]

[92] *A (B e D):*
[...] menininha rica... e mesmo dos ricos em geral).
7 de abril.
A proporção das partes concedidas à ação útil e à perda [...]

[93] *A, na sequência:*
Texto de Masquerey (procurar se é esse mesmo o nome em minhas notas e perguntar para Bruno) que começa com: ... e se é preciso, mesmo morrendo.
[*Na margem:* Na verdade, o texto de Masquerey é uma invenção.]
A alternância dos seis tempos [...]

[94] *Descrição de Vézelay.*

[95] *A, na sequência:*
Chance é boa consciência; é a equivalência da platitude, salvo pela evidência da gratuidade, de abismo sob os pés.
15 de abril.
Eu não poderia encontrar [...]

[96] *A (B e D):*

O mais embaraçoso para mim é ter êxito. O êxito cria uma situação em que se encontram negadas as vias – negativas – que conduziam a ele.

No êxito [...]

[97] *A (e B, riscado), na sequência:*

19 de abril.

Quando, vindo de Paris, entramos na casa, véus de crepe preto secavam nas árvores do jardim ensolarado. Esse lúgubre "presságio" deu um aperto em meu coração (recordando-me as longas bandeirolas pretas de I., anunciadoras de minha desgraça.

O primeiro dia em que dormimos na casa, não havia luz na cozinha onde jantamos. Ao cair da noite, a tempestade do vento atingiu uma violência inaudita, as árvores do jardim agitadas como farrapos e torcidas nos uivos do vento. A noite acabou de cair, a luz se apagou em toda a casa. Encontrei no escuro uma vela de natal e fósforos. Soprei a vela quando a luz voltou: no mesmo instante, pela segunda vez, acabou a eletricidade. Eu não tinha mais fósforos... Depois de algum tempo de escuridão, a luz finalmente voltou.

Essas pequenas dificuldades me reconfortam e até me seduzem. A calma na tempestade é o sentido mais forte de minha vida: os dilaceramentos do fora me apaziguam. Não temo nada, parece-me, que não venha de minha depressão profunda.

Um camponês na sua vinha [...]

[98] *A (B e D), na sequência:*

É natural tremer, quando se quer ir mais longe que a estética. Na dificuldade, minha nitidez de espírito, minha lucidez sem complacência se reencontram. Não gosto do repouso. Estou ocupado. A conquista a que me apego é paradoxal: excluindo a posse. (Todos estes últimos dias, estava me afogando num copo d'água, por falta de estar numa verdadeira dificuldade.) Minha lucidez desta noite vai mais longe, reato nela minha potência, meus meios.

Dificuldade elementar [...]

[99] *A, na sequência:*

[*Riscado:* Sem dúvida alguma é vil não dar à expressão a maior possibilidade de exprimir, mas daí a fazer do problema da expressão a chave...

29 de abril.

Escrever é uma ação – o que no meu caso contradiz a coisa expressa.]

30 de abril.

Eu me deixo (me perco) [...]

[100] *A (B e D):*

[...] a sobrevivência dada à coisa escrita é a das múmias. De todo modo, o imperecível em mim me precipita a alguma total consumição de mim mesmo, liga-me à única eternidade concebível, às inumeráveis flores da primavera apagando o passado como um sonho.

A parte viva [...]

[101] *A (B e D):* [...] Lamentava não ter à mão roupas de que gosto, agarrava-me, como o fazia com a barra durante as curvas, àquilo que tenho de elegância natural (?): uma mulher barbuda [...]

[102] *A (B e D), na sequência:*

Mas se ele não quis nada, se está caçoando? adquiro a importância decisiva.

No sentimento [...]

[103] *A, na sequência:*

Eu teria mostrado a fraqueza e a "desrazão", os lados burgueses de uma tão louca ausência de angústia.

Mas o homem vive suspenso [...]

[104] *A (e B, riscado), na sequência:*

Imagino Deus não cagando... não rindo...

Os dois movimentos [...]

[105] *A, no verso, riscado:*

Perdida em nuvens de cabeças
sem olhos minha cabeça está risonha
não sou o sol
as cabeças tombam nas tumbas

a cabeçona supérflua
a madura a inchada a mole
a groselha no vento
a noite o dia a esvaziam

[106] *A:*

a cega estrela morta
e doze cebolas sarnentas
cachorro amarelo
[...]

[107] *A, na sequência, riscado:*

> [O céu fez cocô
> o céu fez cacá
> os pássaros de riacho
> e os lagos marinhos
> escorrendo de sono
> arrulham [*arrulhando?*] de prazer
> a bela garganta chora
> e os longos cabelos negros
> riem de beijos
> as moscas as abelhas
> os bezerros os elefantes
> barrem fazem amor
> sou um elefante
> sou um bezerro sou um copo
> de vinho branco

Consolo-me da pobreza humana com o esplendor, e o esplendor está, no entanto, ligado ao desafio (se extinguiria sem ele) que a miséria produz.]

Um homem tamborila sobre a mesa [...]

[108] *A, na sequência:*

A primazia da ação, sua indiscutível onipotência, foram contestadas em vão pelo idealismo cristão. Uma justiça que não é a expressão de relações reais é uma comédia.

O que sou a mais [...]

[109] *A, na sequência:* Samadet, Wildermeth: a pessoa! o oposto disso, o cavalo de Auxerre.

Ninguém pode abdicar [...]

[110] *Em A (B e D), o texto deste parágrafo e dos dois precedentes aparece desta maneira:*

[...] e pela podridão demonstra sua ausência de eu.

O eu opaco mantém desconfiadamente a opacidade. Inútil querer remediar isso (a humildade cristã é suja). Devo apenas me perceber como uma relação a outra coisa que não eu (não no sentido de uma manutenção do *eu*, na imortalidade das almas com o deus do *eu*, a vaidade monumental): o homem se relaciona com a natureza (com a luz), *com aquilo que ele nega*. Relacionar-se com aquilo que se nega é exatamente rir, desconjuntar-se, dissolver-se.

Todo homem é o limite dos outros. A negação do riso nega não apenas a natureza em que o homem em geral está emaranhado, mas também a miséria humana em que cada homem está ainda emaranhado. "Todo homem é o limite dos outros" é uma afirmação no fundo risível (mas o riso exige a particularidade e, de quebra, o choque rápido dos elementos particulares).

[*A continua:*]

Sou uma árvore, uma pedra, um barulho, mas quase não o vi por ter uma cabeça – embriagada de discernimento – e por isso acreditando-se ruptura decisiva e até fundamento – o que equivale a perder o discernimento. A cabeça é a lupa que se toma pela luz – pelo nascimento da luz.

O idealismo [...]

[111] *A:*

[...] me ata. A carne opaca, seus desejos e o horror do sangue me sustentam: carne, desejos, horror erram sem destino, ou antes se arrastam pelas ruas como as correntes de um fantasma gasto. Não sofrer, não se deixar humilhar... e as obrigações banais ligadas aos gostos, o cansaço... sou simples e besta.

Não vejo mais razão para ir até as nuvens. As alturas do êxtase me entediam. A experiência que tenho delas devia ser um salto que sua perseverança negaria.

Sou fraco [...]

[112] *A (B e D):*

[...] a força de rir disso).

De modo algum o céu me serve de refúgio. Não há sobre a terra ou no céu refúgio algum.

Testemunho isto duramente: Deus não é mais que um refúgio (a aparência de um refúgio); comparado à ausência de refúgio, ele não é nada. A ideia de Deus, as ternuras, as suavidades que lhe estão ligadas são os pressentimentos da ausência de Deus. As sensaborias e as delicadezas – frequentemente acompanhadas de perturbação e de volúpia revulsiva –, o que são elas perto da pequena morte? (e a pequena morte perto da grande?... mas estou antecipando, causando confusão). Aquilo que se mescla em Deus de horrível grandeza anuncia em Deus a ausência em que o homem é confundido. Designo, quando digo Deus, a experiência que os místicos têm dele (e eu próprio quando rio).

[113] *Em A (B e D), o texto desse parágrafo e dos dois precedentes aparece desta maneira:*

O homem é confundido, dilacerado, soprado: o homem é o próprio Deus – o ápice do ser –, mas sono, ausência, ao considerar o sentimento de necessidade de uma presença (que *não* a do homem... na base da ideia de Deus). Ser uma ausência é *não ser* em relação ao desejo que se tinha de ser e é a vontade de se manter no sentimento de que *tudo ser* (ser o todo) é intolerável.

A dialética do *eu* e do *tudo* se resolve na intolerância, na total colocação em questão do *eu* como *tudo* (como necessidade de ser *tudo*). Nessa dialética, a colocação em questão substitui o ser (o próprio Deus).

Essa dialética conduz a um impasse. *Eu* sou o profeta do *não-eu*. Eu sou o contemptor do *deus do eu*. Sou mesmo uma cômica extravagância: quem mais do que eu dá o mundo para o seu *eu* comer?

Não posso me apagar [...]

[114] *Em A, B e D o texto desse parágrafo e dos dois precedentes aparece desta maneira:*
A ideia: "eu estarei morto" é irrespirável. Minha ausência é já o vento de fora. Cômico! como a dor e a miséria. Mantenho-me abrigado em meu quarto. O túmulo? tão próximo e tão suave. Imensa contradição de minha atitude. Ninguém teve com essa tolice uma simplicidade de morte? mas a tinta transforma a *ausência* em vontade. O vento de fora escreveu este livro: escrever é impor sua vontade. Eu arquitetava minha filosofia "de quem a cabeça do céu era vizinha – e cujos pés tocavam no império dos mortos". Afundar-se assim em *um* e no *outro*, invadir o céu e a terra, o brilho do dia e a profundidade da noite; até o momento em que a borrasca desenraiza. Momento em que o homem atinge o possível em todos sentidos. O homem é ele próprio a necessidade que o ser tem de tocar o contrário do ser. Impossível e possível ao mesmo tempo. Aqui, EU e minha morte, tensionado – até o riso – para um vento de fora, sem a sombra de MIM.

[115] *B e D:*
(Carta a X., professor de filosofia na Universidade de...).
Entre os papéis de Bataille [Caixa 9, D, 1-17], encontra-se o rascunho em parte inédito dessa carta inacabada endereçada a Alexandre Kojève. Kojève (morto em 1968) era encarregado de conferências, como suplente de Alexandre Koyré, na École Pratique des Hautes Études. Seu curso sobre Hegel marca uma etapa importante do pensamento de Bataille. (cf. "Notas" em Sobre Nietzsche*).*

[116] *No rascunho:* Escrevo-lhe o que se seguirá porque este me parece o único meio de continuar a conversa que se estabeleceu entre nós sob diversas formas. Devo dizer em primeiro lugar que o processo [...]

[117] *No rascunho:* Minha maneira de ver as coisas é diferente da sua (não atribuo grande importância à diferença entre o fascismo e o comunismo; por outro lado, não me parece nem um pouco impossível que, num tempo muito distante, tudo recomece).

[118] *No rascunho:* [...] a negatividade não é "reconhecida como tal", no momento em que ela entra no jogo da existência como um estímulo das reações vitais. Muito pelo contrário, ela é introduzida num processo de anulação (aqui a interpretação dos fatos por um sociólogo como Mauss é de grande importância para mim). Há, portanto, uma diferença fundamental [...]

[119] No *rascunho, na sequência:*

Mas o horror experimentado por ele ao olhar em si mesmo a negatividade não é menos capaz de se resolver em satisfação que no caso da obra de arte (sem falar da religião). Pois reconheceu a negatividade exatamente na necessidade de agir, e esse reconhecimento se liga a uma concepção que faz dela a condição de toda existência humana. Longe de se deter nessa investigação, ele encontra uma satisfação total no fato de devir o homem da "negatividade reconhecida" e segue adiante no esforço que começa para reconhecê-la até o fim. É assim que a ciência, na medida em que tem a negatividade humana como objeto – particularmente o sagrado nefasto –, torna-se o meio-termo do que não é mais que um processo de tomada de consciência. Assim, coloca em jogo as representações mais carregadas de valor emotivo, tais como destruição física ou obscenidade erótica, objeto do riso, da excitação física, do medo e das lágrimas; mas, ao mesmo tempo que essas representações o intoxicam, ele as despoja da ganga em que tinham sido furtadas à contemplação e as situa objetivamente no desencadeamento dos tempos contra todo imutável. Compreende então que é sua chance e não sua má-chance que o fez entrar num mundo onde não tinha mais nada a fazer, e aquilo que se tornou involuntariamente se propõe agora ao reconhecimento dos outros, pois só pode ser o homem da "negatividade reconhecida" na medida em que se faz reconhecer como tal. Reencontra assim, de novo, alguma coisa "a fazer" num mundo onde, do ponto de vista da ação, nada mais se faz. E o que ele tem "a fazer" é dar à parte de existência liberada do fazer sua satisfação: trata-se de utilização dos lazeres.

Não encontra, aliás, por isso, menor resistência que os homens de ação que o precederam. Não que essa resistência possa se manifestar desde o início, mas se não faz de um crime uma virtude, faz de modo geral *do* crime *a* virtude (mesmo se objetiva o crime e o torna dessa forma nem mais nem menos destruidor que antes). A primeira fase da resistência deve ser, é verdade, pura elusão, pois ninguém pode saber o que ele quer, já que se opõe aos outros como um vidente num mundo de cegos. Encontra ao seu redor homens que se esquivam e preferem fugir imediatamente para o lado dos cegos. E é somente quando o reconhecimento tiver sido consumado por um número de homens suficientemente grande que ele poderá ser o objeto de uma resistência positiva, pois os cegos não poderão perceber que alguma coisa deve ser excluída antes que a quantidade posta em jogo os tenha feito conhecer sua presença.

Aliás, o que ocorrerá então não conta para o homem da "negatividade reconhecida" no momento em que reconhece nele a negatividade (pelo menos quanto à forma precisa que as coisas tomarão). Pois o que lhe importa é exatamente o fato de que ele está condenado a vencer ou a se impor. Sabe que sua destruição é certa se não vencer nas duas fases possíveis do combate; na fase da resistência elusiva, inicialmente, corre o risco no isolamento de ser votado a uma desagregação moral contra a qual está desde sempre privado de qualquer recurso (ele pode ser daqueles para quem se humilhar a seus próprios olhos não parece preferível à morte). É só na segunda fase que a destruição física se torna possível, mas nos dois casos, na medida em que um indivíduo se torna o homem da "negatividade reconhecida", ele desaparece se não triunfa sobre os outros, desaparece se a força que põe em jogo não é maior, para começar, que a força de elusão e, mais tarde, que a força de oposição.

Falei aqui do homem da "negatividade reconhecida" como se não se tratasse unicamente de mim. Acho importante acrescentar, com efeito, que só me sinto rigorosamente isolado na medida em que tomei inteiramente consciência do que está acontecendo comigo. Mas se quero completar a narrativa da coruja, devo dizer que o homem da "negatividade sem emprego" é já representado por numerosas aflições e que o reconhecimento da negatividade como condição de existência já foi, de modo descoordenado, levado muito longe. No que me diz respeito, não fiz mais que descrever minha existência depois que ela culminou numa atitude definida. Quando falo de reconhecimento do "homem da negatividade reconhecida", falo do estado de exigência em que estou: a descrição só vem depois. Parece-me que Minerva pode escutar a coruja até aí.

A extrapolação só ocorre a partir desse ponto preciso e consiste em representar tudo como dado, o que deve se seguir produzindo-se como a chegada à posição de equilíbrio de um jogo de forças definidas. O próprio Hegel se permitiu uma extrapolação da mesma ordem: além do mais, a elusão por parte dele da negatividade ulterior possível me parece mais dificilmente aceitável do que a descrição que ofereço de formas de existência que já se deram – em mim mesmo, de uma maneira muito precisa e independente de uma descrição honestamente posterior e muito geralmente de uma forma vaga. Acrescento esta última consideração: para que a fenomenologia tivesse um sentido seria preciso também que Hegel fosse reconhecido como seu autor (o que talvez só aconteça seriamente com você), e é evidente que Hegel, pelo fato de que não assumia até o final o papel de homem da "negatividade reconhecida", não se expunha a nenhum risco: pertencia, portanto, ainda, numa certa medida, ao Tierreich.*

[*No verso desta última folha:*]

começar pela coruja de Minerva

citar os nomes

depois desenvolver a ideia de que a história terminou.

[120] *A, riscado:*

[...] questão sem resposta. Essa aparência de bizarrice provavelmente nada mais é que um aspecto da bizarrice da linguagem. Perguntas, respostas são maneiras de falar, formas de linguagem. Aquilo que no plano da linguagem é traduzido por uma questão é o fracasso da própria linguagem, ou seja, do ponto de vista introduzido neste desenvolvimento, de uma tentativa de deslizamento da autonomia humana no irreal. Mas o fracasso da linguagem não é só o que uma filosofia negativa (negativa da autonomia) procura representar (a negação da autonomia, aliás, não é uma ausência de resposta, mas esta resposta positiva: a natureza existe sozinha). O fracasso da linguagem se traduz, de diversas maneiras, por reações fisiológicas positivas – das quais a mais humana é o riso.

O fracasso da linguagem, um fluxo de existência física liberado das categorias discursivas, considerado sob um certo ângulo aparece como um fato *natural*: aparentemente, ele reconduz o homem à natureza e o priva de autonomia – assimilada de costume ao exercício da razão. Mas esse é só um aspecto secundário. Grosseiramente, mesmo, *nada é menos natural que o riso*. E quando se quer ir até o fim, o riso é um desafio do homem às condições naturais. O homem coloca nesse desafio o essencial de sua alegria...

O riso é a expressão da autonomia (como, em princípio, a linguagem é a da servidão). O riso corresponde à evicção das servidões morais. Ele implica ao mesmo tempo esses limites. Os limites, em certo ponto, são transpostos. Mas a condição do riso é que a rede deles permaneça. Os limites são *humanos* e, em geral, estão marcados na linguagem (pelo fato da linguagem). O riso tem por objeto coisas – ou atos – confundidos com sua evocação verbal – tendo de corresponder, por conseguinte, a exigências *ideais* – mas cessando de repente de corresponder a elas –

---

* *"Das geistige Tierreich"*, o "reino animal do espírito" de que falava o próprio Hegel. (N.T.)

distinguindo-se então, estranhamente, da evocação. O gosto por marcar diferenças é tão grande que é comum se introduzirem diferenças artificiais (muitas vezes até uma nova evocação verbal a funda num jogo brilhante). É necessário, contudo, que nada de consequente resulte disso. Um homem se estatelando no chão de repente cessa de corresponder à ideia de homem, mas, se cai morto, a diferença não é risível (o riso é inibido). [*Riscado:* Assim se destrói o reino] O que passa através do riso é precisamente a existência do homem, é o essencial do homem, aquilo que nele escapa da natureza e a desafia. Mas ao mesmo tempo não é essa espécie de existência que aparece comumente e se liga ao orgulho surdo de cada um. É uma existência liberada da solidão interior e da autonomia pessoal, misturada às outras como uma onda às outras ondas. Acontece no riso como em outras formas – embriaguez, êxtase, erotismo, lágrimas, heroísmo – em que a *comunicação* apresenta o mesmo caráter. O que parece mais estranho nesses diversos estados fisiológicos é que a *comunicação* precisamente se encontra ligada neles, como no riso, à ruptura das categorias da linguagem. Em princípio, a linguagem é humanamente o meio de comunicação fundamental. Depreende-se do que foi dito um duplo paradoxo: por um lado, forneci como a via da autonomia um estado que a comunicação (a perda de si) caracteriza; represento, por outro lado, uma forma de comunicação maior ligada à supressão do que não deixa de ser a base da comunicação.

Mostrarei mais adiante que o movimento do ser rumo à autonomia só pode liberar seu caráter (aquilo que no ser é suspenso, ilimitável, ausente). Mas escrevo, utilizo as palavras: o próprio movimento de meu pensamento se estabelece como um combate das palavras contra si mesmas: agora está tudo pronto para esse combate.

a destruição da linguagem

a poesia ([*fugir?*] quebrando tudo)

o conceito

a linguagem a necessidade de ir até o limite da linguagem

Em primeiro lugar, o que é, portanto, a linguagem? Só posso combatê-la servindo-me dela. Por outro lado, é evidente que ela guardará a posição fundamental. Combatê-la = dar-lhe sua posição.

[121] *Em C, esta folha cortada, riscada:*

da colocação em questão) se engaja, ao contrário, na via da aquisição, mas no plano confuso da interferência (ou seja, da culpa). (Tudo é misturado, aliás: se me sentisse inocente de uma maneira imediata, eu seria um teórico tão bom? Tive de ostentar meu lado "culpado"? Vivia para inocentar. *Consegui*, mas penei.)

[*No verso, este fragmento do parágrafo seguinte:*]

são suas bases. A atividade continuada é necessariamente a atividade humana em geral, a saber, a apropriação da natureza, mas se trata ainda da contrapartida: a colocação em questão implica um método. Ela deve se liberar da armadilha das respostas – criticar toda e qualquer filosofia; além disso, deve realizar sua essência – mudar a vida, aniquilar de fato (por um tempo) o estado ligado à ação (o conhecimento).

[122] *Para terminar, seguem as notas de C:*

[*penúltima folha*]

um livro sobre N.

> Blanchot, Queneau, [*riscado:* Leiris] e eu
> Monnerot...
> Char, Michaux, Caillois

A recopiar para o Apêndice:

1) Carta a K.
2) Gnoseologia: Caderno azul, p. 12-21.
3) Caderno vermelho, p. 27-48.
4) Caderno azul, fragmentos sobre a culpa e o riso

[*folha 17 (faltam as folhas 9-16)*]:

A fenomenologia (nota da p. 12[*])

O que é limitado a uma vida natural não tem, por si só, o poder de ir além de seu ser-aí imediato; mas ele é levado além desse ser-aí por um outro, e esse ser, arrancado de sua posição, é sua morte. Mas a consciência é para si mesma seu próprio *conceito*, ela é, portanto, imediatamente o ato de ultrapassar o limitado, e, quando esse limitado lhe pertence, o ato de se ultrapassar a si mesma. Com a existência singular, o além é ao mesmo tempo colocado na consciência, ainda que fosse apenas como na intuição espacial, *ao lado* do limitado. A consciência padece, portanto, essa violência que vem dela mesma, violência pela qual ela estraga qualquer satisfação limitada. No sentimento dessa violência, a angústia pode muito bem recuar diante da verdade, aspirar e tender a conservar aquilo mesmo cuja perda ameaça. Mas *essa angústia não pode se aplacar: em vão ela se agarra numa certa forma de sentimentalidade que assegura que tudo é bom em sua espécie*; essa segurança sofre a mesma violência da parte da razão que não encontra algo bom precisamente na medida em que é uma espécie. (Introd. p. 71[*]).

Ceticismo (cf. Introdução, p. 69[*]).

---

[*] Referências do próprio Bataille.

...essa dúvida é a penetração consciente na não-verdade do saber fenomenal...

[*folha 18*]:

A vontade

(Na *Alea* a fenomenologia do saber descreve os dejetos do saber [*maduro?*] (dejetos encontrados no nível da consciência natural pelo espírito que se mantém no ápice do saber). Essa percepção dos dejetos comanda o riso, o riso (ou o êxtase) supõe a decisão do *jacta est* e só se libera da esterilidade do *nada mais vai* no *calhar* da *vontade* – que inicialmente tem o aspecto de uma lucidez infinita, na plena consciência da noite).

(Chance, colocação em questão, riso – retomar o movimento do riso inteiro, a partir das violências da sensualidade desregrada)

O atolamento é favorável à poesia. A poesia larga o mundo real pela evocação, o que não acontece quando se pode "fazer seguir". A aptidão a gozar do real é o obstáculo essencial à poesia.

(desenvolvimento dialético)

a) crítica do gozo do mundo real: ele supõe o reinado da avidez. A avidez desaparece na evocação mas sem intenção formal.

[*folhas 19-28*]:

Gnoseologia

Todo conhecimento inabalável aumenta a noite, só a dissipa para o míope.

Longe de dissipá-la, o conhecimento certo, o 2 e 2 são 4, torna a noite mais espessa.

Deve haver um desenvolvimento paralelo à seção cc) tratando a questão do saber religioso em relação à noite com a sucessão:

mitologia	mundo como jogo
cristianismo	mundo como dever
mundo prático	mundo como tarefa

– A primeira frase (p. 12) é obscura demais da conta

– desenvolver o princípio de Janet (com citações)

– esquematizar ao máximo o princípio do saber = saber fazer

[*Riscado:* Títulos.

1) Oposição entre o conhecimento prático e a colocação em questão

2) a filosofia como interferência]

1) o conhecimento prático grosseiro

2) o conhecimento científico e o início da dialética

3) a filosofia desenvolvendo a interferência

4) a filosofia tendo seu fracasso como fim

5) a dialética como construção da impossibilidade filosófica

6) a filosofia como experiência que o homem faz do fracasso do saber

7) conhecimento científico dessa experiência – estudo das atitudes naturais – da forma científica do saber do não-saber

7*a*) análise esquemática e particular do riso – sem desenvolvimento particular, mas completamente desenvolvida

a) o riso como alegria e comunicação

b) princípio do ponto de ruptura do isolamento

c) natureza geral da brecha

d) necessidade de ausência de desgaste (que nada de sagrado seja tocado) – particularidade do riso

8) a noite considerada como não aceitação da natureza por si mesma – colocação em questão

9) contestação da noite como finalidade do homem: não seria mais a noite se fosse a finalidade – na afirmação do h. como colocação em questão há resposta à questão, portanto...

10) princípio das três respostas

11) – mitológica jogo

12) – cristã   híbrida

13)   submissão a um princípio (islã) racional

13) – certeza prática desnudada

14) Retorno ao híbrido a partir da razão (Hegel)

15) situação do pensamento híbrido como desenvolvimento da consciência prática a partir do critério prático

questões (parágrafo 16)

o conceito e o êxtase numa dialética reportada à certeza prática

o êxtase se torna o riso

carta de Eckermann a Goethe (14 de setembro de 1830):

"Quando, arrebatado pelo aspecto da bela natureza, voltava meus olhos e meu coração para os lagos, as montanhas e os vales, parecia-me que um invisível diabinho caçoava de mim, murmurando a cada vez estes versos:

> Und hätt' ich nicht gerüttelt und geschüttelt
> Wie wäre diese Welt so schön?
> [Se eu não o tivesse remexido e sacudido
> Como este mundo seria tão bonito?]

Então qualquer ideia de um fim racional se esvanecia imediatamente, o absurdo começava a reinar como mestre, sentia em mim uma espécie de transtorno e não tinha outro recurso senão acabar numa grande gargalhada."

O riso é livre além da razão desde que a certeza prática deu os recursos naturais ao homem

mais nada é [*agido?*]

★

Diversos

A natureza não se deixa colocar em teoria.

Nessa proposição se desenha uma espécie de oposição do homem à natureza que pode se expressar assim:

Na teoria humana que quer expressá-la, a natureza aparece *reduzida*. A evidência a mostra excedente em relação a qualquer representação humana concebível.

Num outro sentido:

o teórico, o homem, é ele próprio algo de excedente em relação à natureza.

Mas não é como teórico.

Precisamente, na elaboração de uma teoria, o homem escapa de seu movimento decisivo, de colocação em questão infinita da natureza.

Nisso, cada teoria, mesmo a mais miserável, está do lado da natureza – que ela tenta exprimir –, e não da colocação em questão.

A colocação em questão aparece, ao contrário, em relação com o caráter excedente da natureza.

Portanto, em certo sentido, o homem exprime a natureza colocando-a em questão, ao passo que falta a ela nas representações teóricas.

Em realidade, há falta na teoria, enquanto na colocação em questão, a natureza é reencontrada. O homem, no fundo, não poderia ser se a natureza não fosse em sua essência colocação em questão de si própria.

Em suma, a natureza se supera a si mesma de duas maneiras, uma não sendo mais que a ponta da outra, obscuramente num cego movimento e lucidamente no homem.

Mas, nesse caso, o que é superado?

Não é exatamente a natureza, mas aquilo que, na natureza, está em equilíbrio, em repouso.

O que precede está capenga.

A natureza a que o homem se opõe é a das ciências naturais a partir da física e da química.

A oposição está, portanto, no interior do homem, é objeto e sujeito, o objeto enquanto discernido pelo sujeito.

É preciso ir até o fim da análise.

O homem se opõe à natureza conhecida, põe em questão a natureza conhecida.

Não coloca em questão os produtos de sua mão, na medida em que eles respondem à sua vontade,

mas os produtos, a atividade que os fabrica, as relações de conhecimento fundadas na satisfação do querer neles se inserem na ordem natural em ciclos de equivalências que permitem as ciências da natureza.

Talvez seja só a "parte maldita" que, na natureza como no homem, introduza a colocação em questão.

Desconfio de uma construção desse gênero.

Na natureza, em verdade, nada de isolamento estável nem de vontade de isolamento estável.

É a vontade de isolamento que ergue o homem em face da natureza.

Mas a natureza "coloca em questão" essa vontade de isolamento.

Enquanto a natureza favorece o isolamento relativo, o homem está de acordo com ela: na ciência.

Mas a natureza, na morte, coloca em questão o isolamento.

Do mesmo modo, a ciência tem a interrogação infinita em germe e, por conseguinte, a colocação em questão da natureza.

Uma árvore não põe a natureza em questão.

Um animal o faz mais no *sofrimento*, mas não tem consciência da morte e sofre pouco em relação ao homem.

É à angústia da morte, ou seja, à colocação em questão do isolamento que se liga a colocação em questão da natureza pelo homem,

é como morrente que o homem *é* interrogação infinita.

Ver o final de *A amizade*.

Para situar o sentido da colocação em questão da natureza pelo homem é preciso levá-la ao extremo.

A natureza é o limite. A colocação em questão, a contestação [*corta com?*] o limite.

No extremo, a colocação em questão se afasta do isolamento e da fusão, a fusão não é menos contestada que o isolamento.

É preciso simplificar: o homem é a contestação dos dados naturais de sua existência, ou seja, a contestação de seus limites.

E não é uma verdade metafísica, mas um fato que está na base da gnoseologia.

É a experiência que a filosofia faz de seu fracasso, o riso, etc.

o riso situa o fracasso no plano da colocação em questão

ele é forte em proporção ao sentimento de fracasso no plano da colocação em questão mas em proporção inversa no plano da colocação em ação.

É preciso na *Ph. des Geistes* marcar a ausência do riso.

Advertência. O autor se gabava de ter chegado a uma gnoseologia hegeliana, mas nesse plano cabe a outros decidirem. O que chama a atenção: a importância crescente a seus olhos do êxito.

(Ele dizia de si que era a puta prometida ao vencedor, no que se julgava idêntico à humanidade.)

O que me liga ao riso cada vez mais é o sucesso da colocação em ação, única reserva à colocação em questão.

O riso é inibido pela colocação em questão da colocação em ação.

Que nada seja tocado de sagrado = no sagrado, o trágico, a própria colocação em ação é colocação em questão.

Mas a economia de tudo isso só pode ser desenvolvida na "parte maldita".

O riso = suspensão da maldição

O defeito dos gnoseólogos é sua falta de dialética. Eles [*queimam?*] o momento negativo.

O homem é colocação em questão da natureza.

E esse momento está ligado também à colocação em ação.

Que na própria natureza esse caráter deva aparecer em estado de germe é possível.

Indicar que esse caráter se encontraria nesse caso nas passagens da composição e da comunicação dos seres.

Para cada tipo de ser um grau abaixo estaria a natureza.

Mas diversos ramos de seres.

elétron	elétron	—
átomo	átomo	—
estrela	[*riscado:* estrela]	—
	molécula	—
	micela	—
	célula	—
	radiada	planta
	bilateral	
	sociedade	

O indivíduo a partir da sociedade e [*é?*] como a negação de sua origem natural.

Por outro lado, ele multiplica seu caráter negativo em acordos com os mundos estranhos à sua própria natureza, estelar, molecular, vegetal, animal

O riso é ele próprio um momento de passagem do grão ao campo.

O pensamento campestre tem algo de inadmissível, de esgotante, mas o pensamento granular responde a uma exigência que sequer imagina

É a natureza humana, mais que a razão, que se opõe, no homem, à natureza em geral

[*folha 44:*]

O mais difícil, decerto, é a *transparência* sem a qual os momentos se insultam, desconhecendo uns aos outros, ou se esmagam em alguma catástrofe grudenta. Mas a *transparência* é menos o repouso que um movimento se acelerando por falta de obstáculo, de repente tão livre que parece o análogo de uma calma: difere desta na medida em que a suspensão dos obstáculos comunica à angústia latente um caráter de infinidade. E a infinidade da angústia (incapaz de aplicação) se resolve livremente no riso.

A transparência de Hegel considerada como um repouso não é mais que a luz cinzenta de um saber absoluto. Mas como o movimento do riso ela é não-saber, a noite que o faz vencer a luz em brilho.

Coleção FILÔ

A filosofia nasce de um gesto. Um gesto, em primeiro lugar, de afastamento em relação a uma certa figura do saber, a que os gregos denominavam *sophia*. Ela nasce, a cada vez, da recusa de um saber caracterizado por uma espécie de acesso privilegiado a uma verdade revelada, imediata, íntima, mas de todo modo destinada a alguns poucos. Contra este tipo de apropriação e de privatização do saber e da verdade, opõe-se a *philia*: amizade, mas também, por extensão, amor, paixão, desejo. Em uma palavra: Filô.

Pois o filósofo é, antes de tudo, um amante do saber e não propriamente um sábio. À sua espreita, o risco sempre iminente é justamente o de se esquecer daquele gesto. Quantas vezes essa *philia* se diluiu no tecnicismo de uma disciplina meramente acadêmica, e até certo ponto inofensiva? Por isso, aquele gesto precisa ser refeito a cada vez que o pensamento se lança numa nova aventura, a cada novo lance de dados. Na verdade, cada filosofia precisa constantemente renovar, à sua maneira, o gesto de distanciamento de si chamado *philia*. A coleção FILÔ aposta nesta filosofia inquieta, que interroga o presente e suas certezas; que sabe que as fronteiras da filosofia são muitas vezes permeáveis, quando não incertas.

A coleção FILÔ pretende recuperar esse desejo de filosofar no que ele tem de mais radical, através da publicação não apenas de clássicos da filosofia antiga, moderna e contemporânea, mas também de sua marginália; de textos do cânone filosófico ocidental, mas também daqueles textos fronteiriços, que interrogam e problematizam a ideia de uma história linear e unitária da razão. Além destes títulos, a coleção aposta também na publicação de autores e textos que se arriscam a pensar os desafios da atualidade. Isso porque é preciso manter a verve que anima o esforço de pensar filosoficamente o presente e seus desafios. Afinal, a filosofia sempre pensa o presente. Mesmo quando se trata de pensar um presente que, apenas para nós, já é passado.

Série FILÔ/Bataille

O pensamento não respeita fronteiras disciplinares. Georges Bataille é um dos autores que habitam essa espécie de lugar sem-lugar. Sua obra atravessa soberanamente as fronteiras entre filosofia, literatura, antropologia social, marxismo, história, crítica de arte, economia. Aqui, a extrema liberdade de pensamento responde à liberdade de movimento do próprio mundo.

Sua vasta obra nos oferece ferramentas capitais para a compreensão de nosso tempo. Para Bataille, o excesso, ou o dispêndio improdutivo, é primeiro em relação aos modos de produção e de circulação dos bens. O luxo, os jogos, os espetáculos, os cultos, a atividade sexual desviada de sua finalidade natural, as artes, a poesia são diferentes manifestações desse excesso, dessa soberania do inútil[1]. Não por acaso, Bataille fornece elementos fundamentais para a compreensão de uma categoria maior do pensamento do século XX, o conceito de gozo, realização daquele princípio da perda, ou dispêndio incondicional. Se é verdade que *A noção de dispêndio* (retomado em *A parte maldita*) é o primeiro texto em que Bataille ensaia o que podemos chamar de uma "arqueologia do gozo", é, com efeito, em *O erotismo* que esse projeto encontra seu auge. As principais linhas de força literárias, antropológicas e filosóficas traçadas em suas obras anteriores se cruzam nesse texto de referência. Não por acaso, Foucault afirma que Bataille é "um dos escritores mais importantes de seu século". E também do nosso.

---

[1] Cf. TEIXEIRA, Antônio. *A soberania do inútil*. São Paulo: Annablume, 2007.

Este livro foi composto com tipografia Bembo e impresso
em papel Off-White 80 g/m² na Formato Artes Gráficas.